小学数学解决问题教学设计的支架

甄　慰　李巧儿◎主编

东北师范大学出版社
长　春

图书在版编目（CIP）数据

小学数学解决问题教学设计的支架 / 甄慰，李巧儿主编. — 长春：东北师范大学出版社，2021.4
ISBN 978-7-5681-7529-6

Ⅰ. ①小… Ⅱ. ①甄… ②李… Ⅲ. ①小学数学课—教学设计 Ⅳ. ①G623.502

中国版本图书馆CIP数据核字（2021）第079212号

□责任编辑：石　斌　　　□封面设计：言之凿
□责任校对：刘彦妮　张小娅　□责任印制：许　冰

东北师范大学出版社出版发行
长春净月经济开发区金宝街 118 号（邮政编码：130117）
电话：0431-84568115
网址：http：//www.nenup.com
北京言之凿文化发展有限公司设计部制版
北京政采印刷服务有限公司印装
北京市中关村科技园区通州园金桥科技产业基地环科中路 17 号（邮编：101102）
2022年4月第1版　2022年4月第1次印刷
幅面尺寸：170mm × 240mm　印张：18　字数：302千

定价：45.00元

目 录

一年级上册解决问题教学设计的支架

一年级下册解决问题教学设计的支架

二年级上册解决问题教学设计的支架

二年级下册解决问题教学设计的支架

三年级上册解决问题教学设计的支架

三年级下册解决问题教学设计的支架

四年级上册解决问题教学设计的支架

四年级下册解决问题教学设计的支架

五年级上册解决问题教学设计的支架

五年级下册解决问题教学设计的支架

六年级上册解决问题教学设计的支架

六年级下册解决问题教学设计的支架

解决问题教学设计的支架

一年级 上册

1

《看谁搭得又稳又高》

广州市番禺区市桥德兴小学　甄慰

【教学内容】

人民教育出版社义务教育教科书《数学》一年级上册第4单元“认识图形（一）”第36页例题。

【教材简析】

通过第一课时对长方体、正方体、圆柱、球等立体图形的认识，经历了简单拼摆实践活动，学生对这些立体图形的拼摆已有了初步感知。本节操作活动，其目的有两个：一是让学生在拼搭的活动中主动感悟、回顾立体图形的各种特征，获得立体图形的基本活动经验，加深对立体图形特征的认识与理解。二是教材借助“知道了什么”“怎样搭呢”“谁搭得高”展示了解决问题的一般步骤，让学生经历解决问题的完整过程，有目的、有计划地培养学生的审题能力，使学生获得分析问题、思考问题、解决问题的基本方法。

【教学目标】

1. 通过操作活动进一步加深对长方体、正方体、圆柱、球这些立体图形特征的认识，获得对简单几何体的直观体验，初步建立空间观念。

2. 经历用所学的知识解决实际问题的全过程，初步获得分析问题、思考问题、解决问题的基本方法。

3. 在实践活动中，培养与他人合作交流的能力。

【教学重点】

经历解决问题的完整过程。

【教学难点】

学会观察画面，理解画面内容。

【教学流程】

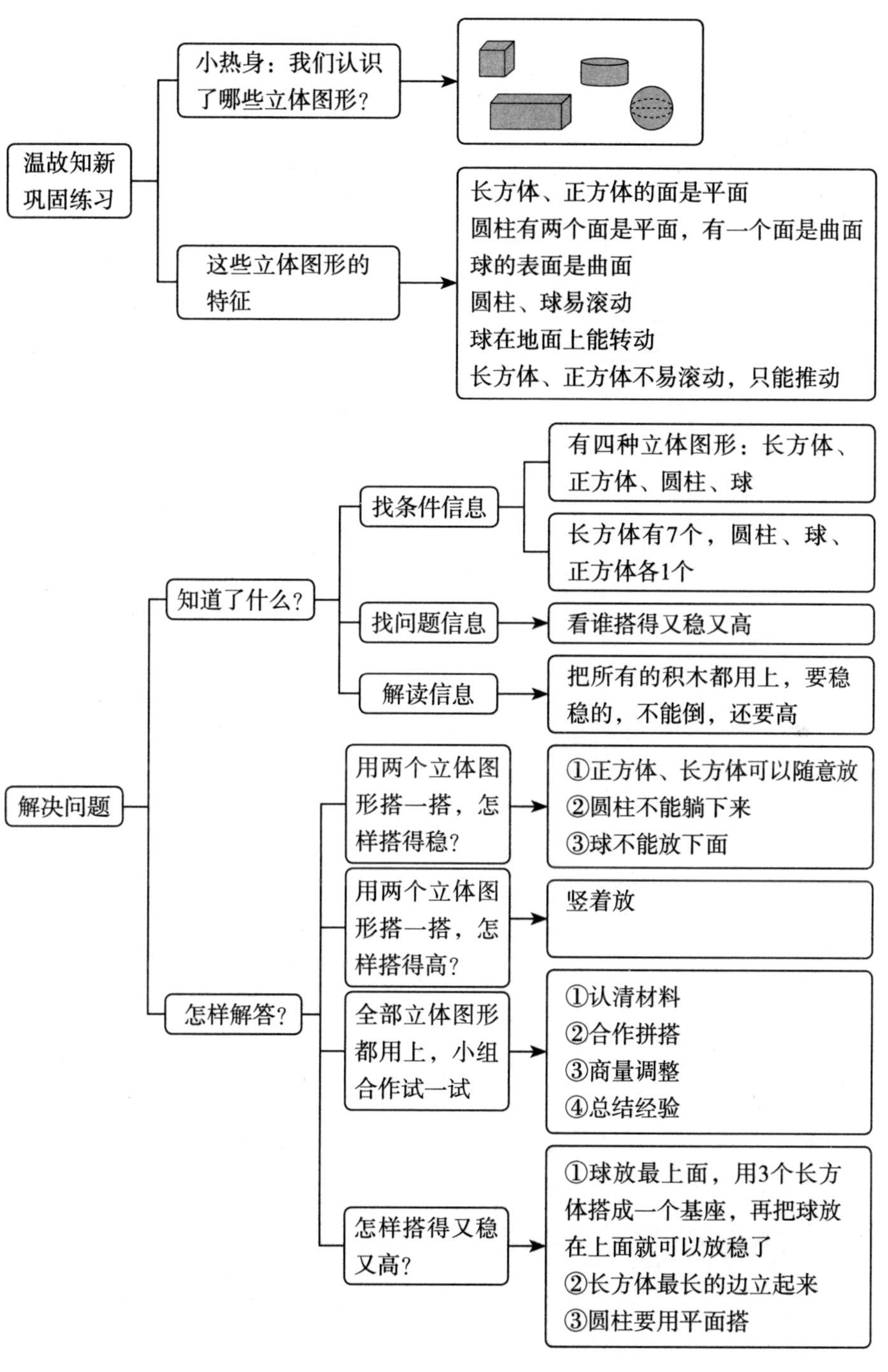

温故知新
巩固练习
小热身：我们认识了哪些立体图形？
这些立体图形的特征
长方体、正方体的面是平面
圆柱有两个面是平面，有一个面是曲面
球的表面是曲面
圆柱、球易滚动
球在地面上能转动
长方体、正方体不易滚动，只能推动
解决问题
知道了什么？
找条件信息
有四种立体图形：长方体、正方体、圆柱、球
长方体有7个，圆柱、球、正方体各1个
找问题信息
看谁搭得又稳又高
解读信息
把所有的积木都用上，要稳稳的，不能倒，还要高
怎样解答？
用两个立体图形搭一搭，怎样搭得稳？
①正方体、长方体可以随意放
②圆柱不能躺下来
③球不能放下面
用两个立体图形搭一搭，怎样搭得高？
竖着放
全部立体图形都用上，小组合作试一试
①认清材料
②合作拼搭
③商量调整
④总结经验
怎样搭得又稳又高？
①球放最上面，用3个长方体搭成一个基座，再把球放在上面就可以放稳了
②长方体最长的边立起来
③圆柱要用平面搭

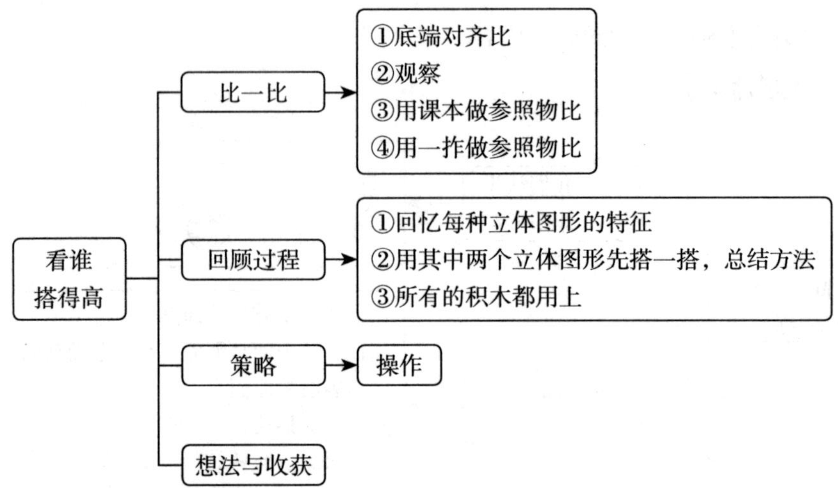
看谁
搭得高
比一比
①底端对齐比
②观察
③用课本做参照物比
④用一拃做参照物比
回顾过程
①回忆每种立体图形的特征
②用其中两个立体图形先搭一搭，总结方法
③所有的积木都用上
策略
操作
想法与收获

《简单求和》

广州市番禺区市桥德兴小学　甄慰

【教学内容】

人民教育出版社义务教育教科书《数学》一年级上册第5单元“6～10的认识和加减法”第46页例题。

【教材简析】

本节课是在学生学习了6、7的加减法的基础上进行教学的，“6、7加法解决问题”这节课是小学阶段解决问题的起始课，是学生对解决问题的初次建模。教材第一次出现用情境图呈现数学问题的形式：情境图配以大括号和问号，并用大括号表示把两部分合起来，用问号表示要求的问题，呈现了一个简单求和的数学情境，使学生明确知道两个相关的信息和一个相关的问题，这就构成了一个简单的数学问题。对于教材提供的情境学生理解起来不会感到困难，但用数学符号表示条件和问题是学生第一次接触。知道这两个数学符号表示的意思，完整地表达出数学问题并且正确列出算式，将用语言描述的情境和数学符号结合起来理解，对学生来说会有一定的思维障碍。

教材用有层次的三句话——图里有什么？怎样解答？解答正确吗？对学生用数学知识解决问题的过程给予指导，引导学生体会解决一个数学问题所要经历的步骤，学习解决问题的基本方法。从整个知识网络来看，本教学内容也标志着数学应用题教学的开始，是向后面的文字应用题过渡的桥梁。

【教学目标】

1. 知道大括号表示把两部分合起来，问号表示要求的问题，并能完整地表达数学问题。

2. 学会观察画面，理解画面内容，初步理解部分数与总数之间的数量关系，会用加法解决与此数量关系有关的实际问题。

3. 再次经历运用所学数学知识解决问题的过程，体会解决问题的基本步骤，掌握基本方法。

【教学重点】

学会观察画面，理解画面内容。

【教学难点】

理解大括号、问号等数学符号的意义。

【教学流程】

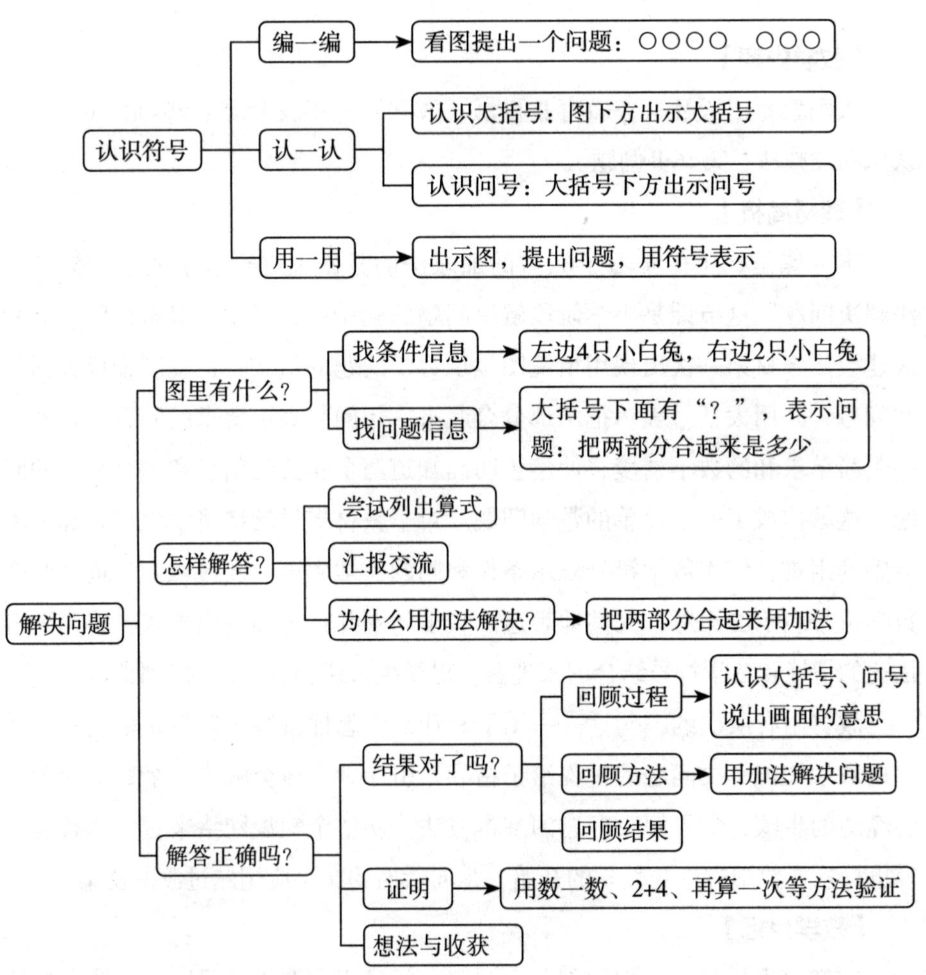

《简单求剩余》

广州市番禺区市桥德兴小学　甄慰

【教学内容】

人民教育出版社义务教育教科书《数学》一年级上册第5单元“6～10的认识和加减法”第47页例题。

【教材简析】

在上一节课学习过“知道两部分，求总数，用加法计算”，学生已经初步了解大括号表示的意思是把左右两边合起来。本课学习“知道总数与其中一部分，求另一部分，用减法计算”。而减法作为第二个教学内容，以学生最熟悉的求剩余为例来展示数量关系，使学生再次经历解决问题的一般步骤，巩固减法含义。但在这里“？”的位置发生了改变，学生在解决减法问题时，受可视信息与已有经验的限制，一般会以数得出的数量作为列式的依据，可视信息会干扰学生对题中信息与问题的理解。学生对“？”位置的了解是这节课比较难以突破的难点。因此，可将练习中出现的各种不同的利用减法解决问题，利用相同情境串联起来，并在练习后进行比较，在找不同与相同的过程中得出数量关系：不管是哪种减法，都是知道总数和其中一部分，要求另一部分。并拓展到已知剩余，求减少了的部分，为后续知识的学习打下基础。

【教学目标】

1. 进一步理解大括号和问号的意义，学会看图正确分析题意，理解整体（总数）与部分的关系，建立用减法解决问题的模型。

2. 再次经历收集数学信息、提出问题和解决验证的全过程，体会解决问题的步骤与方法，培养分析和解决问题的能力。

【教学重点】

学会看图分析题意，建立用减法解决问题的模型。

【教学难点】

理解“？”所在位置表示的意思。

【教学流程】

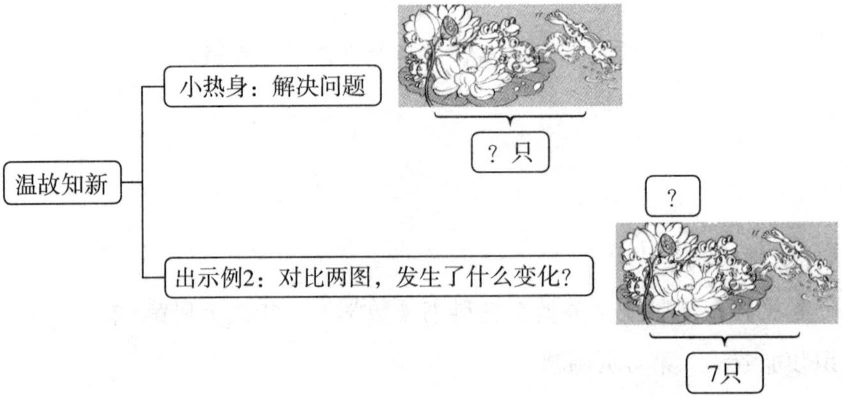

- 温故知新
  - 小热身：解决问题（？只）
  - 出示例2：对比两图，发生了什么变化？（？；7只）

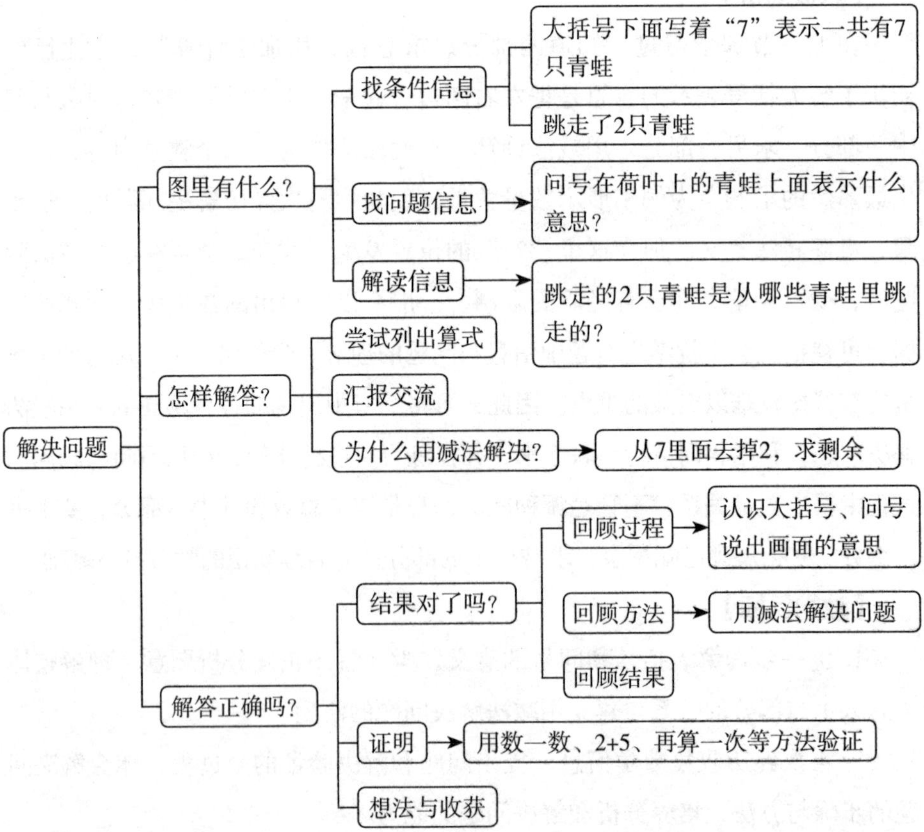

- 解决问题
  - 图里有什么？
    - 找条件信息
      - 大括号下面写着“7”表示一共有7只青蛙
      - 跳走了2只青蛙
    - 找问题信息 → 问号在荷叶上的青蛙上面表示什么意思？
    - 解读信息 → 跳走的2只青蛙是从哪些青蛙里跳走的？
  - 怎样解答？
    - 尝试列出算式
    - 汇报交流
    - 为什么用减法解决？ → 从7里面去掉2，求剩余
  - 解答正确吗？
    - 结果对了吗？
      - 回顾过程 → 认识大括号、问号说出画面的意思
      - 回顾方法 → 用减法解决问题
      - 回顾结果
    - 证明 → 用数一数、2+5、再算一次等方法验证
    - 想法与收获

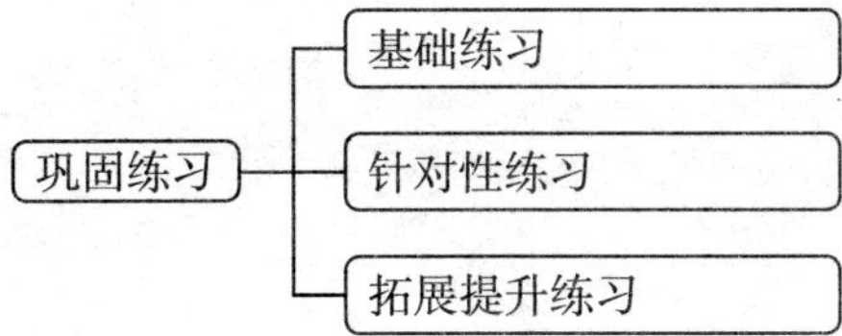
巩固练习
基础练习
针对性练习
拓展提升练习

《求剩余》

广州市番禺区市桥德兴小学　甄慰

【教学内容】

人民教育出版社义务教育教科书《数学》一年级上册第5单元“6～10的认识和加减法”第57页例题及相关内容。

【教材简析】

本单元这是第二次安排解决问题的内容，前一个内容主要是用大括号表示总数，用问号表示所求的问题，本次安排的解决问题，是用文字表达信息和所要求的问题，不需要通过数数得到。教材用同一个情境呈现了既有趣味又有挑战性的三个数学问题，简短的文字代替了大括号与问号，这有利于学生通过阅读文字理解问题情境，但对于学生来说有一定的难度。明确问题所需要的信息是这部分教学的一个重点内容，本课开始逐渐对学生渗透数学问题的结构，从而逐步帮助一年级的学生学会用数学的眼光观察周围世界，培养学生从生活中发现问题并提出数学问题的能力。

【教学目标】

1. 能根据图和文字找出数学信息以及要解决的问题，并有序、完整地表达题意。

2. 会根据图中的信息提出数学问题、解决问题，了解两个相关的信息和一个问题构成一个数学问题。

【教学重点】

能根据问题选择需要的信息解决问题。

【教学难点】

有序、完整地表达题意。

【教学流程】

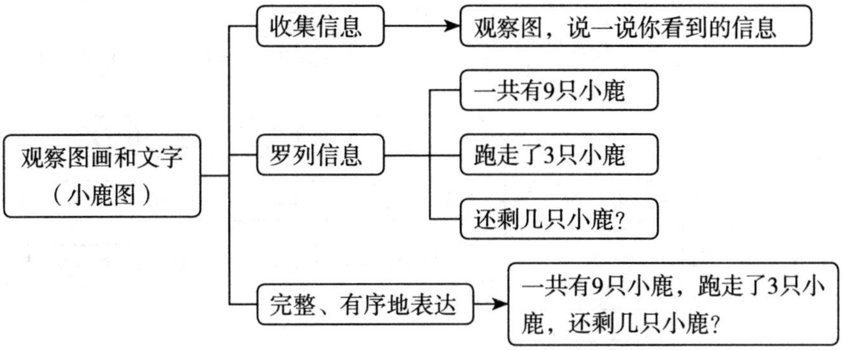

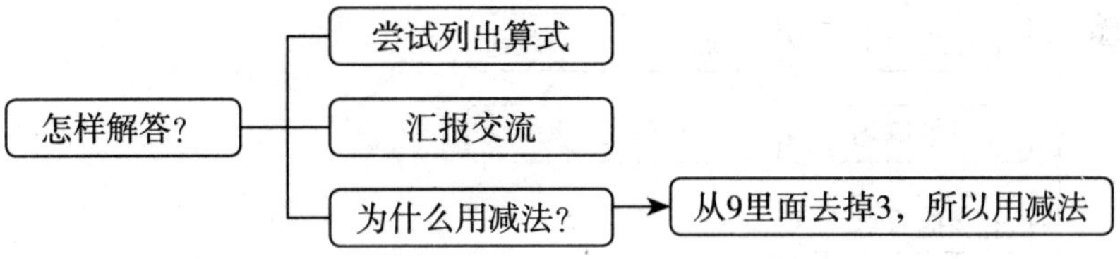

- 观察图画和文字（小鹿图）
  - 收集信息 → 观察图，说一说你看到的信息
  - 罗列信息
    - 一共有9只小鹿
    - 跑走了3只小鹿
    - 还剩几只小鹿？
  - 完整、有序地表达 → 一共有9只小鹿，跑走了3只小鹿，还剩几只小鹿？

- 怎样解答？
  - 尝试列出算式
  - 汇报交流
  - 为什么用减法？ → 从9里面去掉3，所以用减法

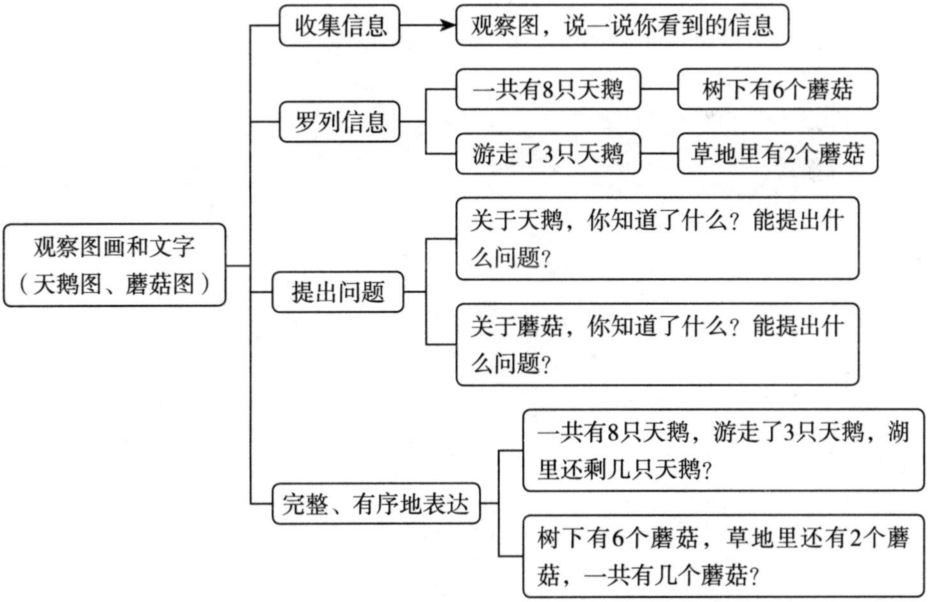

- 观察图画和文字（天鹅图、蘑菇图）
  - 收集信息 → 观察图，说一说你看到的信息
  - 罗列信息
    - 一共有8只天鹅 — 树下有6个蘑菇
    - 游走了3只天鹅 — 草地里有2个蘑菇
  - 提出问题
    - 关于天鹅，你知道了什么？能提出什么问题？
    - 关于蘑菇，你知道了什么？能提出什么问题？
  - 完整、有序地表达
    - 一共有8只天鹅，游走了3只天鹅，湖里还剩几只天鹅？
    - 树下有6个蘑菇，草地里还有2个蘑菇，一共有几个蘑菇？

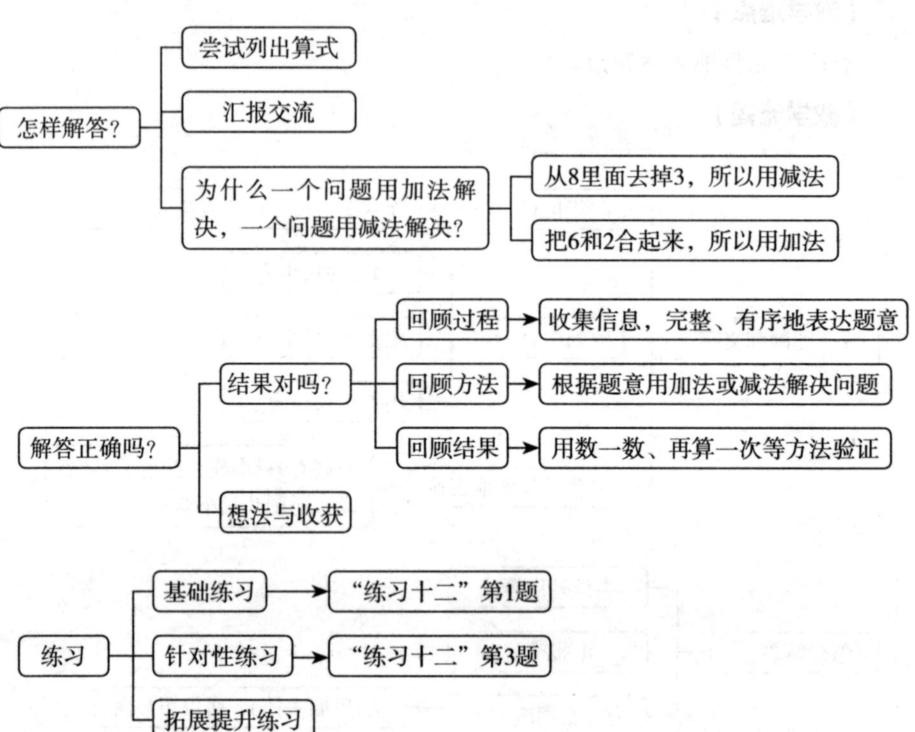
怎样解答？
尝试列出算式
汇报交流
为什么一个问题用加法解决，一个问题用减法解决？
从8里面去掉3，所以用减法
把6和2合起来，所以用加法
解答正确吗？
结果对吗？
回顾过程
收集信息，完整、有序地表达题意
回顾方法
根据题意用加法或减法解决问题
回顾结果
用数一数、再算一次等方法验证
想法与收获
练习
基础练习
“练习十二”第1题
针对性练习
“练习十二”第3题
拓展提升练习

《之间有几个》

广州市番禺区教师进修学校　李巧儿

【教学内容】

人民教育出版社义务教育教科书《数学》一年级上册第6单元“11～20各数的认识”第79页例6。

【教材简析】

本课内容是在学习第6单元知识后的综合运用，在解决排队中两名同学之间还有几人的实际问题的过程中使学生深化对数的大小、数序的理解，加深对基数和序数含义的认识，同时，使学生体会到解决此实际问题可以采用画示意图、数数等不同的方式，积累用数学方法解决生活问题的经验和方法。

【教学目标】

1. 深化对数的大小、数序的理解，加深对基数和序数含义的认识。

2. 理解“之间”的意思，解决排队中两名同学之间有几人的问题。

3. 体验解决问题的一般过程，提高分析和解决问题的能力。

【教学重点】

解决排队中两名同学之间有几人的问题。

【教学难点】

理解“之间”的含义。

【教学流程】

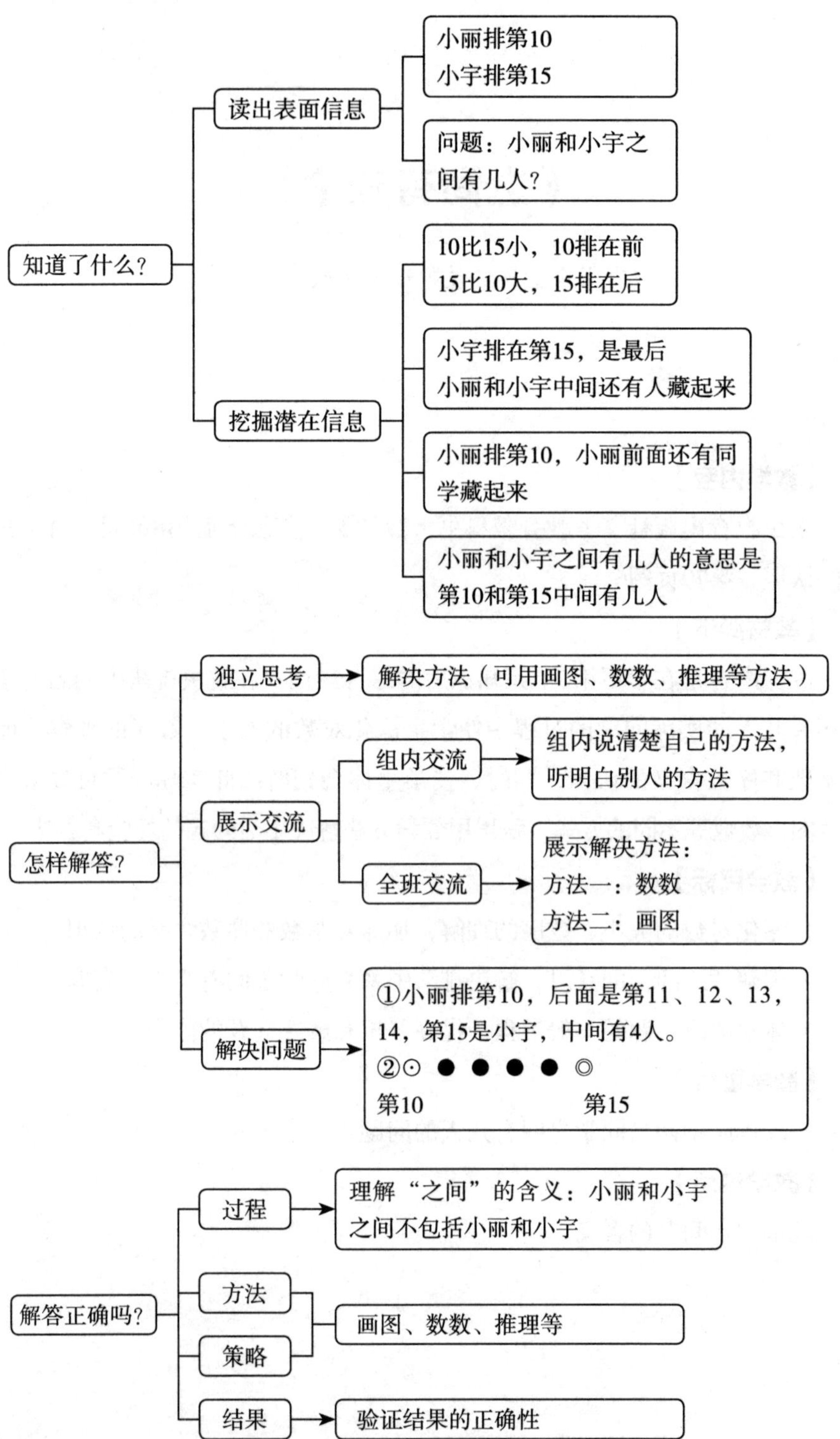

知道了什么？
读出表面信息
小丽排第10
小宇排第15
问题：小丽和小宇之间有几人？
挖掘潜在信息
10比15小，10排在前
15比10大，15排在后
小宇排在第15，是最后
小丽和小宇中间还有人藏起来
小丽排第10，小丽前面还有同学藏起来
小丽和小宇之间有几人的意思是第10和第15中间有几人
怎样解答？
独立思考
解决方法（可用画图、数数、推理等方法）
展示交流
组内交流
组内说清楚自己的方法，听明白别人的方法
全班交流
展示解决方法：
方法一：数数
方法二：画图
解决问题
①小丽排第10，后面是第11、12、13、14，第15是小宇，中间有4人。
②⊙ ● ● ● ● ◎
第10
第15
解答正确吗？
过程
理解“之间”的含义：小丽和小宇之间不包括小丽和小宇
方法
策略
画图、数数、推理等
结果
验证结果的正确性

《一共多少人》

广州市番禺区教师进修学校　李巧儿

【教学内容】

人民教育出版社义务教育教科书《数学》一年级上册第8单元“20以内的进位加法”第97页例5。

【教材简析】

本课内容是在学习20以内进位加法的基础上，让学生结合实际生活情境，从不同的角度收集运动场中啦啦队队员的信息，分别列式解答求出啦啦队一共有多少人，体现出解决问题方式的灵活多样，并加深对加法的认识。

【教学目标】

1. 会用20以内进位加法解决实际问题，加深对加法的认识。

2. 体会从不同的角度收集信息，解决问题就有不同的方式。

3. 培养多角度思考问题的能力。

【教学重点】

从不同角度收集信息和思考问题，并求出啦啦队队员的人数。

【教学难点】

理解列式不同，解答方法相同，从而加深对加法的认识。

【教学流程】

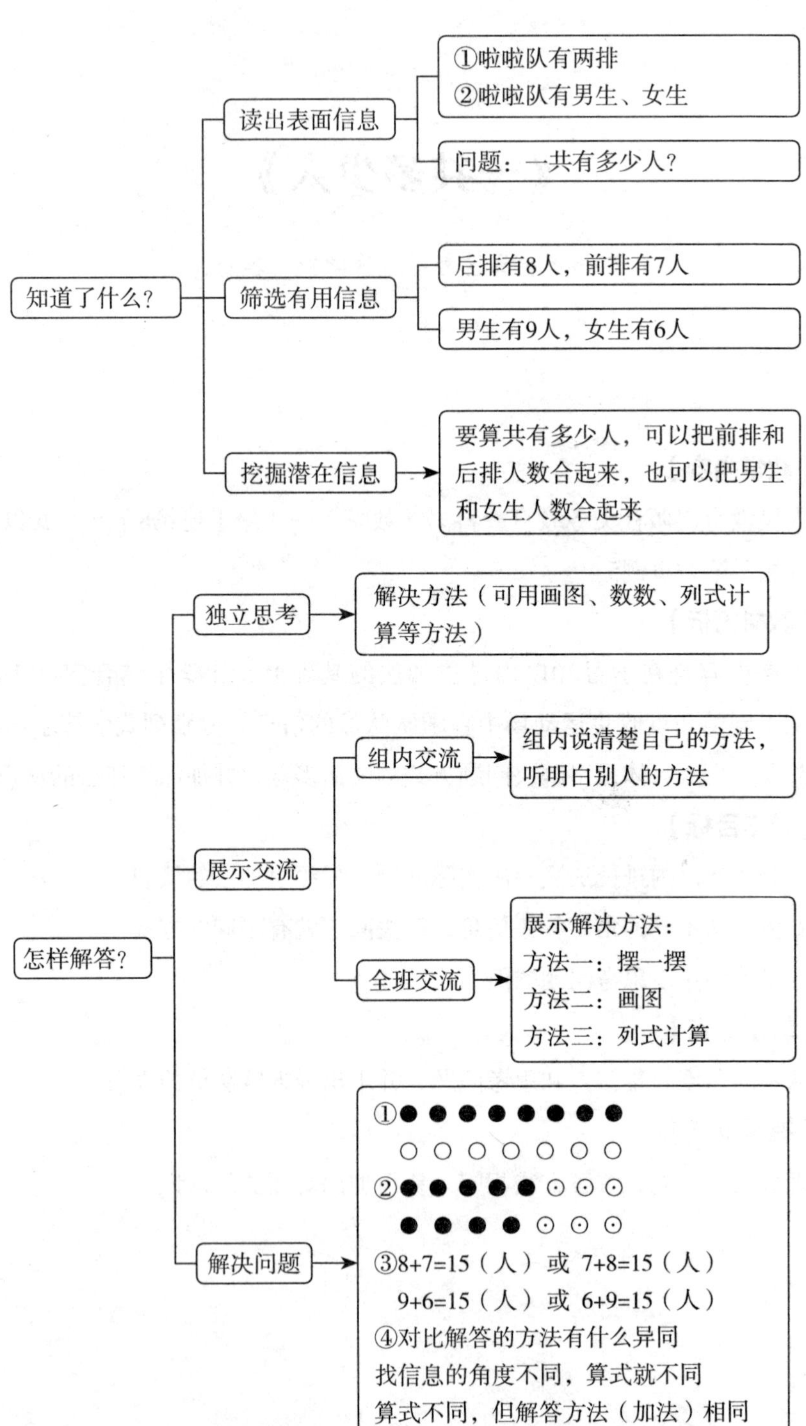

知道了什么？
读出表面信息
①啦啦队有两排
②啦啦队有男生、女生
问题：一共有多少人？
筛选有用信息
后排有8人，前排有7人
男生有9人，女生有6人
挖掘潜在信息
要算共有多少人，可以把前排和后排人数合起来，也可以把男生和女生人数合起来
怎样解答？
独立思考
解决方法（可用画图、数数、列式计算等方法）
展示交流
组内交流
组内说清楚自己的方法，听明白别人的方法
全班交流
展示解决方法：
方法一：摆一摆
方法二：画图
方法三：列式计算
解决问题
①
②
③8+7=15（人）或 7+8=15（人）
9+6=15（人）或 6+9=15（人）
④对比解答的方法有什么异同
找信息的角度不同，算式就不同
算式不同，但解答方法（加法）相同

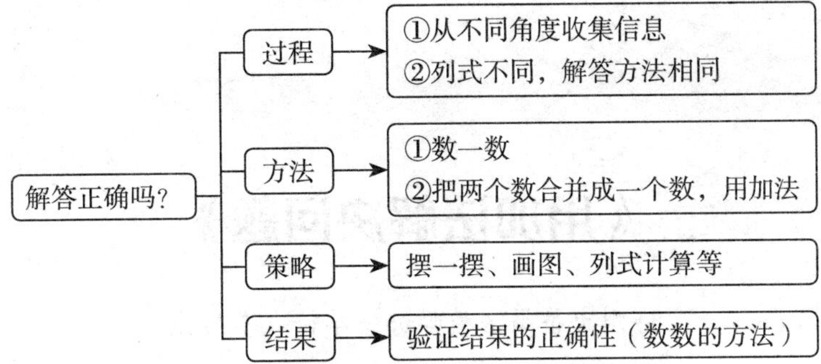
解答正确吗？
过程
①从不同角度收集信息
②列式不同，解答方法相同
方法
①数一数
②把两个数合并成一个数，用加法
策略
摆一摆、画图、列式计算等
结果
验证结果的正确性（数数的方法）

《用加法解决问题》

广州市番禺区教师进修学校　李巧儿

【教学内容】

人民教育出版社义务教育教科书《数学》一年级上册第8单元“20以内的进位加法”第98页例6及练习。

【教材简析】

本课内容是在学生已经初步掌握解决问题的一般步骤的基础上，通过例6，一方面教学逆向用加法解决问题，另一方面教学用画图的策略分析问题。本例题所求问题是“原来有多少个哨子”，是由现在去推想事情发生之前的数量，对学生来说需要逆向思维，有一定难度。另外，学生容易受思维定式的影响，见到“剩下”二字就会想到用减法，对解决问题造成干扰。因此，可以借助画图的方式，将现实问题抽象为数学问题，以便学生更好地理解题意。

【教学目标】

1. 理解并找准“原来有多少”的实际问题中的条件，确定解题方法并能正确解答。

2. 体会逆向思维，借助画图分析数量关系。

3. 培养应用意识和解决问题的能力。

【教学重点】

理解“原来有多少”这类实际问题的数量关系，能正确选取方法并解答。

【教学难点】

理解题意，分析数量关系。

【教学流程】

- 知道了什么？
  - 读出表面信息
    - ①领走了7个哨子
      ②还剩下5个哨子
    - 问题：原来有多少个？
  - 挖掘潜在信息
    - “原来”的意思是还没有领走之前的
    - 还剩5个的意思是，从原来的里面去掉领走的7个，还有5个
    - 原来包括领走和剩下两部分

- 怎样解答？
  - 独立思考 → 解决方法（可用画图、数数、列式计算等方法）
  - 展示交流
    - 组内交流 → 组内说清楚自己的方法，听明白别人的方法
    - 全班交流 → 展示解决方法：
      方法一：摆一摆
      方法二：画图
      方法三：列式计算
  - 解决问题 → 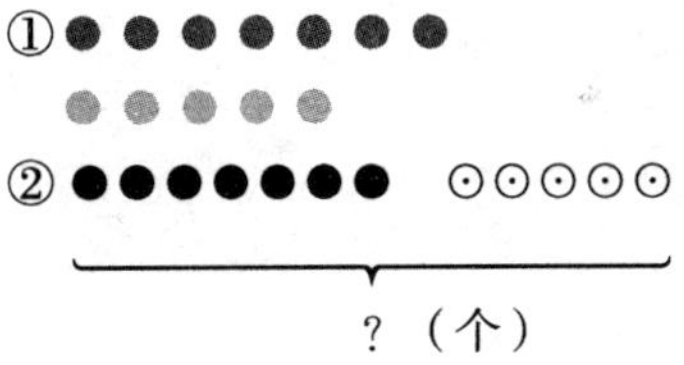
    ①●●●●●●●
    ●●●●●
    ②●●●●●●● ⊙⊙⊙⊙⊙
    ？（个）
    ③ 7+5=12（个）或5+7=12（个）
    ④为什么用加法计算？把领走的和剩下的合起来就是原来的
    ⑤看看解决问题的不同方式，你更喜欢哪一种？

- 解答正确吗？
  - 过程 → 逆向思维，分析数量关系，找出求“原来有多少”所需要的条件
  - 方法、策略 → ①摆一摆、画图、列式计算等
    ②原来=领走+剩下
  - 结果 → 验证结果的正确性（数数的方法）

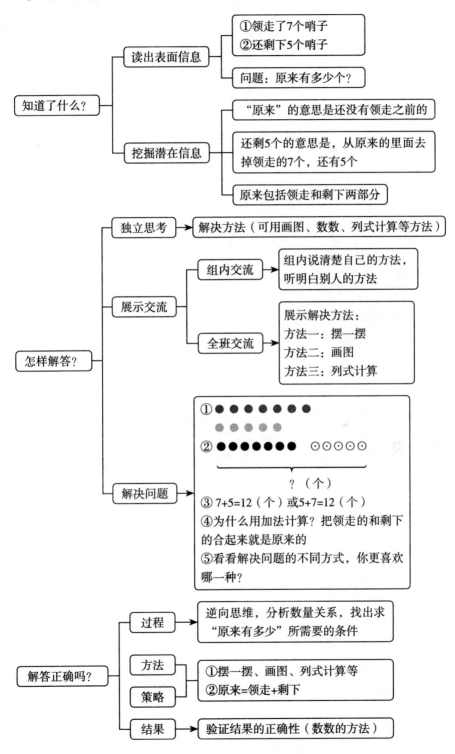

一年级 下册

解决问题教学设计的支架

《用七巧板拼三角形》

广州市番禺区市桥西丽小学　莫静纹

【教学内容】

人民教育出版社义务教育教科书《数学》一年级下册第1单元“认识图形（二）”第4页例3。

【教材简析】

教材在例3中正式引入了七巧板，并让学生先“用一套七巧板拼三角形”，再比一比“看谁拼得多”，既渗透了数学文化，又给学生提供了认识平面图形的丰富素材，使学生进一步感知平面图形的特征以及它们之间的关系，发展学生的空间观念、操作能力，培养学生的创新意识。教材通过三个问题让学生继续经历解决问题的完整过程，有目的、有计划地培养学生理解问题、分析问题、解决问题及反思的能力，使学生逐步获得解决问题的一般方法。例3让学生有目的地拼组（拼三角形），解决问题的具体方法就是利用之前的经验去拼。教材分别展示了学生用七巧板中的2个、3个图形拼组三角形的结果，以此暗示解决问题的思路：从拼2个开始到拼3个。

【教学目标】

1. 在用七巧板拼三角形的过程中，进一步加深对三角形、长方形、正方形、平行四边形这些平面图形特征的认识。

2. 在解决问题的过程中，培养审题能力，初步获得分析问题、思考问题、解决问题的基本方法。

3. 培养创新意识，感受所拼图形的数学美。

【教学重点】

掌握用七巧板拼三角形的方法。

【教学难点】

掌握用七巧板拼三角形的方法。

【教学流程】

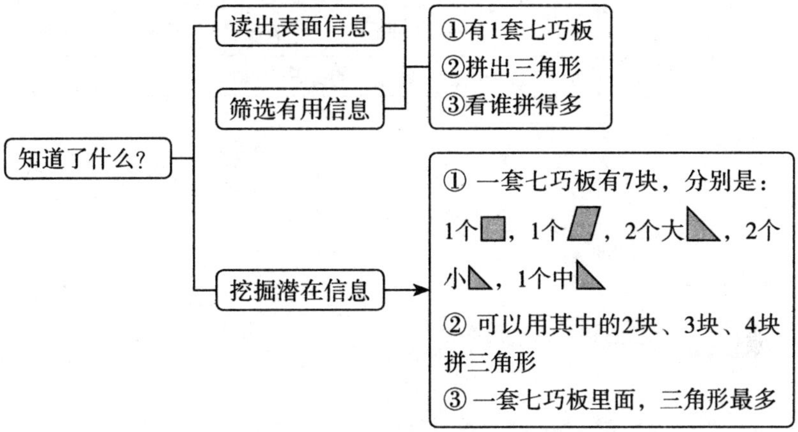

- 知道了什么？
  - 读出表面信息 / 筛选有用信息
    - ①有1套七巧板
    - ②拼出三角形
    - ③看谁拼得多
  - 挖掘潜在信息 →
    - ① 一套七巧板有7块，分别是：1个正方形，1个平行四边形，2个大三角形，2个小三角形，1个中三角形
    - ② 可以用其中的2块、3块、4块拼三角形
    - ③ 一套七巧板里面，三角形最多

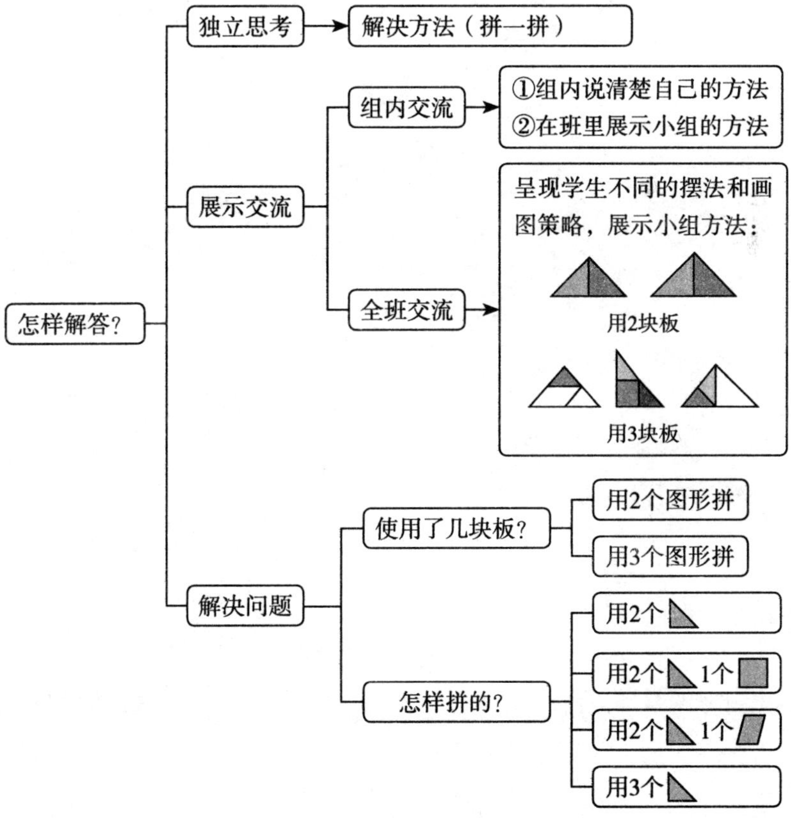

- 怎样解答？
  - 独立思考 → 解决方法（拼一拼）
  - 展示交流
    - 组内交流 →
      - ①组内说清楚自己的方法
      - ②在班里展示小组的方法
    - 全班交流 → 呈现学生不同的摆法和画图策略，展示小组方法：
      - 用2块板
      - 用3块板
  - 解决问题
    - 使用了几块板？
      - 用2个图形拼
      - 用3个图形拼
    - 怎样拼的？
      - 用2个三角形
      - 用2个三角形 1个正方形
      - 用2个三角形 1个平行四边形
      - 用3个三角形

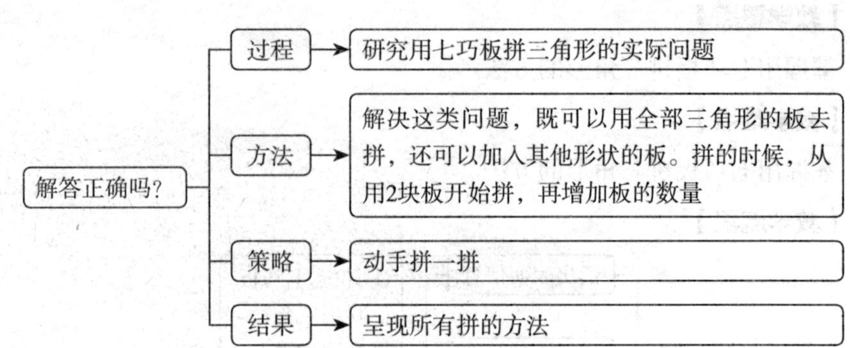
解答正确吗？
过程
研究用七巧板拼三角形的实际问题
方法
解决这类问题，既可以用全部三角形的板去拼，还可以加入其他形状的板。拼的时候，从用2块板开始拼，再增加板的数量
策略
动手拼一拼
结果
呈现所有拼的方法

《有多余条件的求另一个加数》

广州市番禺区市桥西丽小学　莫静纹

【教学内容】

人民教育出版社义务教育教科书《数学》一年级下册第2单元“20以内的退位减法”第20页例5。

【教材简析】

教材在解决问题的编排中，同样呈现了解决问题的一般步骤，按照“知道了什么？”“怎样解答？”和“解答正确吗？”三个步骤编排解题过程。在解题过程的三个步骤中，分别提出了新的要求。在“知道了什么？”环节，出现了多余条件；在“怎样解答？”环节，让学生运用画图或摆一摆的策略直观理解“求另一个加数”的数量关系，确定解题方法，并由此认识到多余条件在解题过程中是没有用处的；在“解答正确吗？”环节，教给学生基本的回顾解决问题过程及检验的方法，并提出了口头答题的要求。本例题呈现了通过画图来辅助分析数量关系的方法，突出画图策略。画图既反映了学生对问题的理解程度，又提供了思考和解决问题的模型。学生的画图方式可以是多样的，只要能反映出问题的结构即可。

【教学目标】

1. 熟悉解决问题的一般步骤，能解决含有多余条件的“求另一个加数”的实际问题，并总结解决此类问题的方法。

2. 经历画一画、说一说、算一算等活动，进一步熟悉画图的策略。

【教学重点】

解决有多余条件的“求另一个加数”的实际问题。

【教学难点】

根据问题选择相关的信息。

【教学流程】

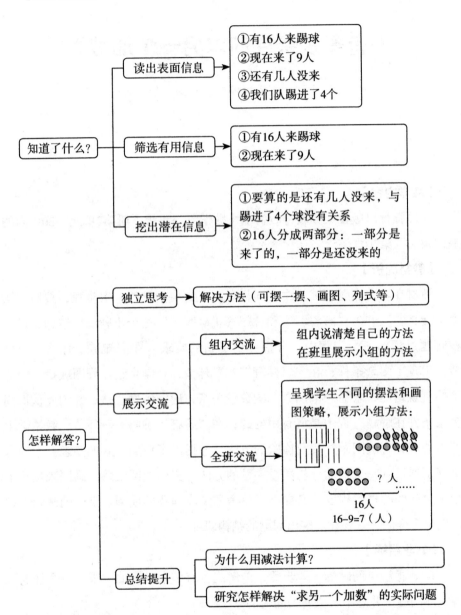

- 知道了什么？
  - 读出表面信息 → ①有16人来踢球 ②现在来了9人 ③还有几人没来 ④我们队踢进了4个
  - 筛选有用信息 → ①有16人来踢球 ②现在来了9人
  - 挖出潜在信息 → ①要算的是还有几人没来，与踢进了4个球没有关系 ②16人分成两部分：一部分是来了的，一部分是还没来的
- 怎样解答？
  - 独立思考 → 解决方法（可摆一摆、画图、列式等）
  - 展示交流
    - 组内交流 → 组内说清楚自己的方法 在班里展示小组的方法
    - 全班交流 → 呈现学生不同的摆法和画图策略，展示小组方法： 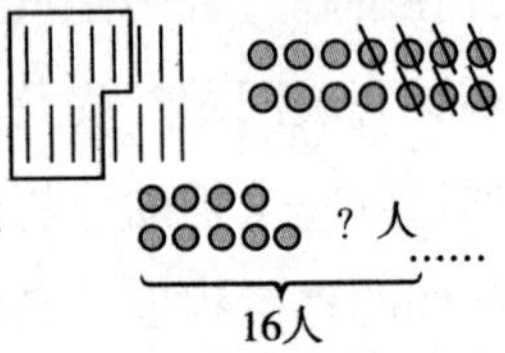
      ? 人……
      16人
      16–9=7（人）
  - 总结提升
    - 为什么用减法计算？
    - 研究怎样解决“求另一个加数”的实际问题

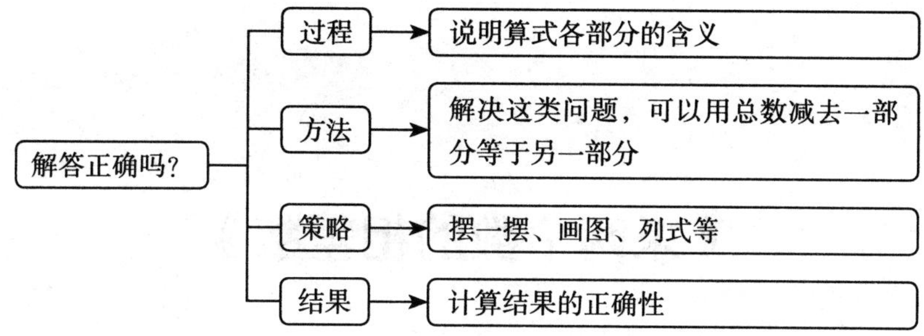
解答正确吗?
过程
说明算式各部分的含义
方法
解决这类问题，可以用总数减去一部分等于另一部分
策略
摆一摆、画图、列式等
结果
计算结果的正确性

《求两个数的相差数》

广州市番禺区市桥西丽小学　莫静纹

【教学内容】

人民教育出版社义务教育教科书《数学》一年级下册第2单元“20以内的退位减法”第21页例6。

【教材简析】

例6是在学生初步认识减法的意义、“能用一一对应的方法比较两个量的多少”的基础上编排的。这是学生第一次正式学习用减法解决“求一个数比另一个数多几（少几）”的问题。从已知整体与其中的一部分求另一部分用减法计算，到比较两个量相差多少用减法计算，是学生认识减法的现实意义的一次扩展，对学生来说有一定困难。教材提供了画图（或操作）的策略，借此帮助学生理解要解决的问题中的数量关系，沟通“比多少”问题与原来所认识的减法模型之间的联系，从而使学生获得解决比多（比少）的数学问题的思维方法，理解用减法计算的道理，丰富学生对减法现实意义的认识。在学生掌握了“求一个数比另一个数多几”用减法计算的基础上，教材编排了“求一个数比另一个数少几”的问题，并运用转化的数学思想，将新问题转化成旧问题加以解决，减轻了学生学习的负担，并体现了转化思想的价值。

【教学目标】

1. 熟悉解决问题的一般步骤，能解决含有多余条件的“求两个数的相差数”的实际问题，并总结解决此类问题的方法。

2. 经历画一画、说一说、算一算等活动，进一步熟悉画图的策略。

【教学重点】

解决有多余条件的“求两个数的相差数”的实际问题。

【教学难点】

理解“求两个数的相差数”的数量关系。

【教学流程】

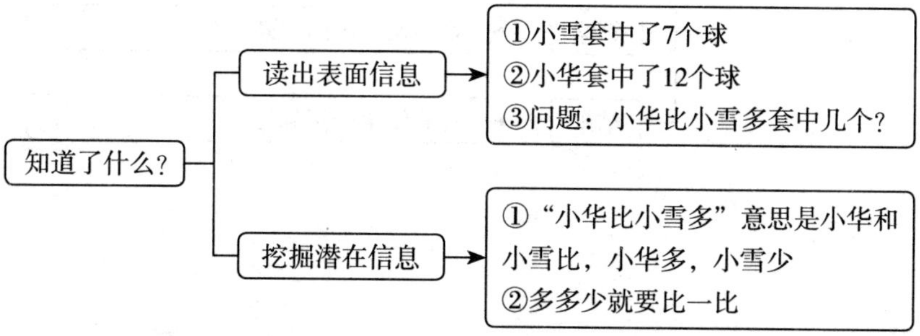

- 知道了什么？
  - 读出表面信息 →
    - ①小雪套中了7个球
    - ②小华套中了12个球
    - ③问题：小华比小雪多套中几个？
  - 挖掘潜在信息 →
    - ①“小华比小雪多”意思是小华和小雪比，小华多，小雪少
    - ②多多少就要比一比

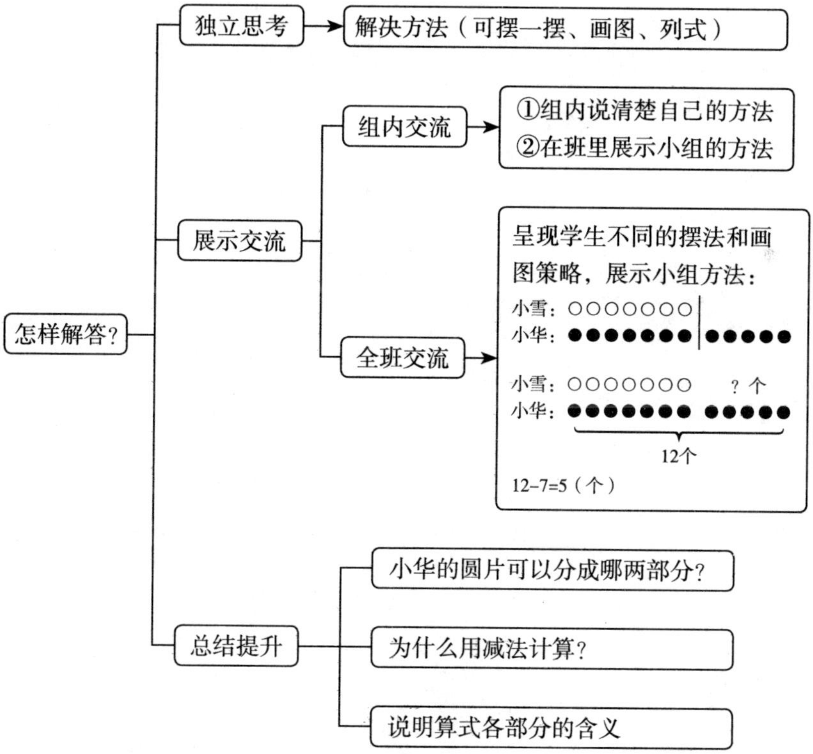

- 怎样解答？
  - 独立思考 → 解决方法（可摆一摆、画图、列式）
  - 展示交流
    - 组内交流 →
      - ①组内说清楚自己的方法
      - ②在班里展示小组的方法
    - 全班交流 →
      - 呈现学生不同的摆法和画图策略，展示小组方法：
      - 小雪：○○○○○○○
      - 小华：●●●●●●● | ●●●●●
      - 小雪：○○○○○○○ ？个
      - 小华：●●●●●●● ●●●●●（共12个）
      - 12-7=5（个）
  - 总结提升
    - 小华的圆片可以分成哪两部分？
    - 为什么用减法计算？
    - 说明算式各部分的含义

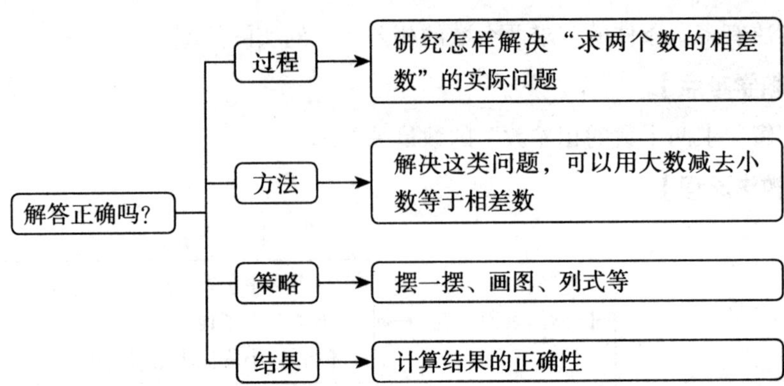
解答正确吗?
过程
研究怎样解决“求两个数的相差数”的实际问题
方法
解决这类问题，可以用大数减去小数等于相差数
策略
摆一摆、画图、列式等
结果
计算结果的正确性

《分一分》

广州市番禺区市桥西丽小学　莫静纹

【教学内容】

人民教育出版社义务教育教科书《数学》一年级下册第4单元“100以内数的认识”第46页例7。

【教材简析】

例7除了让学生继续经历解决问题的完整过程外，重在丰富学生解决问题的策略，让学生体会数学知识的简单应用。在解决问题的策略上，本例题体现了多样化的思想：可以画图，也可以用数的组成来解决，还可以10个10个地数数，以后还可以列算式解决。以“5个穿一串”“10块装一袋”等素材进行练习，既是解决问题的基本练习，同时又能加深学生对100以内数的认识，还可以为后面的学习积累一些活动经验。教给学生检验解答方案正确与否的方法，并开始让学生以口答的方式给出解决问题的结论，突出了“回顾与检验”的环节。

【教学目标】

1. 熟悉解决问题的一般步骤，能解决“分一分”的实际问题，并总结解决此类问题的方法。

2. 经历画一画、说一说等活动，进一步熟悉画图的策略。

【教学重点】

掌握解决“分一分”的实际问题的方法。

【教学难点】

理解解决“分一分”的实际问题的方法。

【教学流程】

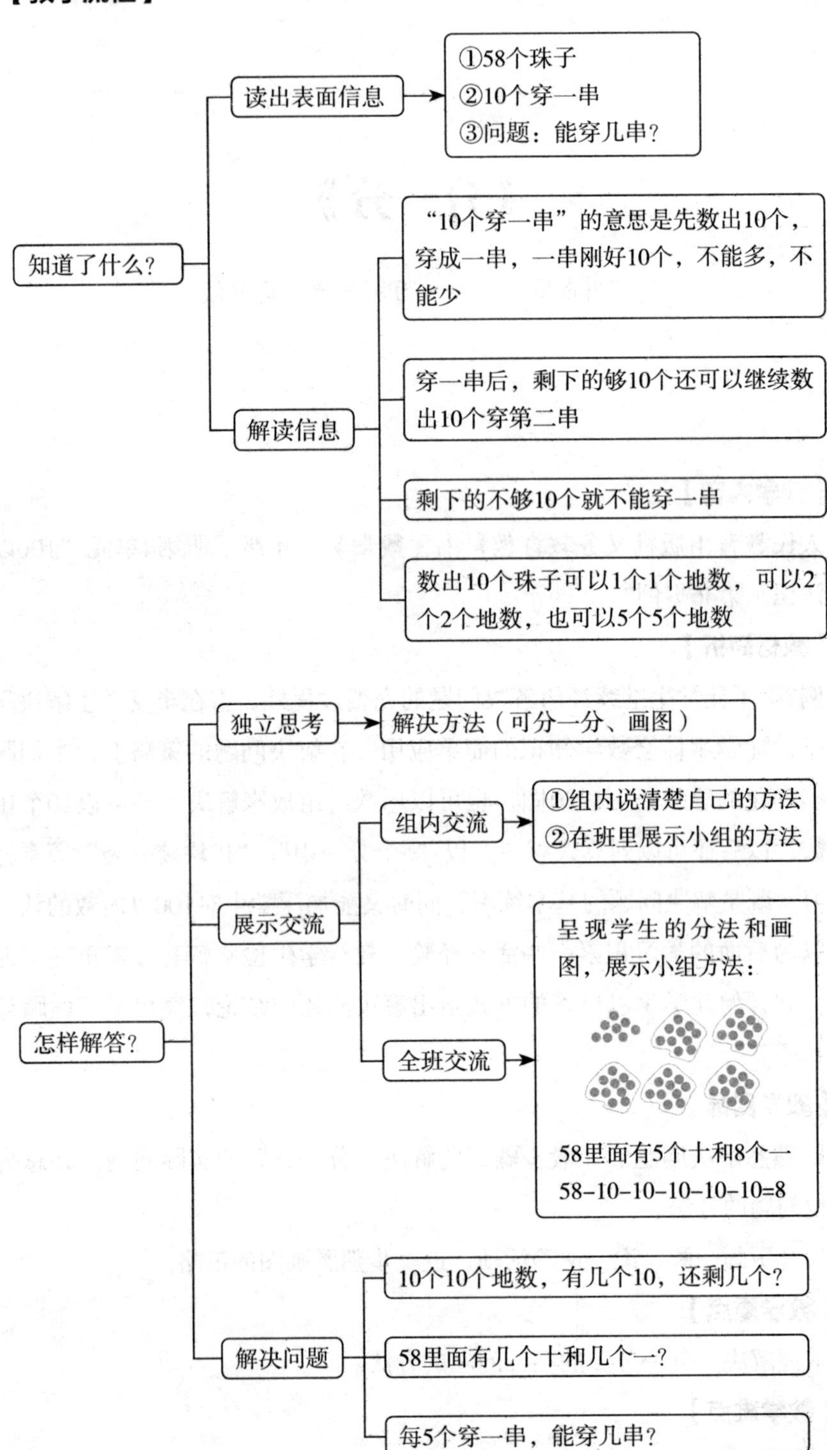
知道了什么?
读出表面信息
①58个珠子
②10个穿一串
③问题：能穿几串?
解读信息
“10个穿一串”的意思是先数出10个，穿成一串，一串刚好10个，不能多，不能少
穿一串后，剩下的够10个还可以继续数出10个穿第二串
剩下的不够10个就不能穿一串
数出10个珠子可以1个1个地数，可以2个2个地数，也可以5个5个地数
怎样解答?
独立思考
解决方法（可分一分、画图）
展示交流
组内交流
①组内说清楚自己的方法
②在班里展示小组的方法
全班交流
呈现学生的分法和画图，展示小组方法：
58里面有5个十和8个一
58-10-10-10-10-10=8
解决问题
10个10个地数，有几个10，还剩几个?
58里面有几个十和几个一?
每5个穿一串，能穿几串?

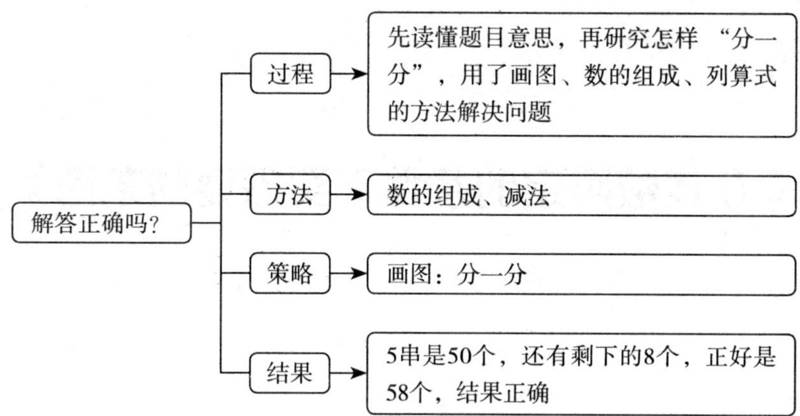
解答正确吗?
过程
先读懂题目意思，再研究怎样“分一分”，用了画图、数的组成、列算式的方法解决问题
方法
数的组成、减法
策略
画图：分一分
结果
5串是50个，还有剩下的8个，正好是58个，结果正确

《在钱数限定的条件下买需要的东西》

广州市番禺区沙湾镇兴贤小学　老彩霞

【教学内容】

人民教育出版社义务教育教科书《数学》一年级下册第5单元“认识人民币”第58页例7。

【教材简析】

本课内容是在学生学了20以内的加减法和会综合运用所学的人民币相关知识解决购物中的简单实际问题等的基础上进行学习的。教材用买东西的情境提供了现实素材，通过解决在钱数限定的条件下买需要的东西的实际问题，重点教学调整的方向性和罗列的有序性，指导学生有序思考，让学生继续体验解决问题的一般过程，积累解决问题的方法和经验。

【教学目标】

1. 经历解决问题的一般步骤，解决“在钱数限定的条件下买需要的东西”的问题。

2. 在解决问题的过程中，提高分析和解决问题的能力。

3. 渗透有序思考的思想方法，感受数学与生活的密切联系。

【教学重点】

了解解决问题的不同策略。

【教学难点】

学会有序地思考。

【教学流程】

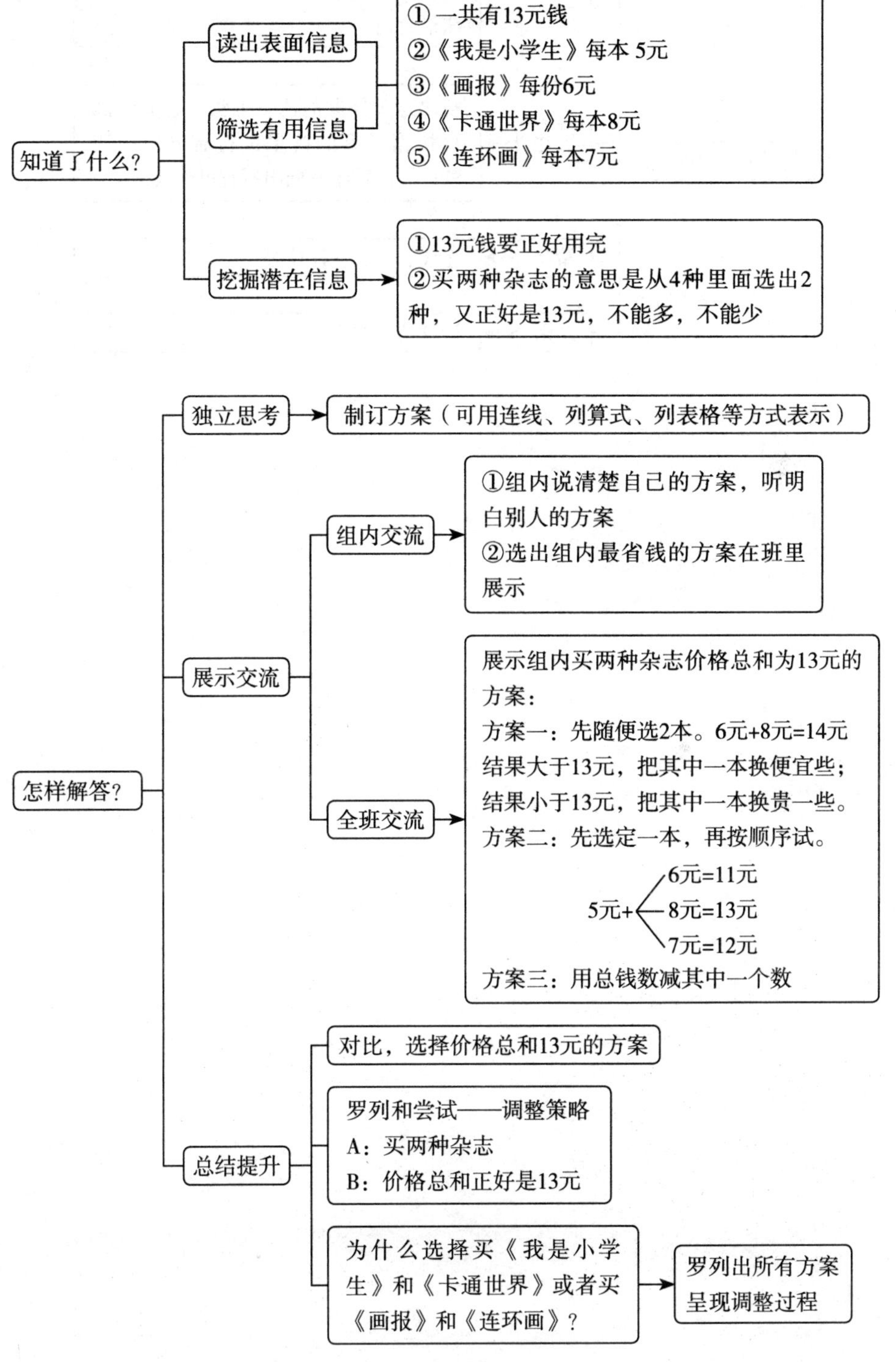
知道了什么？
读出表面信息
筛选有用信息
①一共有13元钱
②《我是小学生》每本 5元
③《画报》每份6元
④《卡通世界》每本8元
⑤《连环画》每本7元
挖掘潜在信息
①13元钱要正好用完
②买两种杂志的意思是从4种里面选出2种，又正好是13元，不能多，不能少
怎样解答？
独立思考
制订方案（可用连线、列算式、列表格等方式表示）
展示交流
组内交流
①组内说清楚自己的方案，听明白别人的方案
②选出组内最省钱的方案在班里展示
全班交流
展示组内买两种杂志价格总和为13元的方案：
方案一：先随便选2本。6元+8元=14元
结果大于13元，把其中一本换便宜些；
结果小于13元，把其中一本换贵一些。
方案二：先选定一本，再按顺序试。
5元+
6元=11元
8元=13元
7元=12元
方案三：用总钱数减其中一个数
总结提升
对比，选择价格总和13元的方案
罗列和尝试——调整策略
A：买两种杂志
B：价格总和正好是13元
为什么选择买《我是小学生》和《卡通世界》或者买《画报》和《连环画》？
罗列出所有方案呈现调整过程

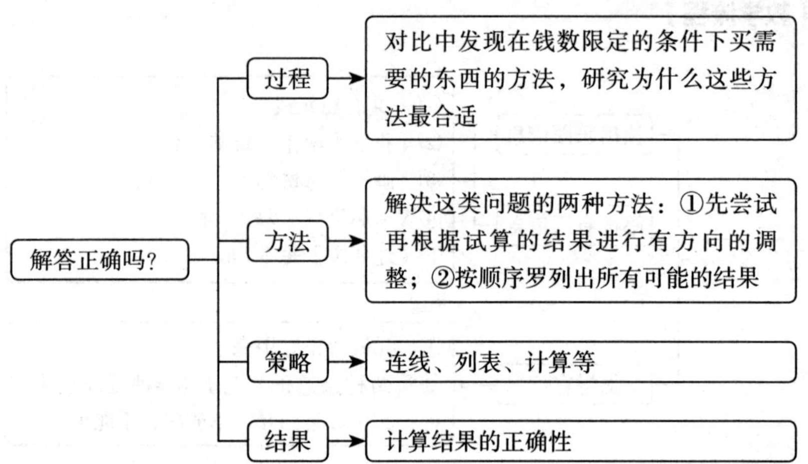
解答正确吗？
过程
对比中发现在钱数限定的条件下买需要的东西的方法，研究为什么这些方法最合适
方法
解决这类问题的两种方法：①先尝试再根据试算的结果进行有方向的调整；②按顺序罗列出所有可能的结果
策略
连线、列表、计算等
结果
计算结果的正确性

《同数连加》

广州市番禺区沙湾镇兴贤小学　老彩霞

【教学内容】

人民教育出版社义务教育教科书《数学》一年级下册第6单元“100以内的加法和减法（一）”第77页例4。

【教材简析】

本课内容是在学生学习了100以内的加法和减法及解决问题的一般步骤，学习了一些基本解题策略的基础上继续深入学习的。教材用“折小星星”的情境提供了现实素材，主要意图是培养学生针对比较复杂的问题，能运用所学过的策略解决问题，同时为学习乘法做准备。教材除呈现了通过画图理解并以连加解决问题的策略外，首次出现了列表的方式。

【教学目标】

1. 经历解决问题的一般步骤，解决同数连加的实际问题。

2. 在解决问题的过程中，提高分析和解决问题的能力。

3. 渗透优化思想，感受数学与生活的密切联系。

【教学重点】

解决同数连加的实际问题。

【教学难点】

理解解决问题的多种策略。

【教学流程】

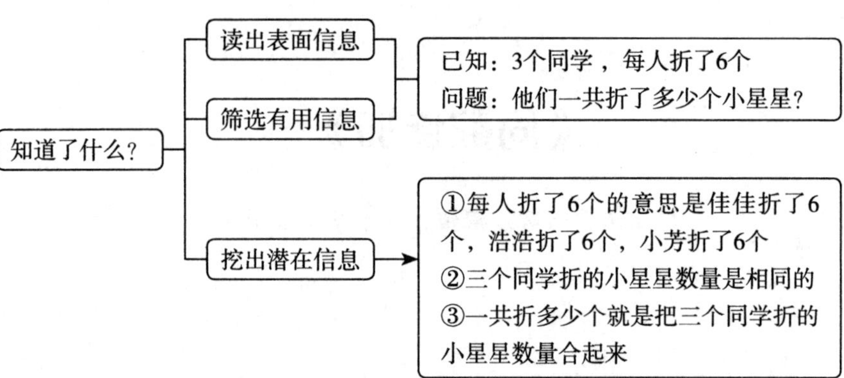

知道了什么？
读出表面信息
筛选有用信息
已知：3个同学，每人折了6个
问题：他们一共折了多少个小星星？
挖出潜在信息
①每人折了6个的意思是佳佳折了6个，浩浩折了6个，小芳折了6个
②三个同学折的小星星数量是相同的
③一共折多少个就是把三个同学折的小星星数量合起来

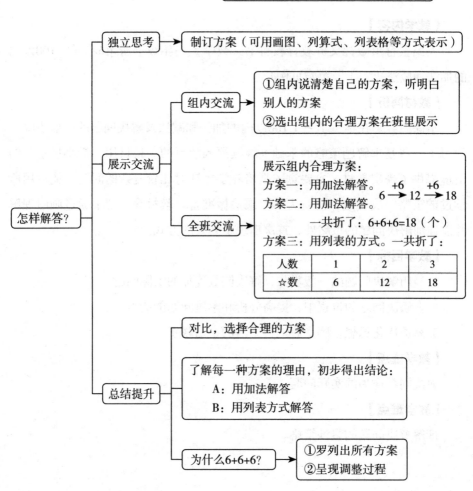

怎样解答？

- 独立思考 → 制订方案（可用画图、列算式、列表格等方式表示）
- 展示交流
  - 组内交流 → ①组内说清楚自己的方案，听明白别人的方案 ②选出组内的合理方案在班里展示
  - 全班交流 → 展示组内合理方案：
    - 方案一：用加法解答。6 →(+6) 12 →(+6) 18
    - 方案二：用加法解答。一共折了：6+6+6=18（个）
    - 方案三：用列表的方式。一共折了：

人数	1	2	3
☆数	6	12	18

- 总结提升
  - 对比，选择合理的方案
  - 了解每一种方案的理由，初步得出结论：
    - A：用加法解答
    - B：用列表方式解答
  - 为什么6+6+6？ → ①罗列出所有方案 ②呈现调整过程

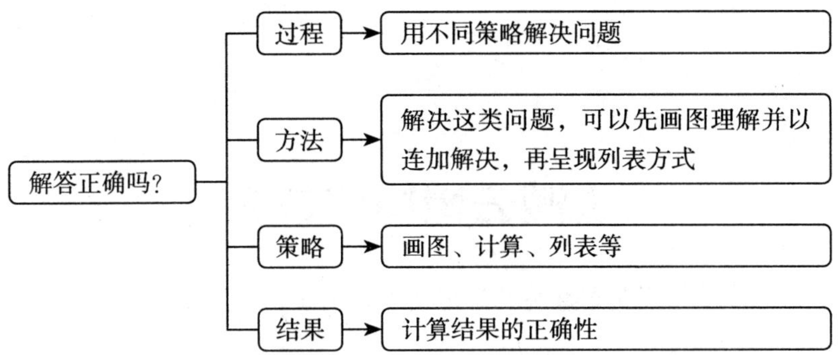
解答正确吗？
过程
用不同策略解决问题
方法
解决这类问题，可以先画图理解并以连加解决，再呈现列表方式
策略
画图、计算、列表等
结果
计算结果的正确性

《减去相同的数》

广州市番禺区沙湾镇兴贤小学　老彩霞

【教学内容】

人民教育出版社义务教育教科书《数学》一年级下册第6单元“100以内的加法和减法（一）”的第78页例5。

【教材简析】

本课内容是在学生学习了100以内的加法和减法及解决问题的一般步骤，学习了一些基本解题策略的基础上继续深入学习的。减去相同数的实际问题，解题的步骤比较多，具有一定的挑战性，学生不经过尝试和探索，很难从给出的两个信息出发直接获得答案。教材用分橘子的情境提供了现实素材，目的是激发学生探究的欲望，使学生用所掌握的知识与方法，进行解决新问题的尝试，帮助学生进一步积累解决问题的策略，也为学习除法做好准备。

【教学目标】

1. 经历解决问题的一般步骤，解决分橘子的问题。
2. 在解决问题的过程中，提高分析和解决问题的能力。
3. 渗透优化思想，感受数学与生活的密切联系。

【教学重点】

解决减去相同数的问题。

【教学难点】

清楚表达出分橘子的过程。

【教学流程】

- 知道了什么？
  - 读出表面信息
  - 筛选有用信息
    - 有28个橘子，9个装一袋，问题是可以装满几袋？
  - 挖出潜在信息
    - 9个装一袋的意思是先数出9个，装成一袋，一袋刚好9个，不能多，不能少
    - 装一袋后，剩下够9个还可以继续数出9个装第二袋
    - 剩下的不够9个就不能装一袋

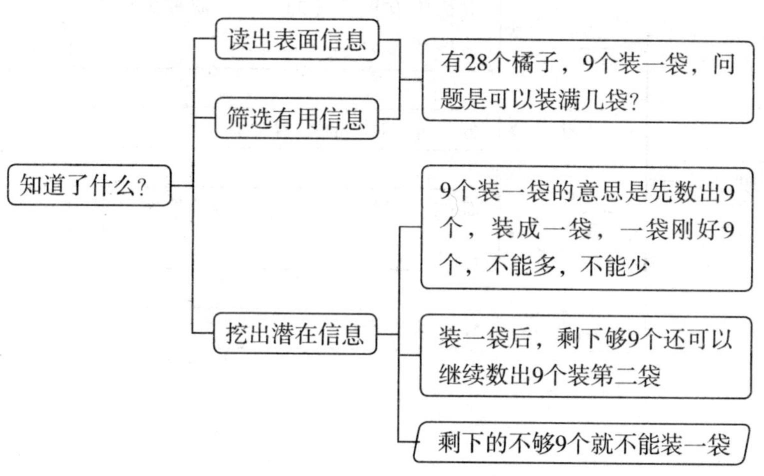

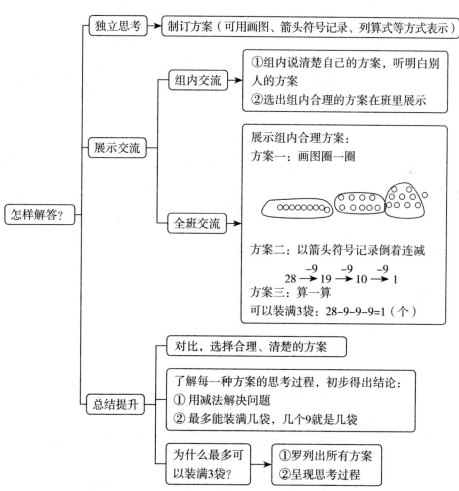

- 怎样解答？
  - 独立思考 → 制订方案（可用画图、箭头符号记录、列算式等方式表示）
  - 展示交流
    - 组内交流 → ①组内说清楚自己的方案，听明白别人的方案 ②选出组内合理的方案在班里展示
    - 全班交流 → 展示组内合理方案：

      方案一：画图圈一圈

      方案二：以箭头符号记录倒着连减

      $28 \xrightarrow{-9} 19 \xrightarrow{-9} 10 \xrightarrow{-9} 1$

      方案三：算一算

      可以装满3袋：28−9−9−9=1（个）
  - 总结提升
    - 对比，选择合理、清楚的方案
    - 了解每一种方案的思考过程，初步得出结论：① 用减法解决问题 ② 最多能装满几袋，几个9就是几袋
    - 为什么最多可以装满3袋？ → ①罗列出所有方案 ②呈现思考过程

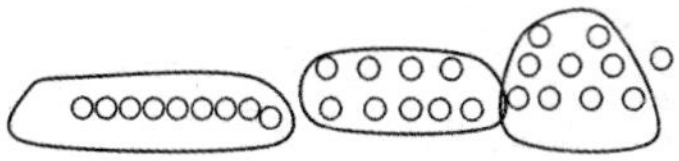

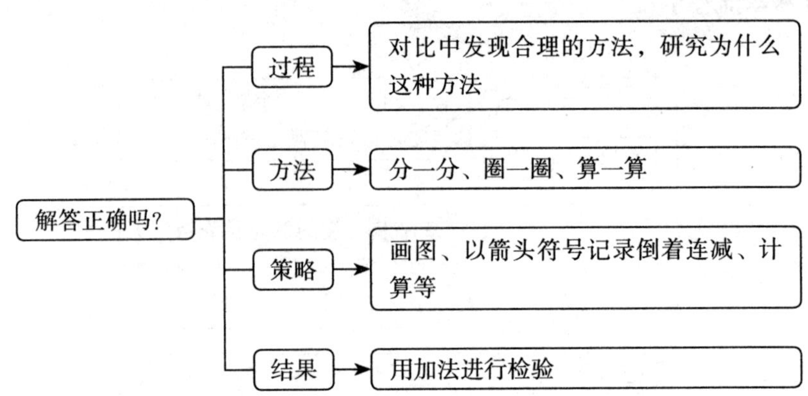
解答正确吗?
过程
对比中发现合理的方法，研究为什么这种方法
方法
分一分、圈一圈、算一算
策略
画图、以箭头符号记录倒着连减、计算等
结果
用加法进行检验

《利用规律》

广州市番禺区沙湾镇兴贤小学　老彩霞

【教学内容】

人民教育出版社义务教育教科书《数学》一年级下册第7单元“找规律”第88页例5。

【教材简析】

本课内容是在学生学习了重复排列的规律和利用规律进行问题解决等的基础上继续深入学习的。教学内容通过解决按规律穿手链的现实问题渗透一一对应的数学思想。教材用穿手链的情境提供了现实素材，教学意图是让学生继续体验解决问题的一般过程，重在让学生运用知识，丰富解决问题的策略，关键是要发现珠子的排列规律，还应确定从哪一侧开始继续串珠子。

【教学目标】

1. 经历解决问题的一般步骤，解决“掉了哪2颗珠子”的问题。

2. 在解决问题的过程中，提高分析和解决问题的能力，丰富解决问题的策略。

3. 渗透一一对应的数学思想，感受数学与生活的密切联系。

【教学重点】

发现珠子的排列规律。

【教学难点】

利用规律解决问题。

【教学流程】

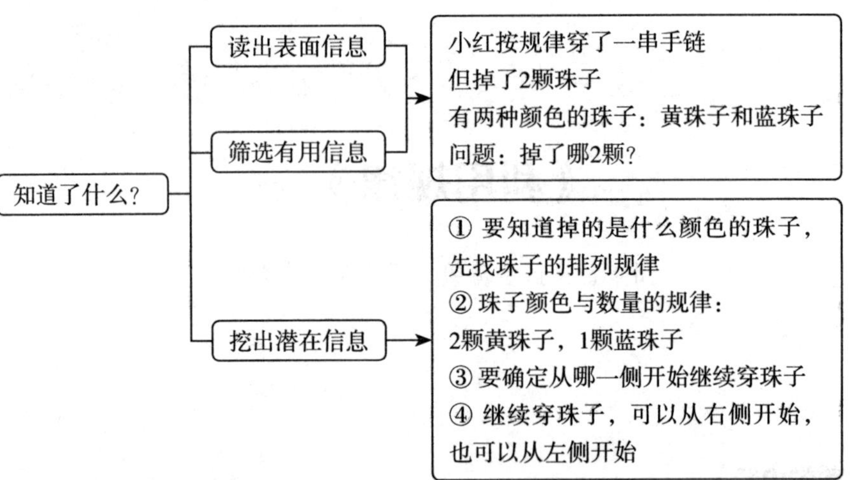

知道了什么?
读出表面信息
筛选有用信息
小红按规律穿了一串手链
但掉了2颗珠子
有两种颜色的珠子：黄珠子和蓝珠子
问题：掉了哪2颗?
挖出潜在信息
① 要知道掉的是什么颜色的珠子，先找珠子的排列规律
② 珠子颜色与数量的规律：2颗黄珠子，1颗蓝珠子
③ 要确定从哪一侧开始继续穿珠子
④ 继续穿珠子，可以从右侧开始，也可以从左侧开始

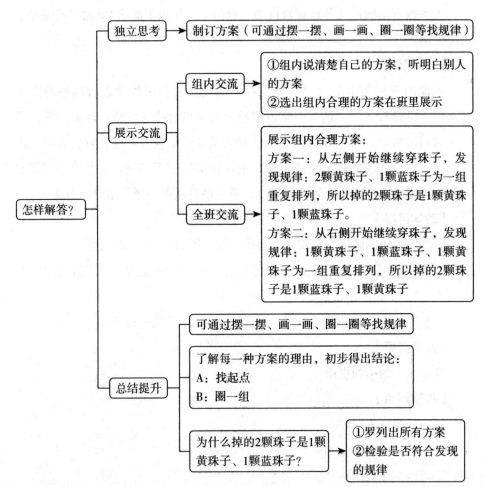

怎样解答?

- 独立思考 → 制订方案（可通过摆一摆、画一画、圈一圈等找规律）
- 展示交流
  - 组内交流 → ①组内说清楚自己的方案，听明白别人的方案 ②选出组内合理的方案在班里展示
  - 全班交流 → 展示组内合理方案：
    方案一：从左侧开始继续穿珠子，发现规律：2颗黄珠子、1颗蓝珠子为一组重复排列，所以掉的2颗珠子是1颗黄珠子、1颗蓝珠子。
    方案二：从右侧开始继续穿珠子，发现规律：1颗黄珠子、1颗蓝珠子、1颗黄珠子为一组重复排列，所以掉的2颗珠子是1颗蓝珠子、1颗黄珠子
- 总结提升
  - 可通过摆一摆、画一画、圈一圈等找规律
  - 了解每一种方案的理由，初步得出结论：
    A：找起点
    B：圈一组
  - 为什么掉的2颗珠子是1颗黄珠子、1颗蓝珠子? → ①罗列出所有方案 ②检验是否符合发现的规律

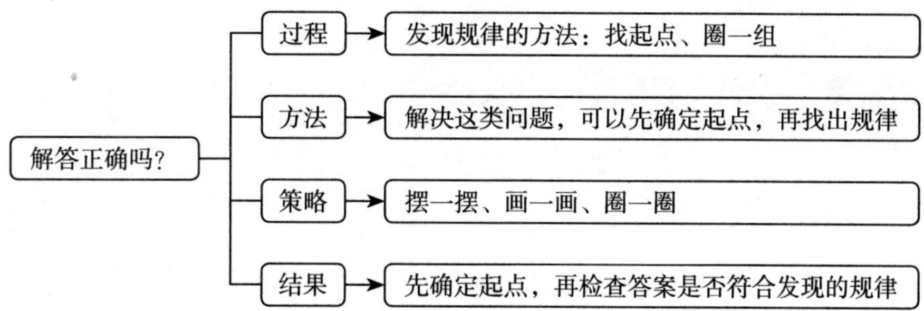
解答正确吗?
过程
发现规律的方法：找起点、圈一组
方法
解决这类问题，可以先确定起点，再找出规律
策略
摆一摆、画一画、圈一圈
结果
先确定起点，再检查答案是否符合发现的规律

二年级

上册

解决问题教学设计的支架

2

《旗杆的高度》

广州市番禺区南村镇里仁洞小学　王文慧

【教学内容】

人民教育出版社义务教育教科书《数学》二年级上册第1单元“长度单位”第7页例8。

【教材简析】

本课内容是在学生学过厘米和米两个长度单位的基础上继续深入学习的。通过推测旗杆高度的问题，让学生在进行长度单位的选择过程中，巩固初步建立的厘米和米的长度表象，学会利用已有的长度表象推测物体的长度。在教学的过程中要及时给予学生估测方法的指导，避免学生做出“非厘米即米”的简单推断。

【教学目标】

1. 巩固初步建立的厘米和米的长度表象，通过已有的长度表象估测物体长度，初步培养估量物体长度的意识和能力。

2. 体会数学和实际生活的密切联系，培养数学学习兴趣。

【教学重点】

掌握估测物体长度的方法。

【教学难点】

运用已建立的厘米和米的长度表象估测物体长度。

【教学流程】

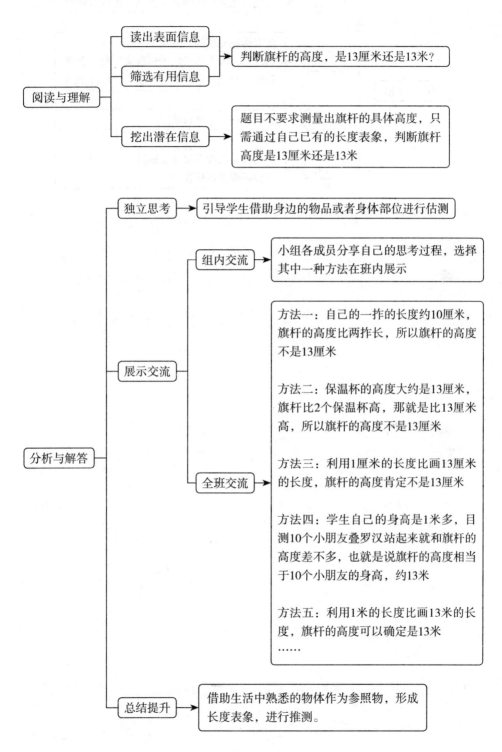

- 阅读与理解
  - 读出表面信息 / 筛选有用信息 → 判断旗杆的高度，是13厘米还是13米？
  - 挖出潜在信息 → 题目不要求测量出旗杆的具体高度，只需通过自己已有的长度表象，判断旗杆高度是13厘米还是13米

- 分析与解答
  - 独立思考 → 引导学生借助身边的物品或者身体部位进行估测
  - 展示交流
    - 组内交流 → 小组各成员分享自己的思考过程，选择其中一种方法在班内展示
    - 全班交流 →
      方法一：自己的一拃的长度约10厘米，旗杆的高度比两拃长，所以旗杆的高度不是13厘米

      方法二：保温杯的高度大约是13厘米，旗杆比2个保温杯高，那就是比13厘米高，所以旗杆的高度不是13厘米

      方法三：利用1厘米的长度比画13厘米的长度，旗杆的高度肯定不是13厘米

      方法四：学生自己的身高是1米多，目测10个小朋友叠罗汉站起来就和旗杆的高度差不多，也就是说旗杆的高度相当于10个小朋友的身高，约13米

      方法五：利用1米的长度比画13米的长度，旗杆的高度可以确定是13米
      ……
  - 总结提升 → 借助生活中熟悉的物体作为参照物，形成长度表象，进行推测。

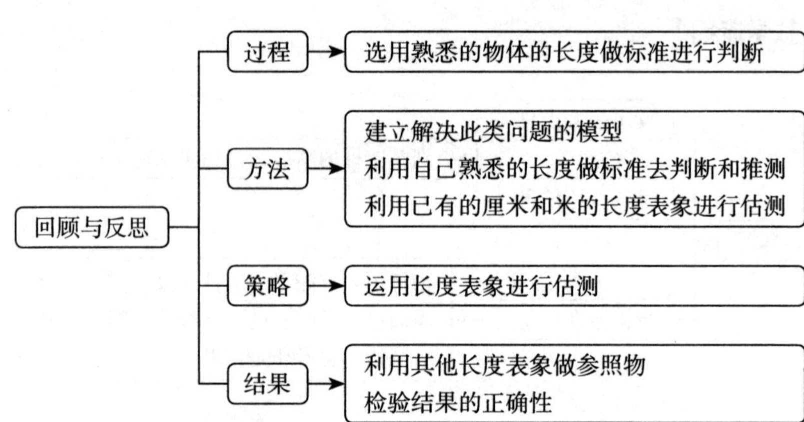
回顾与反思
过程
选用熟悉的物体的长度做标准进行判断
方法
建立解决此类问题的模型
利用自己熟悉的长度做标准去判断和推测
利用已有的厘米和米的长度表象进行估测
策略
运用长度表象进行估测
结果
利用其他长度表象做参照物
检验结果的正确性

《求比一个数多（或少）几的数》

广州市番禺区南村镇里仁洞小学　王文慧

【教学内容】

人民教育出版社义务教育教科书《数学》二年级上册第2单元“100以内的加法和减法（二）”第23页例4。

【教材简析】

本课内容是在学生学过用100以内加减法计算的基础上继续深入学习的。通过让学生观察情境图里二年级卫生评比中各班所获红旗数量统计，引出求比一个数多（或少）几的数的实际问题。教师要引导学生尝试用简单的画图方法来表示情境中的各个数量的关系，并根据数量关系列式解答，从而培养学生运用画图策略分析数量关系并解决求比一个数多（或少）几的数的实际问题的能力。

【教学目标】

1. 掌握求一个数比另一个数多（或少）几的基本思考方法，经历策略形成的过程，并能正确解决相关的实际问题。

2. 经历解决问题的过程，在解决实际问题的过程中培养应用意识。

【教学重点】

解决求比一个数多（或少）几的数的实际问题

【教学难点】

能采用合适的画图策略，正确分析理解数量之间的关系。

【教学流程】

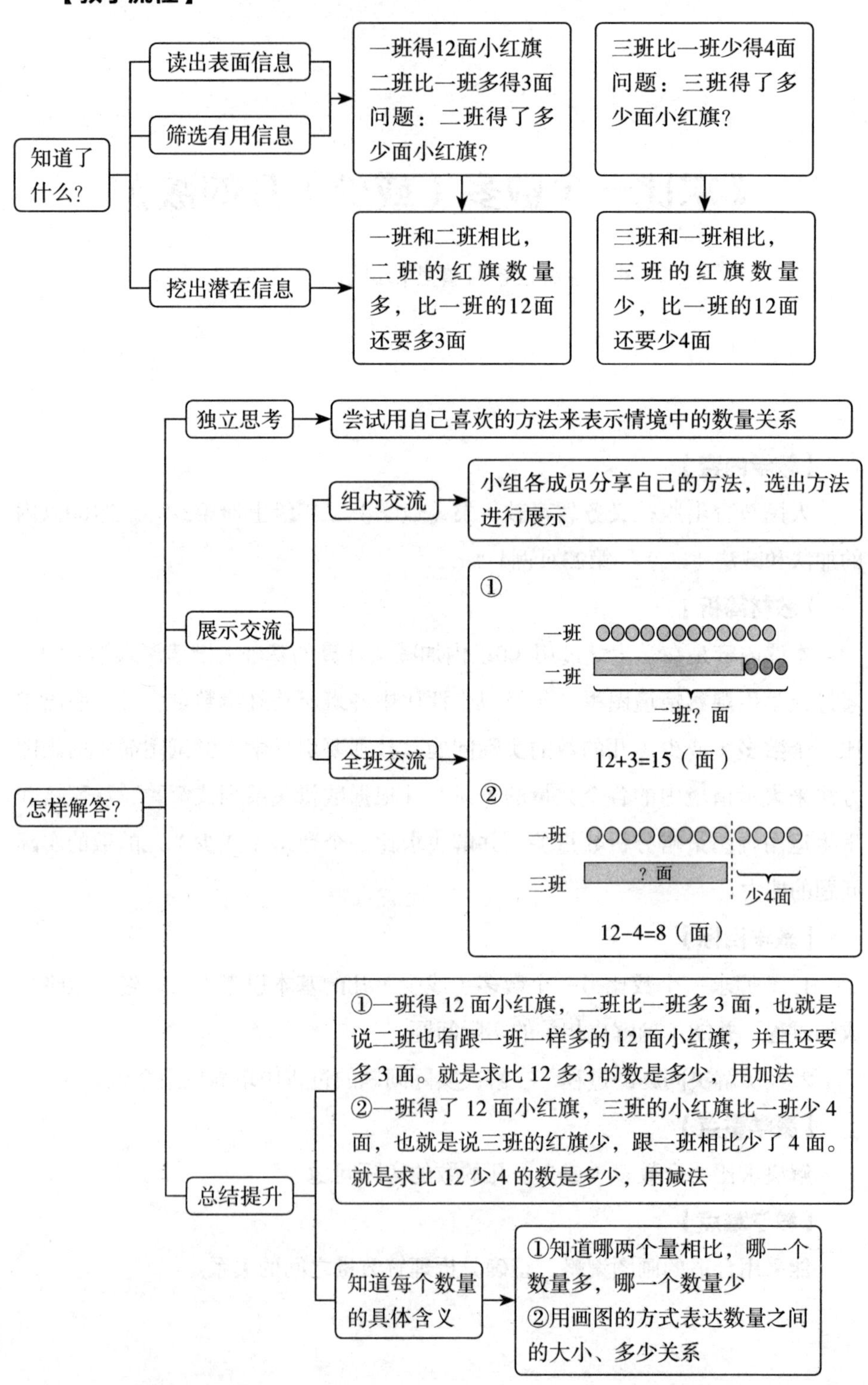
知道了什么?
读出表面信息
筛选有用信息
挖出潜在信息
一班得12面小红旗
二班比一班多得3面
问题：二班得了多少面小红旗?
三班比一班少得4面
问题：三班得了多少面小红旗?
一班和二班相比，二班的红旗数量多，比一班的12面还要多3面
三班和一班相比，三班的红旗数量少，比一班的12面还要少4面
怎样解答?
独立思考
尝试用自己喜欢的方法来表示情境中的数量关系
展示交流
组内交流
小组各成员分享自己的方法，选出方法进行展示
全班交流
①
一班
二班
二班？面
12+3=15（面）
②
一班
三班
？面
少4面
12−4=8（面）
总结提升
①一班得 12 面小红旗，二班比一班多 3 面，也就是说二班也有跟一班一样多的 12 面小红旗，并且还要多 3 面。就是求比 12 多 3 的数是多少，用加法
②一班得了 12 面小红旗，三班的小红旗比一班少 4 面，也就是说三班的红旗少，跟一班相比少了 4 面。就是求比 12 少 4 的数是多少，用减法
知道每个数量的具体含义
①知道哪两个量相比，哪一个数量多，哪一个数量少
②用画图的方式表达数量之间的大小、多少关系

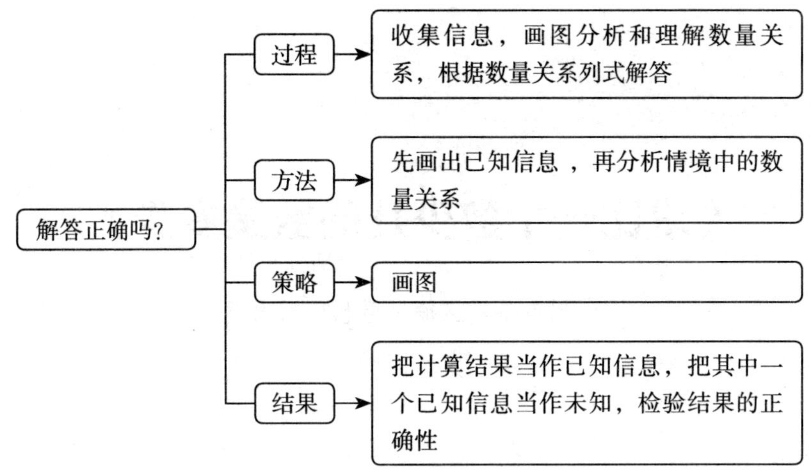
解答正确吗？
过程
收集信息，画图分析和理解数量关系，根据数量关系列式解答
方法
先画出已知信息，再分析情境中的数量关系
策略
画图
结果
把计算结果当作已知信息，把其中一个已知信息当作未知，检验结果的正确性

《求比一个数少几的数是多少》

广州市番禺区毓贤学校　蔡丹妮

【教学内容】

人民教育出版社义务教育教科书《数学》二年级上册第2单元“100以内的加法和减法（二）”第24页例4第（2）小题。

【教材简析】

本题主要教学解决“求比一个数少几的数是多少”的实际问题，是类推迁移的问题。与例题的第（1）小题相比，第（2）小题在编排上给学生留出了更大的探索空间，具体体现在解决问题三步骤的前两个步骤中，在“知道了什么？”环节已知的信息完全需要学生自己寻找并表达出来，特别是一班隐藏的12面小红旗，这个信息更需要学生找第（1）小题的结果。在“怎样解答？”环节以左边小女孩的话提示教师应放手让学生自己按照第（1）题的方法画图表示、分析数量关系，在图中明确列式解答的方法。

【教学目标】

1. 经历解决“求比一个数少几的数”的实际问题的过程，会用画图的策略分析数量关系。

2. 会解决“求比一个数少几的数”的实际问题，明白用减法计算的道理，初步建立用减法解决这类问题的数学模型。

3. 通过对比，进一步加强“求比一个数少几的数”的实际问题与前面所学相关知识之间的内在联系，使学生明确其数量关系的一致性。

【教学重点】

会解决“求比一个数少几的数”的实际问题，明白用减法计算的道理。

【教学难点】

通过对比，进一步沟通“求比一个数少几的数”的实际问题与前面所学相关知识之间的内在联系。

【教学流程】

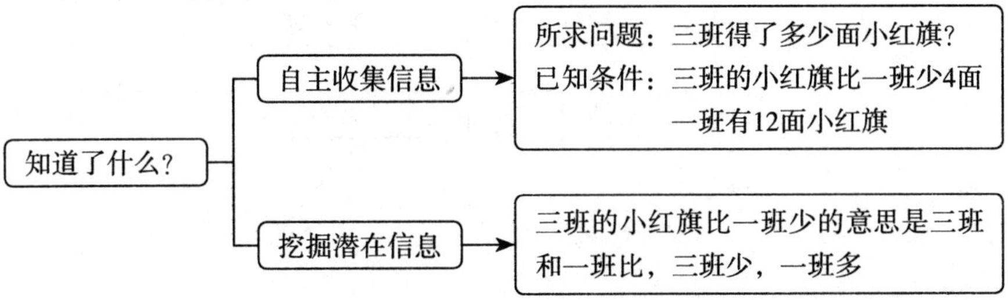

- 知道了什么？
  - 自主收集信息 → 所求问题：三班得了多少面小红旗？已知条件：三班的小红旗比一班少4面；一班有12面小红旗
  - 挖掘潜在信息 → 三班的小红旗比一班少的意思是三班和一班比，三班少，一班多

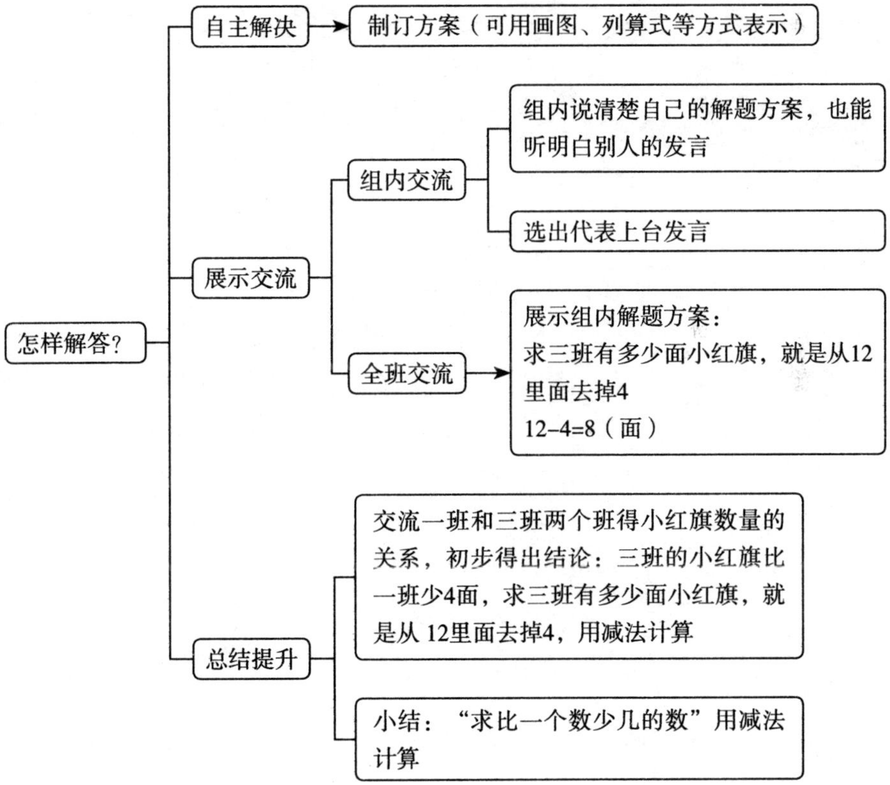

- 怎样解答？
  - 自主解决 → 制订方案（可用画图、列算式等方式表示）
  - 展示交流
    - 组内交流
      - 组内说清楚自己的解题方案，也能听明白别人的发言
      - 选出代表上台发言
    - 全班交流 → 展示组内解题方案：求三班有多少面小红旗，就是从12里面去掉4；12−4=8（面）
  - 总结提升
    - 交流一班和三班两个班得小红旗数量的关系，初步得出结论：三班的小红旗比一班少4面，求三班有多少面小红旗，就是从 12里面去掉4，用减法计算
    - 小结：“求比一个数少几的数”用减法计算

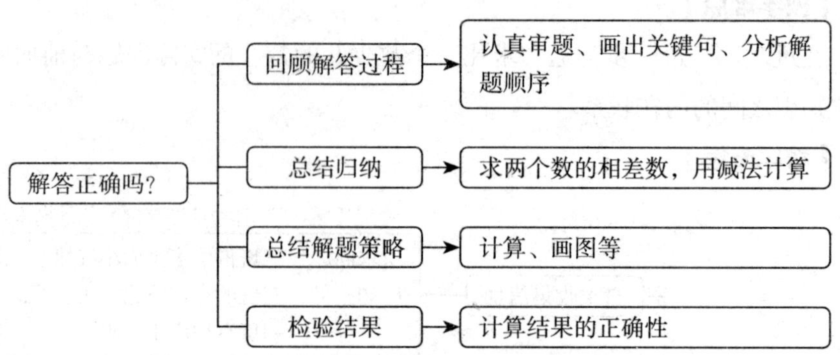
解答正确吗？
回顾解答过程
认真审题、画出关键句、分析解题顺序
总结归纳
求两个数的相差数，用减法计算
总结解题策略
计算、画图等
检验结果
计算结果的正确性

《连续两问》

广州市番禺区毓贤学校　蔡丹妮

【教学内容】

人民教育出版社义务教育教科书《数学》二年级上册第2单元“100以内的加法和减法（二）”第32页例5。

【教材简析】

本课教学连续两问的解决问题，在此之前学生已经基本学习了一步加减法计算能解决的各种数学问题，而在本例题教学之后二年级下册将学习需要用两步计算解决的问题。连续两问的实际问题，是从解决一步计算的实际问题向解决两步计算的实际问题过渡的桥梁。掌握连续两问的实际问题的结构特点和解题方法，有利于学生灵活地掌握数量关系，连贯地进行思考，为学习和掌握解决两步计算的实际问题打下牢固的基础，因此本课起着承上启下的作用。

【教学目标】

1. 经历解决连续两问的问题的过程，初步理解两个问题之间的关系，会解决连续两问的实际问题。

2. 通过解决连续两问的问题，培养分析、解决问题的能力，并逐步培养连贯思考的能力。

【教学重点】

解决连续两问的实际问题。

【教学难点】

逐步培养连贯思考的能力。

【教学流程】

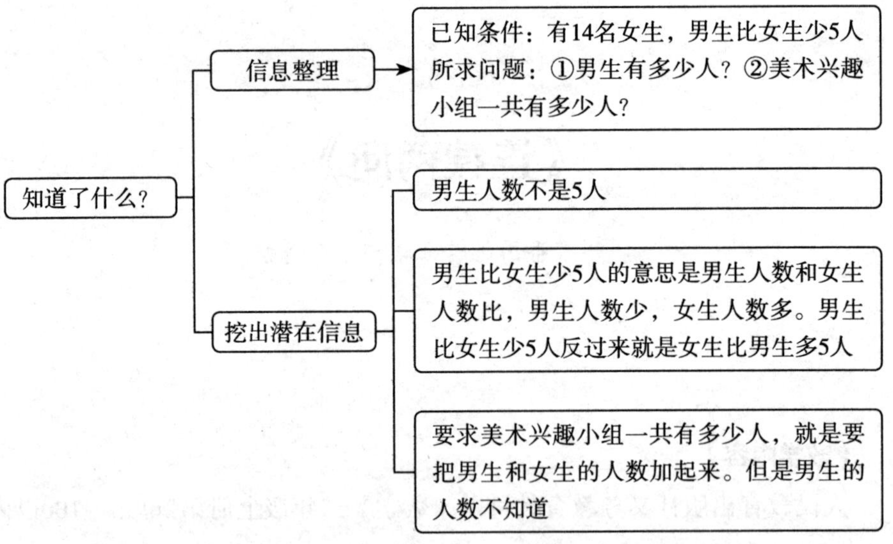

知道了什么？
信息整理
已知条件：有14名女生，男生比女生少5人
所求问题：①男生有多少人？②美术兴趣小组一共有多少人？
挖出潜在信息
男生人数不是5人
男生比女生少5人的意思是男生人数和女生人数比，男生人数少，女生人数多。男生比女生少5人反过来就是女生比男生多5人
要求美术兴趣小组一共有多少人，就是要把男生和女生的人数加起来。但是男生的人数不知道

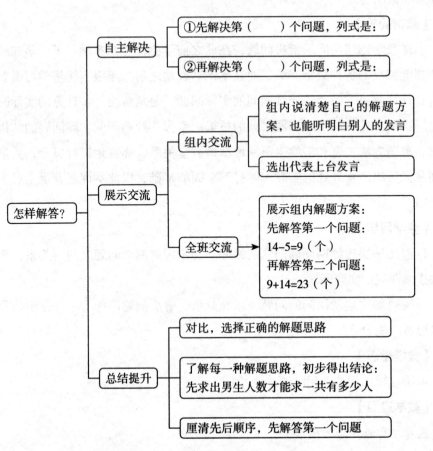

怎样解答？

- 自主解决
  - ①先解决第（　　）个问题，列式是：
  - ②再解决第（　　）个问题，列式是：
- 展示交流
  - 组内交流
    - 组内说清楚自己的解题方案，也能听明白别人的发言
    - 选出代表上台发言
  - 全班交流 → 展示组内解题方案：先解答第一个问题：14−5=9（个）再解答第二个问题：9+14=23（个）
- 总结提升
  - 对比，选择正确的解题思路
  - 了解每一种解题思路，初步得出结论：先求出男生人数才能求一共有多少人
  - 厘清先后顺序，先解答第一个问题

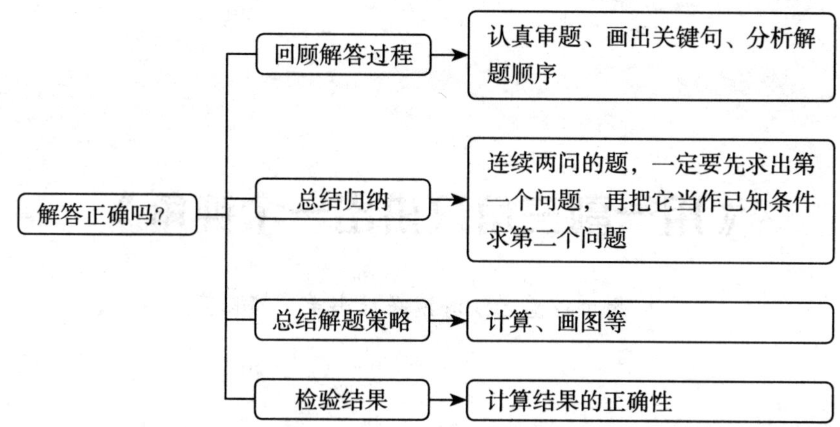
解答正确吗?
回顾解答过程
认真审题、画出关键句、分析解题顺序
总结归纳
连续两问的题，一定要先求出第一个问题，再把它当作已知条件求第二个问题
总结解题策略
计算、画图等
检验结果
计算结果的正确性

《用一副三角尺拼出一个钝角》

广州市番禺区沙湾镇兴贤小学　韩长莹

【教学内容】

人民教育出版社义务教育教科书《数学》二年级上册第3单元“角的初步认识”第42页例6。

【教材简析】

角与实际生活有着密切的联系，学生在生活中也接触了很多实物角。可以说，学习角的初步知识，既是生活所需，也是学习后面的几何知识的需要。教材通过组织多个活动及操作，调动学生多种感官的参与，在丰富学生感性经验的同时，提升他们对角的认识。教材充分利用三角尺这一重要的工具解决了问题，拼出指定角。这个解决问题的过程既让学生进一步认识了三角尺，同时又向学生渗透了关于角的其他知识——角是可以相加（拼角）的，从而为学生进一步学习角的度量做好了铺垫，也使得抽象的几何知识变得直观、具体，让学生更容易理解。

【教学目标】

1. 在用三角尺拼角的活动中，加深对直角、锐角、钝角之间的关系的理解，培养观察能力、动手操作能力。

2. 经历完整的解决问题的过程，提高解决问题的能力。

【教学重点】

会用一副三角尺拼出一个钝角。

【教学难点】

理解现有的角与要拼的角之间的联系。

【教学流程】

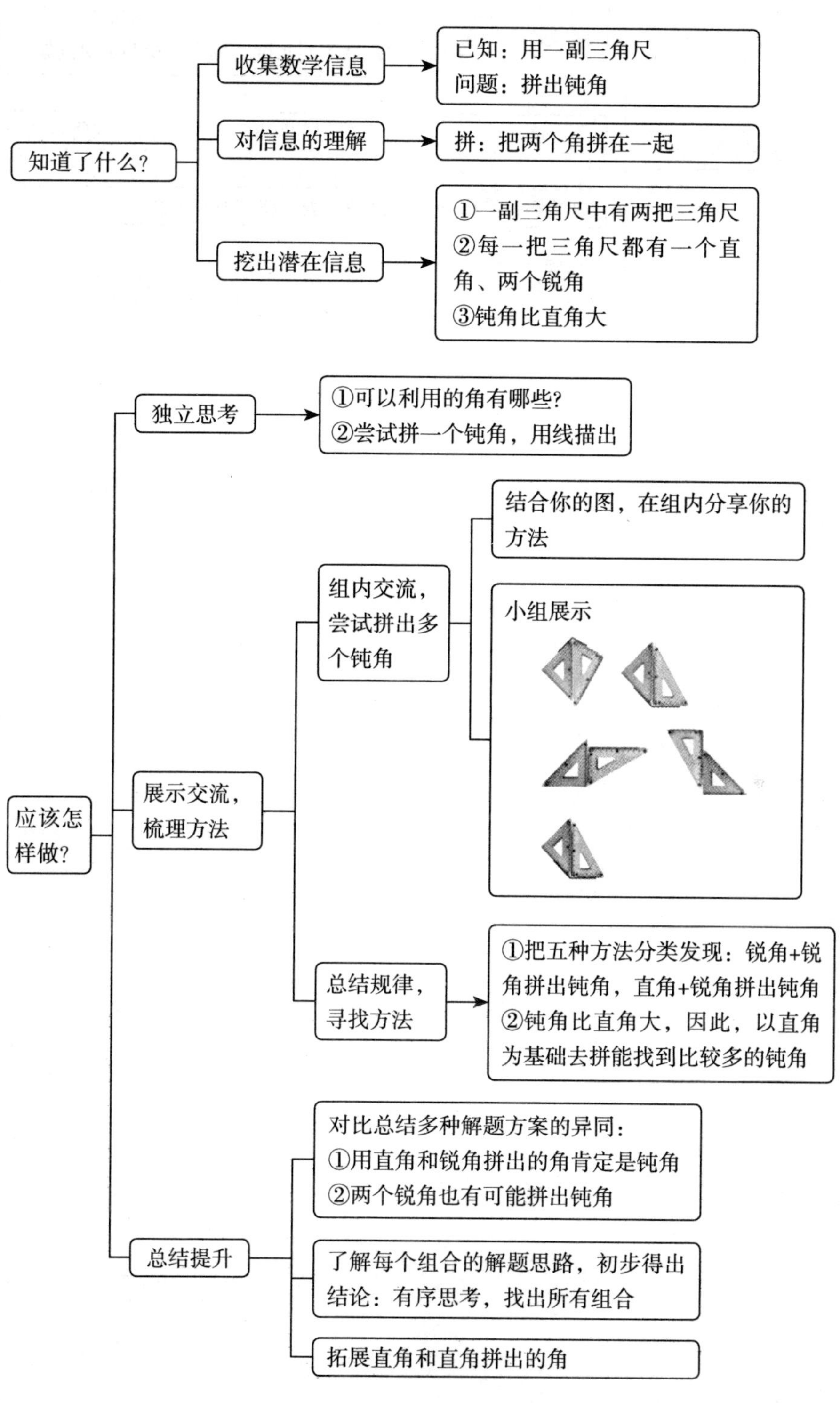
知道了什么？
收集数学信息
已知：用一副三角尺
问题：拼出钝角
对信息的理解
拼：把两个角拼在一起
挖出潜在信息
①一副三角尺中有两把三角尺
②每一把三角尺都有一个直角、两个锐角
③钝角比直角大
应该怎样做？
独立思考
①可以利用的角有哪些？
②尝试拼一个钝角，用线描出
展示交流，梳理方法
组内交流，尝试拼出多个钝角
结合你的图，在组内分享你的方法
小组展示
总结规律，寻找方法
①把五种方法分类发现：锐角+锐角拼出钝角，直角+锐角拼出钝角
②钝角比直角大，因此，以直角为基础去拼能找到比较多的钝角
总结提升
对比总结多种解题方案的异同：
①用直角和锐角拼出的角肯定是钝角
②两个锐角也有可能拼出钝角
了解每个组合的解题思路，初步得出结论：有序思考，找出所有组合
拓展直角和直角拼出的角

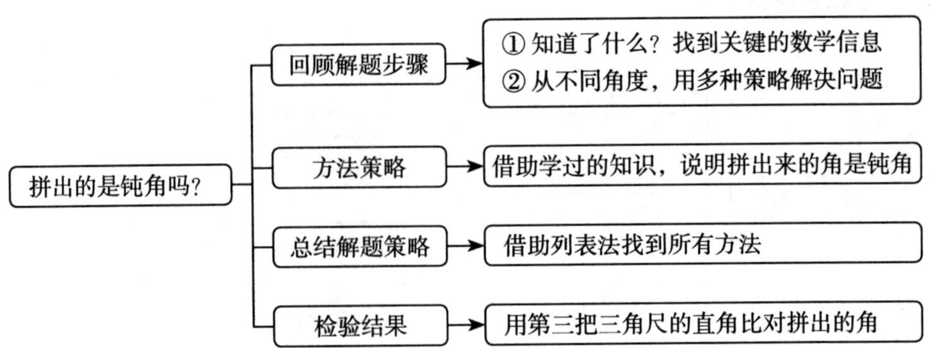
拼出的是钝角吗?
回顾解题步骤
① 知道了什么？找到关键的数学信息
② 从不同角度，用多种策略解决问题
方法策略
借助学过的知识，说明拼出来的角是钝角
总结解题策略
借助列表法找到所有方法
检验结果
用第三把三角尺的直角比对拼出的角

《选择合适的方法》

广州市番禺区洛浦西二小学　陈小丽

【教学内容】

人民教育出版社义务教育教科书《数学》二年级上册第4单元“表内乘法（一）”第63页例7。

【教材简析】

教材将用乘法解决的问题与用加法解决的问题对照编排，设计了两个情境相似、数据相同、问题相同但数量关系不同的问题，目的是让学生学会根据四则运算的意义选择不同的运算解决问题。教材安排了语言表征问题和画图表征问题，旨在让学生通过画图理解题意、分析数量关系，并根据运算的意义选择相应的运算解决问题，同时建议允许学生用其他不同的方式理解题意、分析数量关系、表征自己对运算意义的理解，使学生逐步学会数学思考与表达，不断积累检验问题的方法。

【教学目标】

1. 能根据四则运算的意义，选择合适的运算解决实际问题，提高分析、解决问题的能力。

2. 经历画一画、比一比、说一说等数学活动，获得用画图、语言描述等方式表征数学问题的方法。

3. 感受实际问题抽象为数学问题的过程，学会数学思考与表达，体验解决问题的乐趣。

【教学重点】

根据四则运算的意义解决问题。

【教学难点】

利用画图、语言描述等方式表征数学问题。

【教学流程】

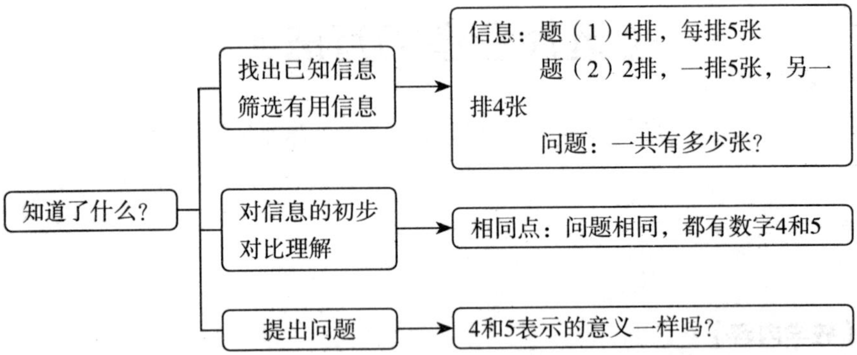

- 知道了什么？
  - 找出已知信息 筛选有用信息 → 信息：题（1）4排，每排5张
    题（2）2排，一排5张，另一排4张
    问题：一共有多少张？
  - 对信息的初步对比理解 → 相同点：问题相同，都有数字4和5
  - 提出问题 → 4和5表示的意义一样吗？

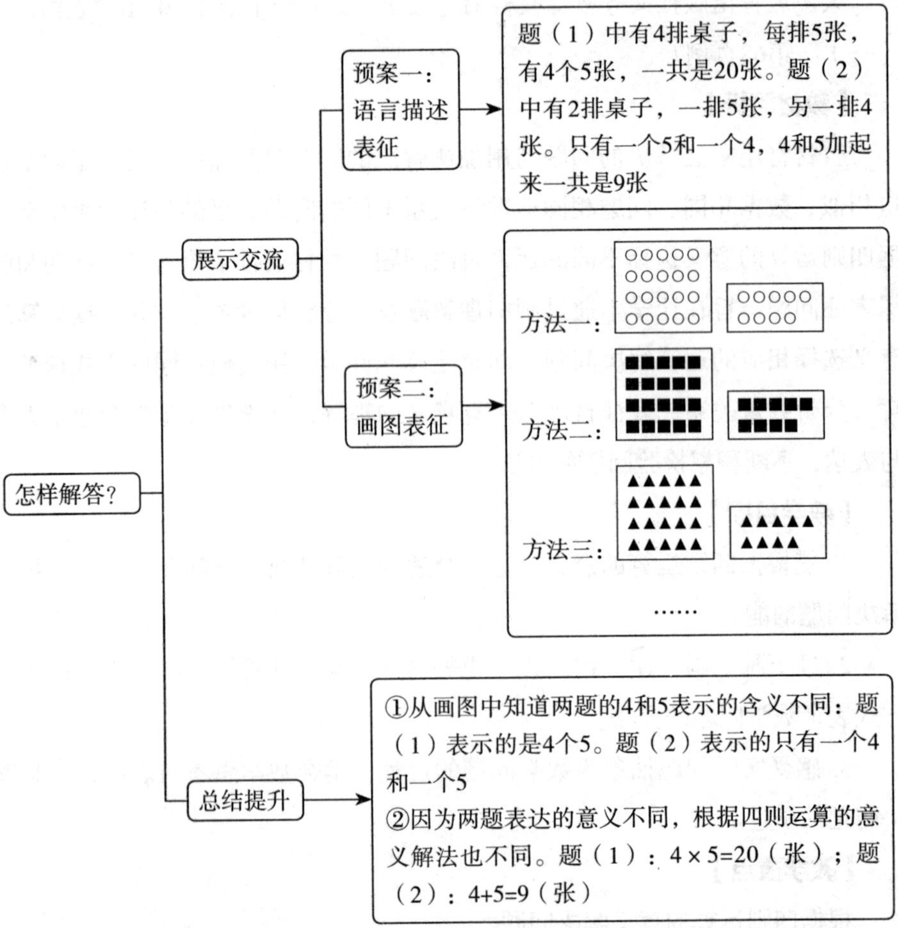

- 怎样解答？
  - 展示交流
    - 预案一：语言描述表征 → 题（1）中有4排桌子，每排5张，有4个5张，一共是20张。题（2）中有2排桌子，一排5张，另一排4张。只有一个5和一个4，4和5加起来一共是9张
    - 预案二：画图表征 → 方法一：○○○○○ ○○○○○ ○○○○○ ○○○○○　○○○○○ ○○○○
      方法二：■■■■■ ■■■■■ ■■■■■ ■■■■■　■■■■■ ■■■■
      方法三：▲▲▲▲▲ ▲▲▲▲▲ ▲▲▲▲▲ ▲▲▲▲▲　▲▲▲▲▲ ▲▲▲▲
      ……
  - 总结提升 → ①从画图中知道两题的4和5表示的含义不同：题（1）表示的是4个5。题（2）表示的只有一个4和一个5
    ②因为两题表达的意义不同，根据四则运算的意义解法也不同。题（1）：4×5=20（张）；题（2）：4+5=9（张）

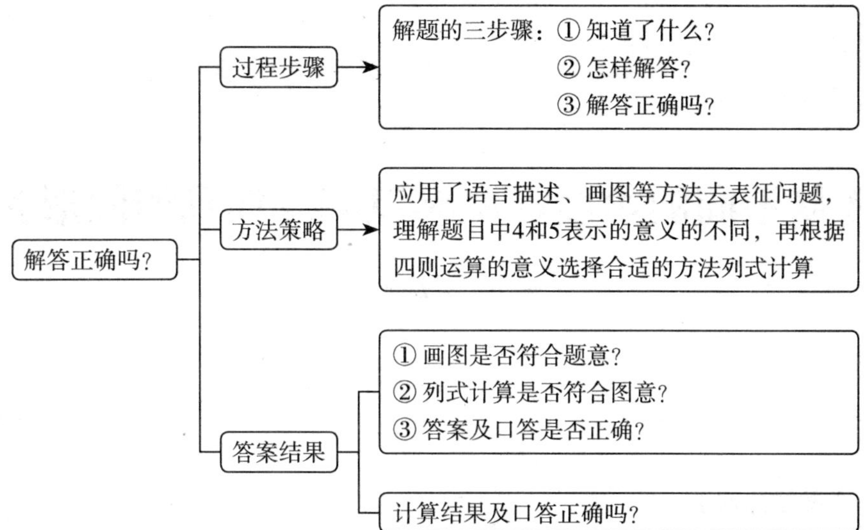

解答正确吗？
过程步骤
解题的三步骤：① 知道了什么？
② 怎样解答？
③ 解答正确吗？
方法策略
应用了语言描述、画图等方法去表征问题，理解题目中4和5表示的意义的不同，再根据四则运算的意义选择合适的方法列式计算
答案结果
① 画图是否符合题意？
② 列式计算是否符合图意？
③ 答案及口答是否正确？
计算结果及口答正确吗？

《从不同的角度观察学过的立体几何图形》

广州市番禺区市桥东城小学　李淑怡

【教学内容】

人民教育出版社义务教育教科书《数学》二年级上册第5单元“观察物体（一）”第69页例3。

【教材简析】

本课内容，教材给出了从一个位置所观察到的一个立体图形的一个面，让学生推测所观察的是什么立体图形。教材的编排继续体现了解决问题的一般步骤，重在让学生通过观察、想象和推理，用多种方法解决问题，而且问题的答案不唯一，具有一定的开放性。在根据一个面的形状猜想几何体的过程中，学生可以有不同的方法，通过交流，学生逐步由根据直觉进行猜想到有序地思考，培养了空间观念和推理能力。

【教学目标】

1. 经历观察、操作、想象等活动，能辨认从不同位置看到的简单几何形体的形状，初步掌握全面、正确观察物体的基本方法。

2. 逐步由根据直觉进行猜想到有序地思考，培养空间观念和推理能力。

【教学重点】

能辨认从不同位置看到的简单物体和简单几何形体的形状，用推理解决简单的问题。

【教学难点】

能辨认从侧面看到的简单物体和几何图形的形状，感受局部与整体的关系。

【教学流程】

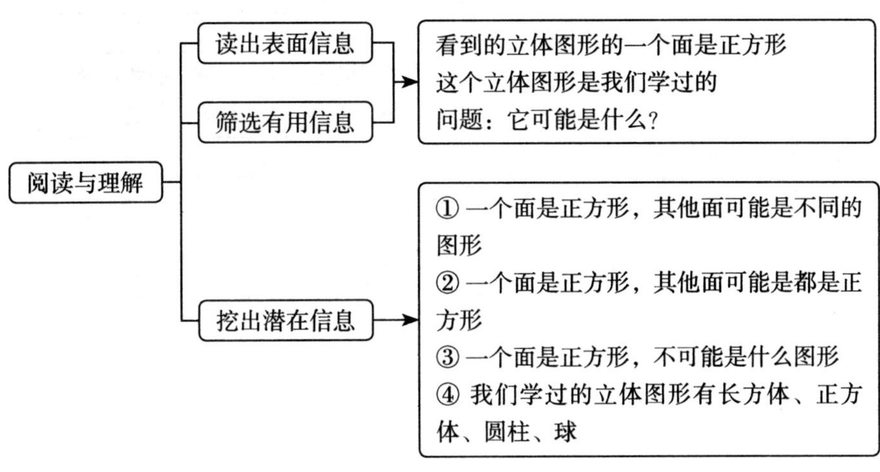
阅读与理解
读出表面信息
筛选有用信息
挖出潜在信息
看到的立体图形的一个面是正方形
这个立体图形是我们学过的
问题：它可能是什么？
① 一个面是正方形，其他面可能是不同的图形
② 一个面是正方形，其他面可能是都是正方形
③ 一个面是正方形，不可能是什么图形
④ 我们学过的立体图形有长方体、正方体、圆柱、球

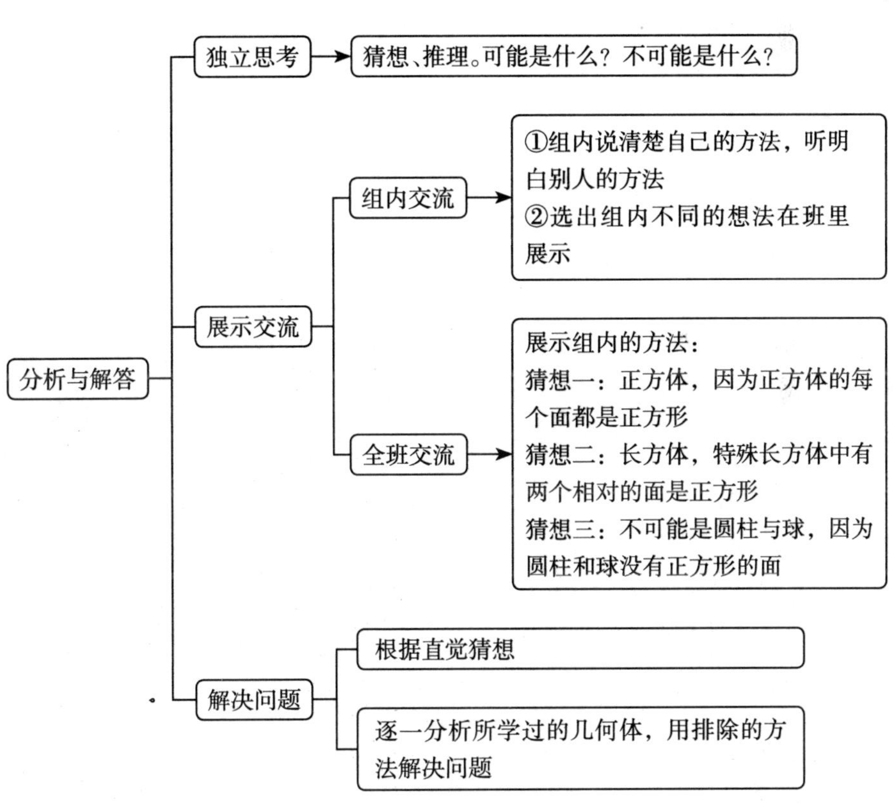
分析与解答
独立思考
猜想、推理。可能是什么？不可能是什么？
展示交流
组内交流
①组内说清楚自己的方法，听明白别人的方法
②选出组内不同的想法在班里展示
全班交流
展示组内的方法：
猜想一：正方体，因为正方体的每个面都是正方形
猜想二：长方体，特殊长方体中有两个相对的面是正方形
猜想三：不可能是圆柱与球，因为圆柱和球没有正方形的面
解决问题
根据直觉猜想
逐一分析所学过的几何体，用排除的方法解决问题

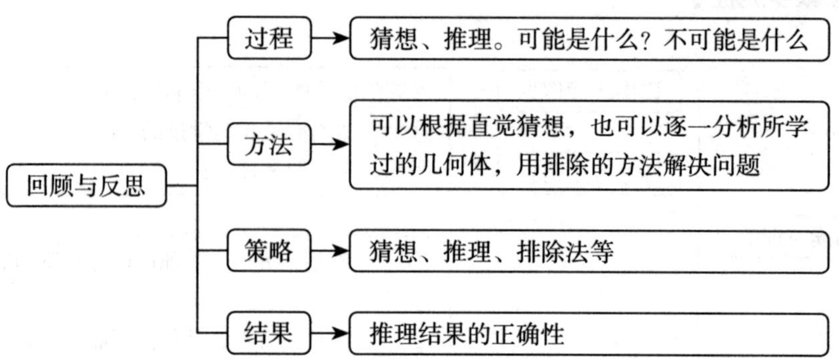
回顾与反思
过程
猜想、推理。可能是什么？不可能是什么
方法
可以根据直觉猜想，也可以逐一分析所学过的几何体，用排除的方法解决问题
策略
猜想、推理、排除法等
结果
推理结果的正确性

《有多余条件》

广州市番禺区市桥东城小学　李淑怡

【教学内容】

人民教育出版社义务教育教科书《数学》二年级上册第6单元“表内乘法（二）”的第78页例3。

【教材简析】

本课是有多余条件、稍复杂的用乘法的意义解决的实际问题。例题中的相同加数提取自量（单位）而不是实物的个数，比较抽象，同时渗透了单价、数量、总价的数量关系。本课内容分三个层次进行编排。第一个层次包括情境图及完整的解决问题的过程。其中情境图中呈现了多种文具的价格，为学生学习新知提供了丰富的素材，当然，也为解决问题增加了难度，学生必须选择与问题相关的信息解决问题。这里，教材依然让学生继续经历完整的解决问题的过程。“怎样解答？”中重点突出对必要信息的选择与分析，同时突出以画图策略分析数量关系，并用“几个几”的形式表征出来，强调运用乘法的意义选择乘法运算解决问题。“解答正确吗？”中借用小精灵的话对数量关系进行总结与概括，使学生初步感悟“总价=单价×数量”这一数量关系，但不要求学生理解这三者之间的关系，只要求学生能结合具体情境多次体验、感悟、积累数学模型的典型实例，不要求进行高度的抽象概括，以避免程式化。第二个层次即“想一想”部分，借助第一层次的经验解决类似问题，其作用同“做一做”。第三个层次让学生自己发现、提出数学问题并解决，全方位培养学生解决问题的能力，同时深化学生对乘法意义的理解。

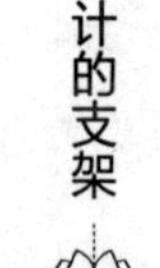

【教学目标】

1. 初步学会根据乘法的意义解决生活中有关求总价的实际问题，初步渗透“单价×数量=总价”这一数量关系。

2. 初步培养从具体的生活情境中发现问题、根据问题筛选有用信息进而解决问题的能力。

3. 在解决问题的过程中感受到数学知识与日常生活的联系，培养应用意识。

【教学重点】

根据乘法的意义解决求总价的实际问题。

【教学难点】

结合具体情境体验、感悟数学模型。

【教学流程】

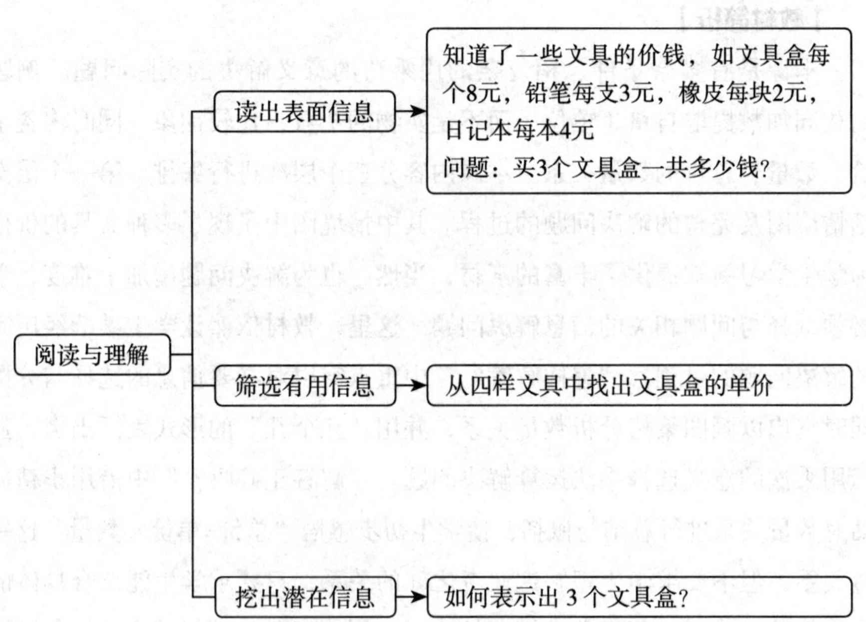

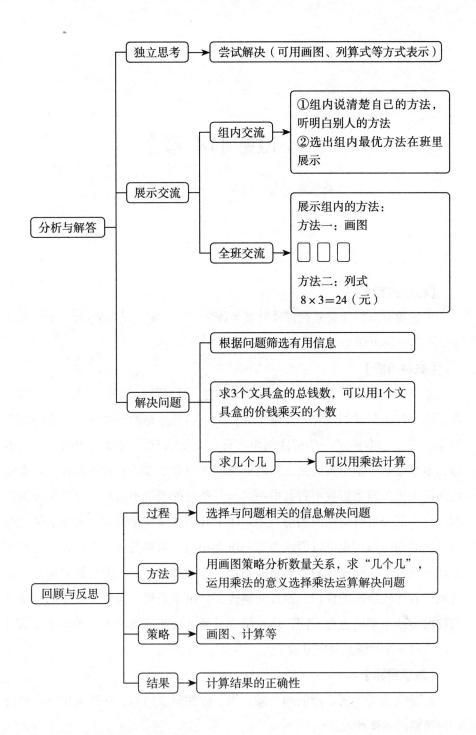

- 分析与解答
  - 独立思考 → 尝试解决（可用画图、列算式等方式表示）
  - 展示交流
    - 组内交流 → ①组内说清楚自己的方法，听明白别人的方法 ②选出组内最优方法在班里展示
    - 全班交流 → 展示组内的方法：
方法一：画图
□ □ □
方法二：列式
$8\times3=24$（元）
  - 解决问题
    - 根据问题筛选有用信息
    - 求3个文具盒的总钱数，可以用1个文具盒的价钱乘买的个数
    - 求几个几 → 可以用乘法计算

- 回顾与反思
  - 过程 → 选择与问题相关的信息解决问题
  - 方法 → 用画图策略分析数量关系，求“几个几”，运用乘法的意义选择乘法运算解决问题
  - 策略 → 画图、计算等
  - 结果 → 计算结果的正确性

《座位数够不够》

广州市番禺区沙湾镇兴贤小学　韩长莹

【教学内容】

人民教育出版社义务教育教科书《数学》二年级上册第6单元“表内乘法（二）”第84页例5。

【教材简析】

本单元在解决问题上安排了两个例题，是灵活运用所学过的加、减、乘、除法解决问题的内容，让学生体会解决问题策略的多样性。在之前的学习中，学生已掌握了一些解决简单实际问题的方法与策略，如画图、列表等。本节课对于学生来说比之前的解决问题更有难度、更具挑战性。从策略的角度来说，当总份数中有其中一份与其他份的数量不同时，可以先分为两部分，一部分是数量相同的份，用乘法求几个相同数量的和，再加上第二部分不同的那份数；也可以假设为每一份都相同，用乘法求出和，再减去或加上相差部分。这样安排的主要目的是让学生通过学习，不但可以对用乘法解决问题有比较清晰的认识，而且能够体会到由于观察、思考角度不同，解决问题的方法与策略也会不同，培养学生灵活解决问题的能力，为学生今后进一步学习乘法和除法奠定基础。

【教学目标】

1. 能灵活运用所学过的加、减、乘、除法解决问题，在探究中体会解决问题策略的多样性。

2. 通过信息的转换，培养阅读理解信息的能力。

3. 在学习过程中培养灵活运用知识解决问题的能力。

【教学重点】

正确解答含有乘法、加法或减法两步计算的问题。

【教学难点】

理解观察的角度不同，解决同一问题会有不同的策略。

【教学流程】

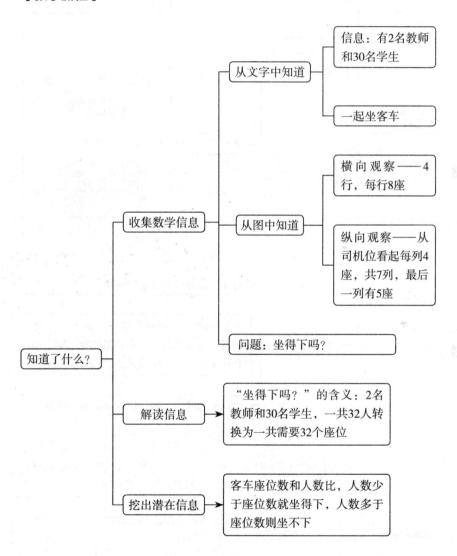

- 知道了什么？
  - 收集数学信息
    - 从文字中知道
      - 信息：有2名教师和30名学生
      - 一起坐客车
    - 从图中知道
      - 横向观察——4行，每行8座
      - 纵向观察——从司机位看起每列4座，共7列，最后一列有5座
    - 问题：坐得下吗？
  - 解读信息 → “坐得下吗？”的含义：2名教师和30名学生，一共32人转换为一共需要32个座位
  - 挖出潜在信息 → 客车座位数和人数比，人数少于座位数就坐得下，人数多于座位数则坐不下

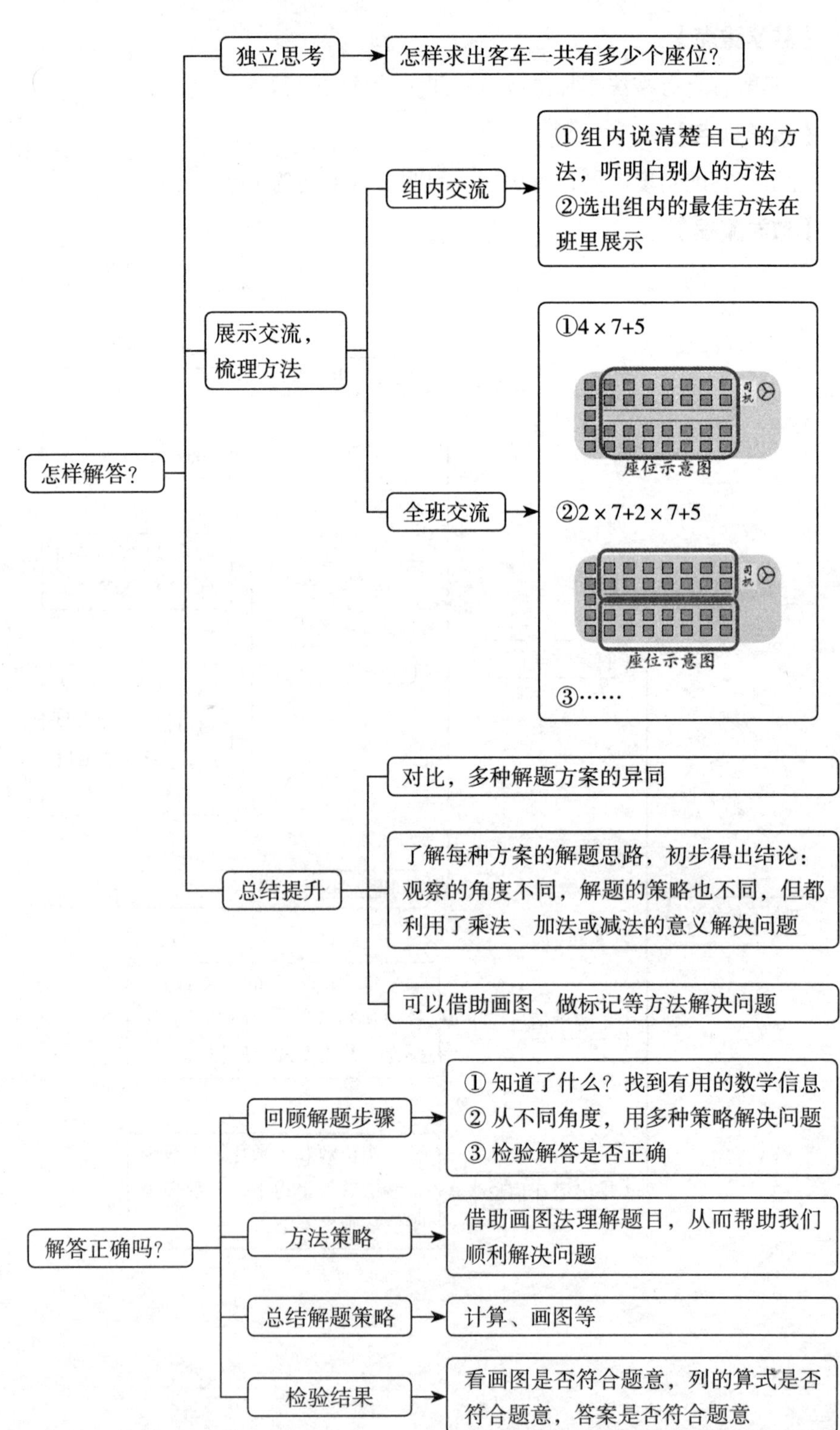
怎样解答？
独立思考
怎样求出客车一共有多少个座位？
展示交流，梳理方法
组内交流
①组内说清楚自己的方法，听明白别人的方法
②选出组内的最佳方法在班里展示
全班交流
①4×7+5
司机
座位示意图
②2×7+2×7+5
司机
座位示意图
③……
总结提升
对比，多种解题方案的异同
了解每种方案的解题思路，初步得出结论：观察的角度不同，解题的策略也不同，但都利用了乘法、加法或减法的意义解决问题
可以借助画图、做标记等方法解决问题
解答正确吗？
回顾解题步骤
① 知道了什么？找到有用的数学信息
② 从不同角度，用多种策略解决问题
③ 检验解答是否正确
方法策略
借助画图法理解题目，从而帮助我们顺利解决问题
总结解题策略
计算、画图等
检验结果
看画图是否符合题意，列的算式是否符合题意，答案是否符合题意

《判断时间顺序》

广州市番禺区南村镇里仁洞小学　王文慧

【教学内容】

人民教育出版社义务教育教科书《数学》二年级上册第7单元“认识时间”第92页例3。

【教材简析】

为了培养学生分析解决时间相关问题的能力和珍惜时间、合理安排作息的良好习惯，本课结合生活实际，选取贴近学生生活的作息时间问题。学生通过观察获取图文信息，理解“可能”的含义，根据事件发生的顺序推理出合理的答案。这类题有一定难度，因为低年级学生较难理解抽象的时间概念。教师在教学的过程中，可以从学生的生活经验出发，根据学生的日常活动安排绘制时间轴，让学生理解先后顺序和时间区域，解决时间的相关问题，感受到数学与生活的密切联系，进一步加深对时间的认识。

【教学目标】

1. 结合具体的生活情境，推测事件发生的时间。

2. 感受时间与实际生活的密切联系，养成珍惜时间、合理安排时间的好习惯。

【教学重点】

合理推测事件发生的时间。

【教学难点】

形成初步的推理能力。

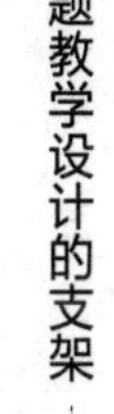

【教学流程】

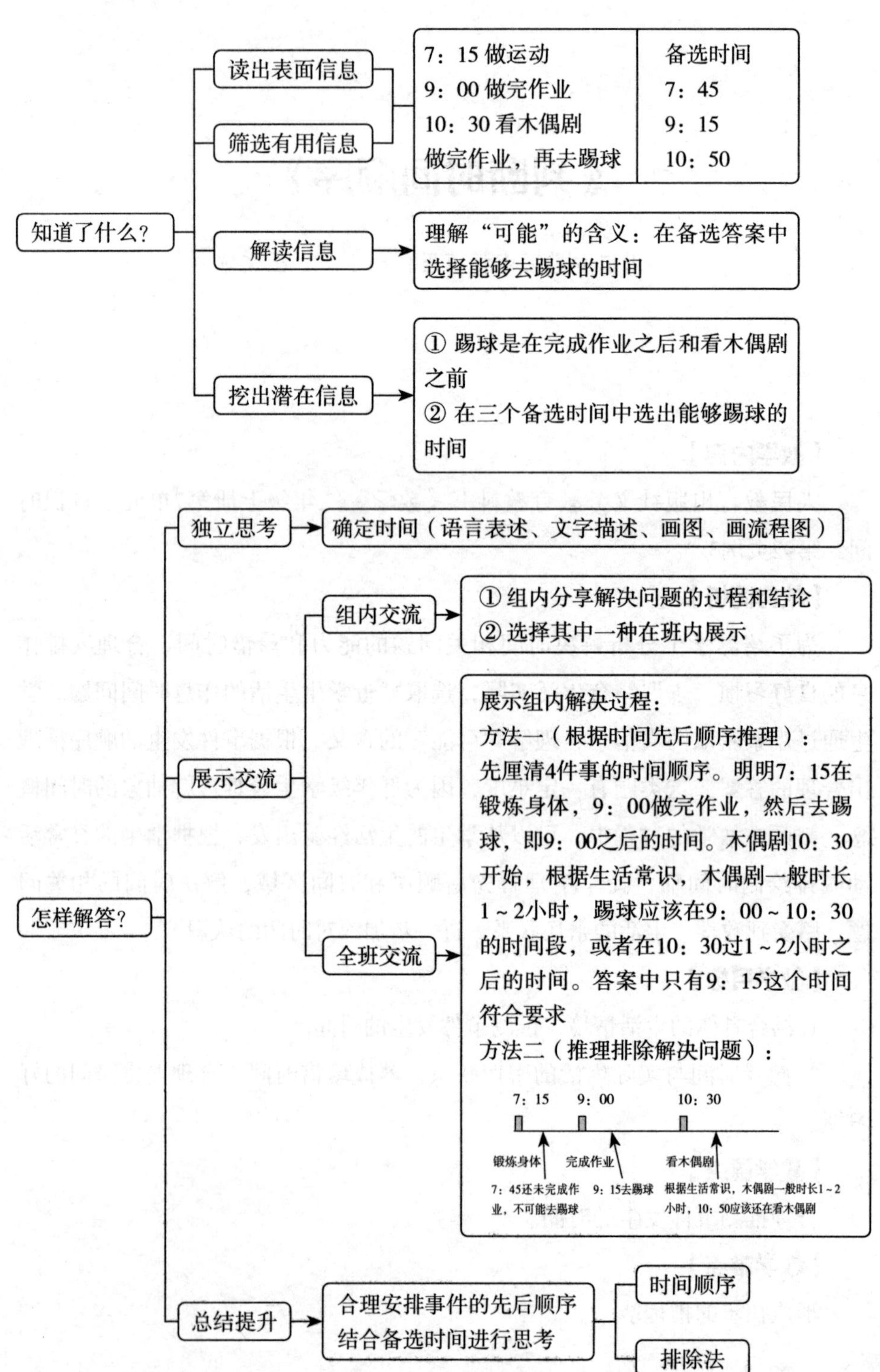
知道了什么？
读出表面信息
筛选有用信息
7：15 做运动
9：00 做完作业
10：30 看木偶剧
做完作业，再去踢球
备选时间
7：45
9：15
10：50
解读信息
理解“可能”的含义：在备选答案中选择能够去踢球的时间
挖出潜在信息
① 踢球是在完成作业之后和看木偶剧之前
② 在三个备选时间中选出能够踢球的时间
怎样解答？
独立思考
确定时间（语言表述、文字描述、画图、画流程图）
展示交流
组内交流
① 组内分享解决问题的过程和结论
② 选择其中一种在班内展示
全班交流
展示组内解决过程：
方法一（根据时间先后顺序推理）：
先厘清4件事的时间顺序。明明7：15在锻炼身体，9：00做完作业，然后去踢球，即9：00之后的时间。木偶剧10：30开始，根据生活常识，木偶剧一般时长1～2小时，踢球应该在9：00～10：30的时间段，或者在10：30过1～2小时之后的时间。答案中只有9：15这个时间符合要求
方法二（推理排除解决问题）：
7：15
9：00
10：30
锻炼身体
完成作业
看木偶剧
7：45还未完成作业，不可能去踢球
9：15去踢球
根据生活常识，木偶剧一般时长1～2小时，10：50应该还在看木偶剧
总结提升
合理安排事件的先后顺序
结合备选时间进行思考
时间顺序
排除法

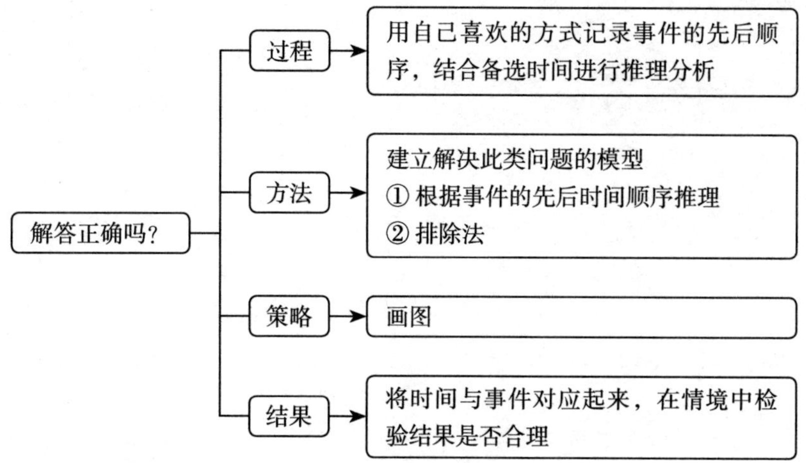
解答正确吗?
过程
用自己喜欢的方式记录事件的先后顺序，结合备选时间进行推理分析
方法
建立解决此类问题的模型
① 根据事件的先后时间顺序推理
② 排除法
策略
画图
结果
将时间与事件对应起来，在情境中检验结果是否合理

二年级 下册

解决问题教学设计的支架

《剪出指定图形》

广州市番禺区沙湾镇兴贤小学　韩长莹

【教学内容】

人民教育出版社义务教育教科书《数学》二年级下册第3单元“图形的运动（一）”第32页例4。

【教材简析】

这一节课是修订后的教材安排在“图形与几何”领域中在解决问题方面所做的突破。让学生利用之前学习的轴对称图形知识解决问题，剪出指定的小人图案，突破了以往解决问题的例题都安排在“数与计算”领域的局限，使得培养学生“四能”的素材和案例更为丰富。例题以中国民间传统手工艺剪纸为素材，让学生在动手操作中探索如何剪出4个手拉手的小人，同时，呈现了解决问题的全过程，既培养学生解决问题的能力，又培养学生动手实践的能力，同时鼓励学生在操作的过程中积极思考，发展学生的空间观念。

【教学目标】

1. 通过剪指定图形的活动，培养动手操作能力。

2. 运用轴对称图形知识解决简单的实际问题，培养解决问题的能力。

3. 感受数学与现实生活的密切联系，感受数学美。

【教学重点】

剪出有规律的指定图形。

【教学难点】

能剪出4个手拉手的小人。

【教学流程】

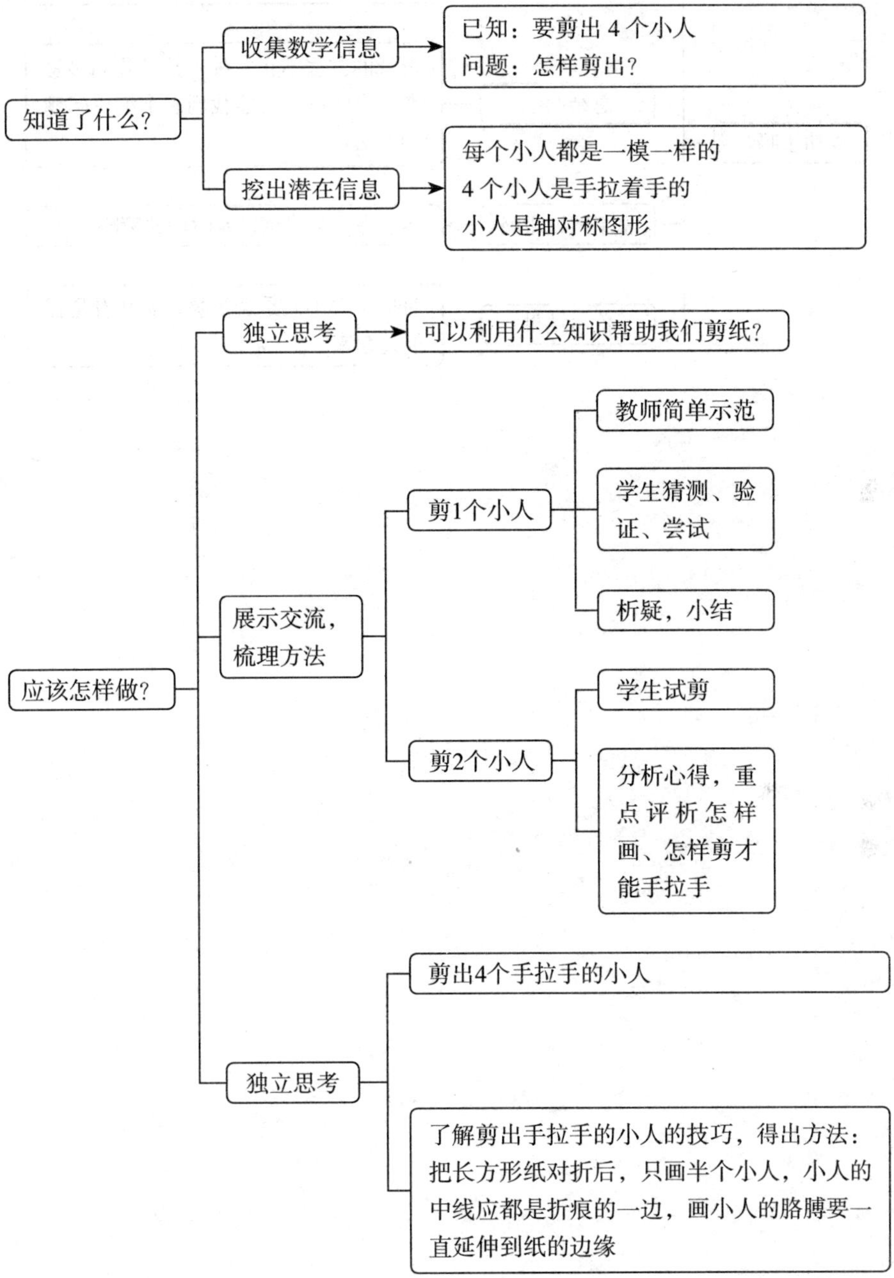

- 知道了什么？
  - 收集数学信息 → 已知：要剪出4个小人
问题：怎样剪出？
  - 挖出潜在信息 → 每个小人都是一模一样的
4个小人是手拉着手的
小人是轴对称图形

- 应该怎样做？
  - 独立思考 → 可以利用什么知识帮助我们剪纸？
  - 展示交流，梳理方法
    - 剪1个小人
      - 教师简单示范
      - 学生猜测、验证、尝试
      - 析疑，小结
    - 剪2个小人
      - 学生试剪
      - 分析心得，重点评析怎样画、怎样剪才能手拉手
  - 独立思考
    - 剪出4个手拉手的小人
    - 了解剪出手拉手的小人的技巧，得出方法：把长方形纸对折后，只画半个小人，小人的中线应都是折痕的一边，画小人的胳膊要一直延伸到纸的边缘

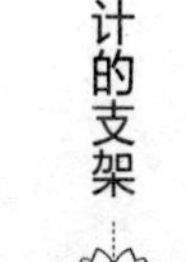

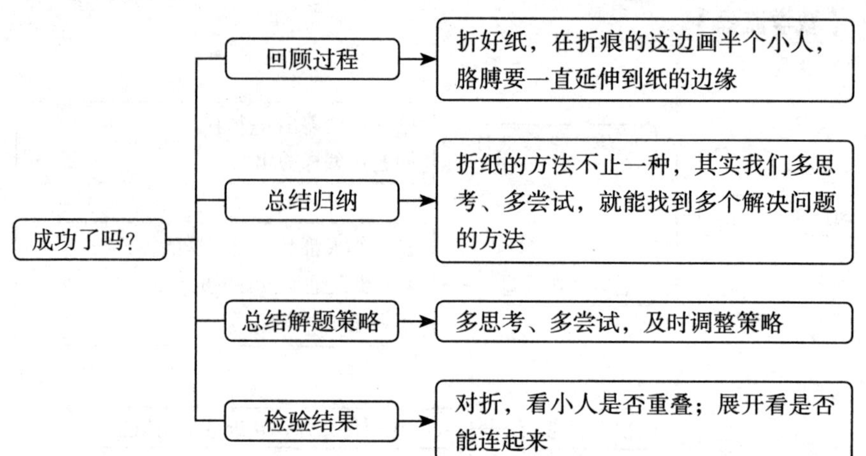
成功了吗？
回顾过程
折好纸，在折痕的这边画半个小人，胳膊要一直延伸到纸的边缘
总结归纳
折纸的方法不止一种，其实我们多思考、多尝试，就能找到多个解决问题的方法
总结解题策略
多思考、多尝试，及时调整策略
检验结果
对折，看小人是否重叠；展开看是否能连起来

《剪出指定图形》

广州市番禺区市桥德兴小学　甄慰

【教学内容】

人民教育出版社义务教育教科书《数学》二年级下册第3单元“图形的运动（一）”第32页例4。

【教材简析】

本课是第3单元最后一课。教材通过让学生剪出4个小人的剪纸活动，在探索活动中培养学生用所学知识解决问题的能力，又培养学生动手实践的能力，同时深化学生对相关知识的理解。教材呈现了解决问题的全过程：“知道了什么？”环节重在通过理解题意迅速调动轴对称的知识，抽象出数学问题。“应该怎样做？”环节利用已有的剪1个小人的经验进行迁移，同时将问题转化为简单些的剪2个手拉手的小人，再转化为剪1个小人的问题。在“成功了吗？”环节，教材呈现了解决问题的两种折纸方法及画法，并总结了解决问题时应注意的事项。

【学情分析】

本课是建立在学生已认识了轴对称图形、理解了平移和旋转运动的基础上的。但由于缺少解决问题的思路，学生往往会随意地剪图，并出现剪一次不成功就放弃的现象。

【教学目标】

1. 借助剪纸活动，进一步理解图形的对称、平移等现象。

2. 通过用轴对称的知识解决简单的实际问题，培养动手操作和解决问题的能力，建立初步的空间观念。

3. 感受图形的运动在生活中的应用，体会数学与生活的密切联系，感受数学美。

【教学重点】

利用轴对称的知识解决剪出给定图案问题。

【教学难点】

找“半个”图形。

【教学流程】

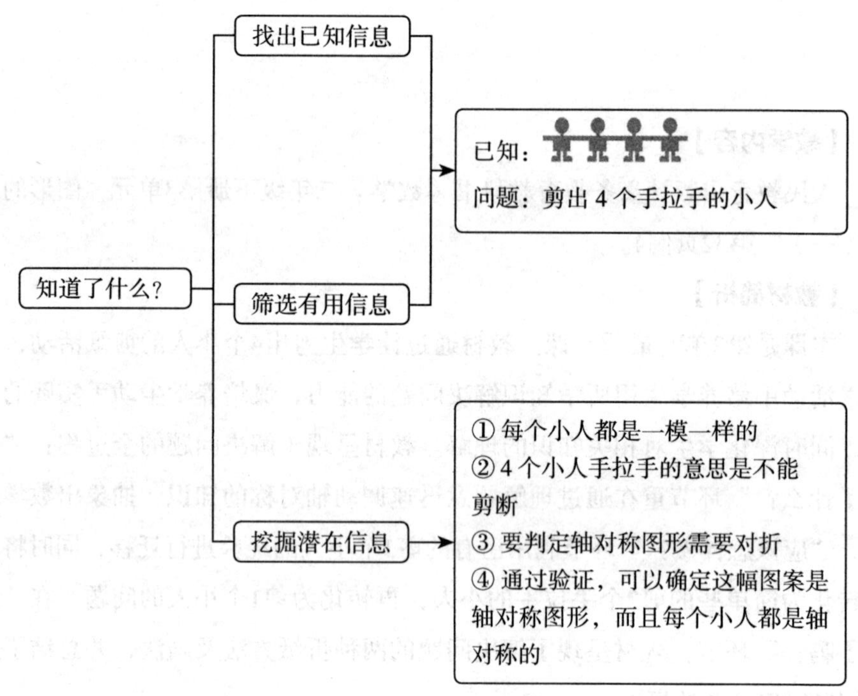

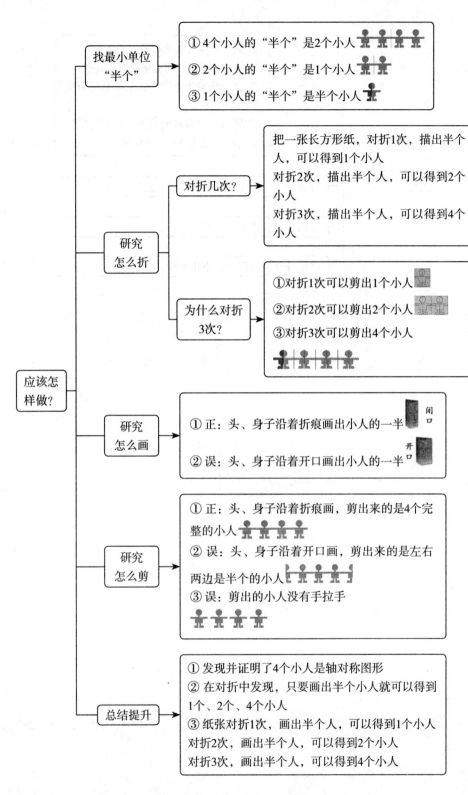

应该怎样做？

- 找最小单位“半个”
  - ① 4个小人的“半个”是2个小人 
  - ② 2个小人的“半个”是1个小人 
  - ③ 1个小人的“半个”是半个小人
- 研究怎么折
  - 对折几次？
    - 把一张长方形纸，对折1次，描出半个人，可以得到1个小人
    - 对折2次，描出半个人，可以得到2个小人
    - 对折3次，描出半个人，可以得到4个小人
  - 为什么对折3次？
    - ①对折1次可以剪出1个小人
    - ②对折2次可以剪出2个小人 
    - ③对折3次可以剪出4个小人 
- 研究怎么画
  - ① 正：头、身子沿着折痕画出小人的一半  闭口
  - ② 误：头、身子沿着开口画出小人的一半  开口
- 研究怎么剪
  - ① 正：头、身子沿着折痕画，剪出来的是4个完整的小人 
  - ② 误：头、身子沿着开口画，剪出来的是左右两边是半个的小人 
  - ③ 误：剪出的小人没有手拉手 
- 总结提升
  - ① 发现并证明了4个小人是轴对称图形
  - ② 在对折中发现，只要画出半个小人就可以得到1个、2个、4个小人
  - ③ 纸张对折1次，画出半个人，可以得到1个小人
    对折2次，画出半个人，可以得到2个小人
    对折3次，画出半个人，可以得到4个小人

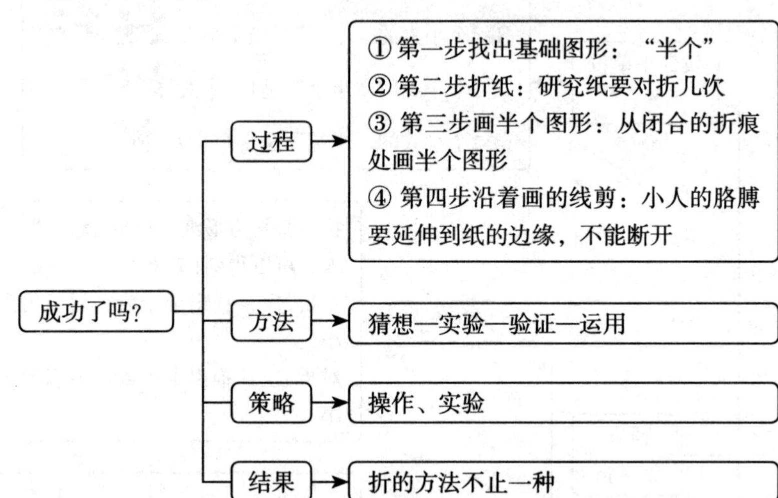
成功了吗？
过程
① 第一步找出基础图形："半个"
② 第二步折纸：研究纸要对折几次
③ 第三步画半个图形：从闭合的折痕处画半个图形
④ 第四步沿着画的线剪：小人的胳膊要延伸到纸的边缘，不能断开
方法
猜想—实验—验证—运用
策略
操作、实验
结果
折的方法不止一种

《用除法解决问题》

广州市番禺区南村镇里仁洞小学　王文慧

【教学内容】

人民教育出版社义务教育教科书《数学》二年级下册第4单元“表内除法（二）”第42页例3。

【教材简析】

本课内容是在学生学过用2～9的乘法口诀求商和利用画图策略分析数量关系进行问题解决的基础上继续深入学习的，旨在帮助学生建立用除法解决问题的模型。教材选取了贴近学生生活实际的购物素材，引出“56元能买几个8元的地球仪”的购物问题。学生在经历解决问题的过程中初步感知单价、数量和总价三者的数量关系，建立用除法解决实际问题的数学模型，进一步加深对除法意义的理解。

【教学目标】

1. 初步学会分析问题的方法，能正确解答“求一个数里包含几个几”和“把一个数平均分成几份，求一份是多少”的问题。

2. 感受数学与生活的密切联系，体验成功解决问题的快乐。

【教学重点】

根据除法的意义解决问题。

【教学难点】

初步感知总价、数量、单价三者的关系，建立用除法解决实际问题的数学模型。

【教学流程】

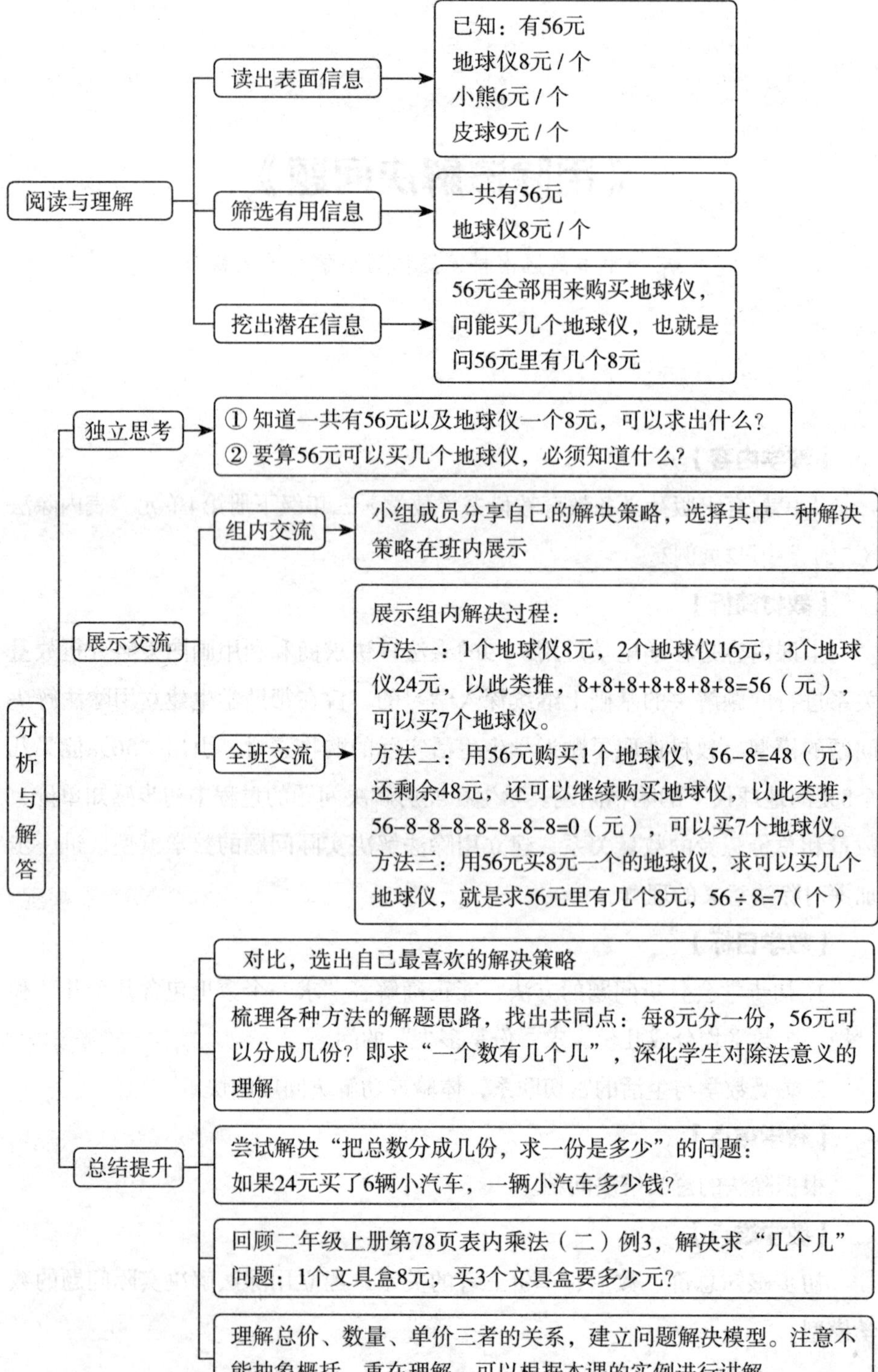
阅读与理解
读出表面信息
已知：有56元
地球仪8元 / 个
小熊6元 / 个
皮球9元 / 个
筛选有用信息
一共有56元
地球仪8元 / 个
挖出潜在信息
56元全部用来购买地球仪，问能买几个地球仪，也就是问56元里有几个8元
分析与解答
独立思考
① 知道一共有56元以及地球仪一个8元，可以求出什么？
② 要算56元可以买几个地球仪，必须知道什么？
展示交流
组内交流
小组成员分享自己的解决策略，选择其中一种解决策略在班内展示
全班交流
展示组内解决过程：
方法一：1个地球仪8元，2个地球仪16元，3个地球仪24元，以此类推，8+8+8+8+8+8+8=56（元），可以买7个地球仪。
方法二：用56元购买1个地球仪，56−8=48（元）还剩余48元，还可以继续购买地球仪，以此类推，56−8−8−8−8−8−8−8=0（元），可以买7个地球仪。
方法三：用56元买8元一个的地球仪，求可以买几个地球仪，就是求56元里有几个8元，56÷8=7（个）
总结提升
对比，选出自己最喜欢的解决策略
梳理各种方法的解题思路，找出共同点：每8元分一份，56元可以分成几份？即求“一个数有几个几”，深化学生对除法意义的理解
尝试解决“把总数分成几份，求一份是多少”的问题：如果24元买了6辆小汽车，一辆小汽车多少钱？
回顾二年级上册第78页表内乘法（二）例3，解决求“几个几”问题：1个文具盒8元，买3个文具盒要多少元？
理解总价、数量、单价三者的关系，建立问题解决模型。注意不能抽象概括，重在理解，可以根据本课的实例进行讲解

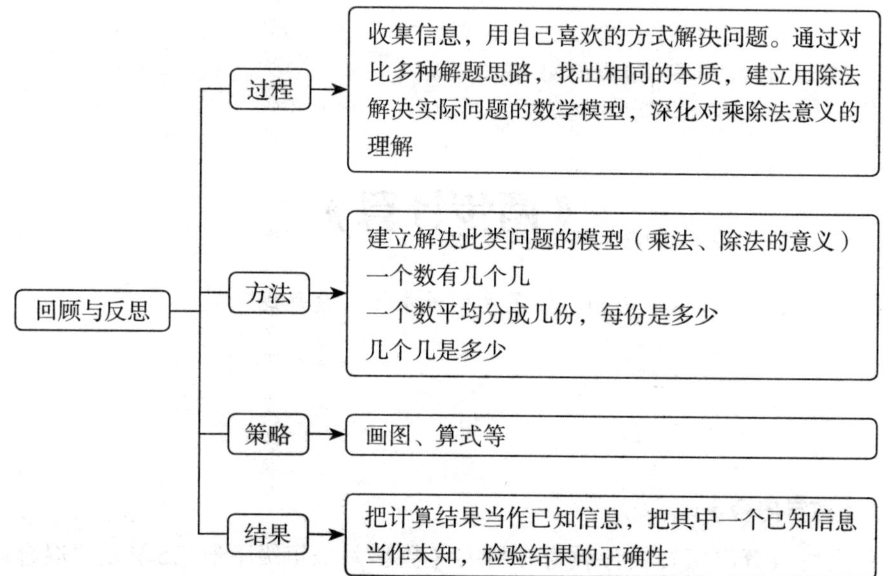
回顾与反思
过程
收集信息，用自己喜欢的方式解决问题。通过对比多种解题思路，找出相同的本质，建立用除法解决实际问题的数学模型，深化对乘除法意义的理解
方法
建立解决此类问题的模型（乘法、除法的意义）
一个数有几个几
一个数平均分成几份，每份是多少
几个几是多少
策略
画图、算式等
结果
把计算结果当作已知信息，把其中一个已知信息当作未知，检验结果的正确性

《两步计算》

广州市番禺区毓贤学校　蔡丹妮

【教学内容】

人民教育出版社义务教育教科书《数学》二年级下册第5单元“混合运算”第53页例4。

【教材简析】

本课主要教学需要两步计算解决的问题，运用提出中间问题的策略进行解决。通过本单元前三个例题的学习，学生已经掌握了整数四则混合运算两步计算的运算顺序，二年级上册还学习了连续两问的实际问题，而这样的问题拿掉第一个问题就可以成为这里类似的问题了，从而为类似的教学做好了知识的准备。

【教学目标】

1. 通过解决较简单的需要两步计算解决的问题，熟悉需要两步计算解决的问题的结构，学会找出中间问题，正确解决需要两步计算解决的实际问题。

2. 经历解决问题的完整过程，学会用色条图分析数量关系，渗透数形结合思想。

3. 在分步列式计算的基础上，逐步学会列综合算式解决问题，会合理运用小括号改变运算顺序。

【教学重点】

学会用色条图分析数量关系，正确解决需要两步计算解决的实际问题。

【教学难点】

熟悉需要两步计算解决的问题的结构，学会找出中间问题。

【教学流程】

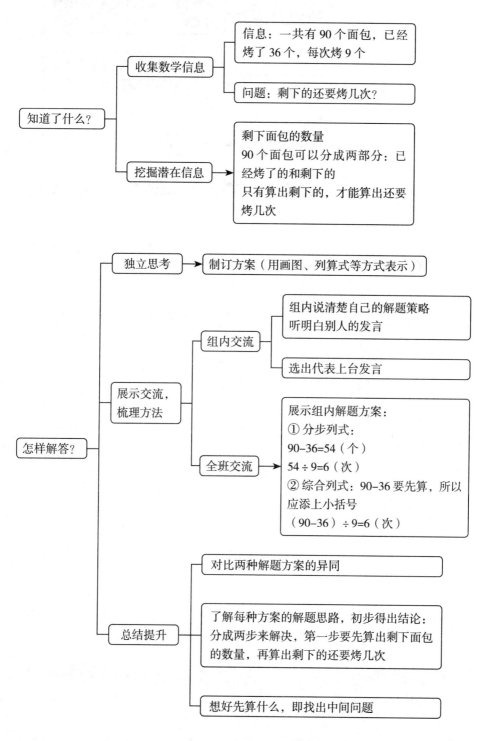

- 知道了什么？
  - 收集数学信息
    - 信息：一共有 90 个面包，已经烤了 36 个，每次烤 9 个
    - 问题：剩下的还要烤几次？
  - 挖掘潜在信息 → 剩下面包的数量
90 个面包可以分成两部分：已经烤了的和剩下的
只有算出剩下的，才能算出还要烤几次

- 怎样解答？
  - 独立思考 → 制订方案（用画图、列算式等方式表示）
  - 展示交流，梳理方法
    - 组内交流
      - 组内说清楚自己的解题策略
听明白别人的发言
      - 选出代表上台发言
    - 全班交流 → 展示组内解题方案：
① 分步列式：
90−36=54（个）
54 ÷ 9=6（次）
② 综合列式：90−36 要先算，所以应添上小括号
（90−36）÷ 9=6（次）
  - 总结提升
    - 对比两种解题方案的异同
    - 了解每种方案的解题思路，初步得出结论：分成两步来解决，第一步要先算出剩下面包的数量，再算出剩下的还要烤几次
    - 想好先算什么，即找出中间问题

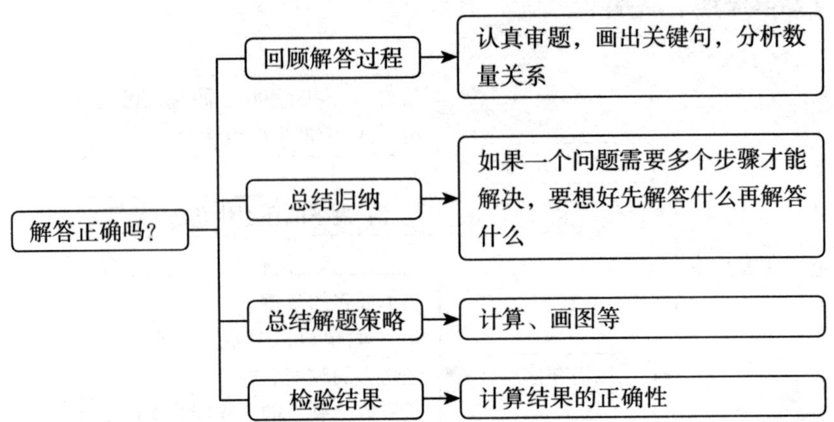
解答正确吗?
回顾解答过程
认真审题，画出关键句，分析数量关系
总结归纳
如果一个问题需要多个步骤才能解决，要想好先解答什么再解答什么
总结解题策略
计算、画图等
检验结果
计算结果的正确性

《用有余数的除法解决问题》

广州市番禺区市桥东城小学　李淑怡

【教学内容】

人民教育出版社义务教育教科书《数学》二年级下册第6单元“有余数的除法”的第67页例5。

【教材简析】

本课内容是有余数的除法知识的延伸和扩展，是在有余数的除法的基础上进行教学的。教材注重联系学生已有的知识和经验，结合具体情境，以学生熟悉的事物作为例题，让学生理解进一法和去尾法，会解决有余数的除法问题。这节课的内容是用有余数的除法知识解决简单的实际问题，重点理解“最多”与“至少”的含义，并用进一法确定问题的答案，同时经历应用有余数的除法知识解决实际问题的全过程。

【教学目标】

1. 初步学会用有余数的除法解决生活中的简单实际问题。

2. 学会正确解答简单的有余数的除法问题，会正确地写出商和余数的单位名称。

3. 培养收集信息、分析问题并解决问题的能力。

【教学重点】

学会用进一法解决问题，理解进一的道理。

【教学难点】

理解有余数的除法在实际生活中的应用。

【教学流程】

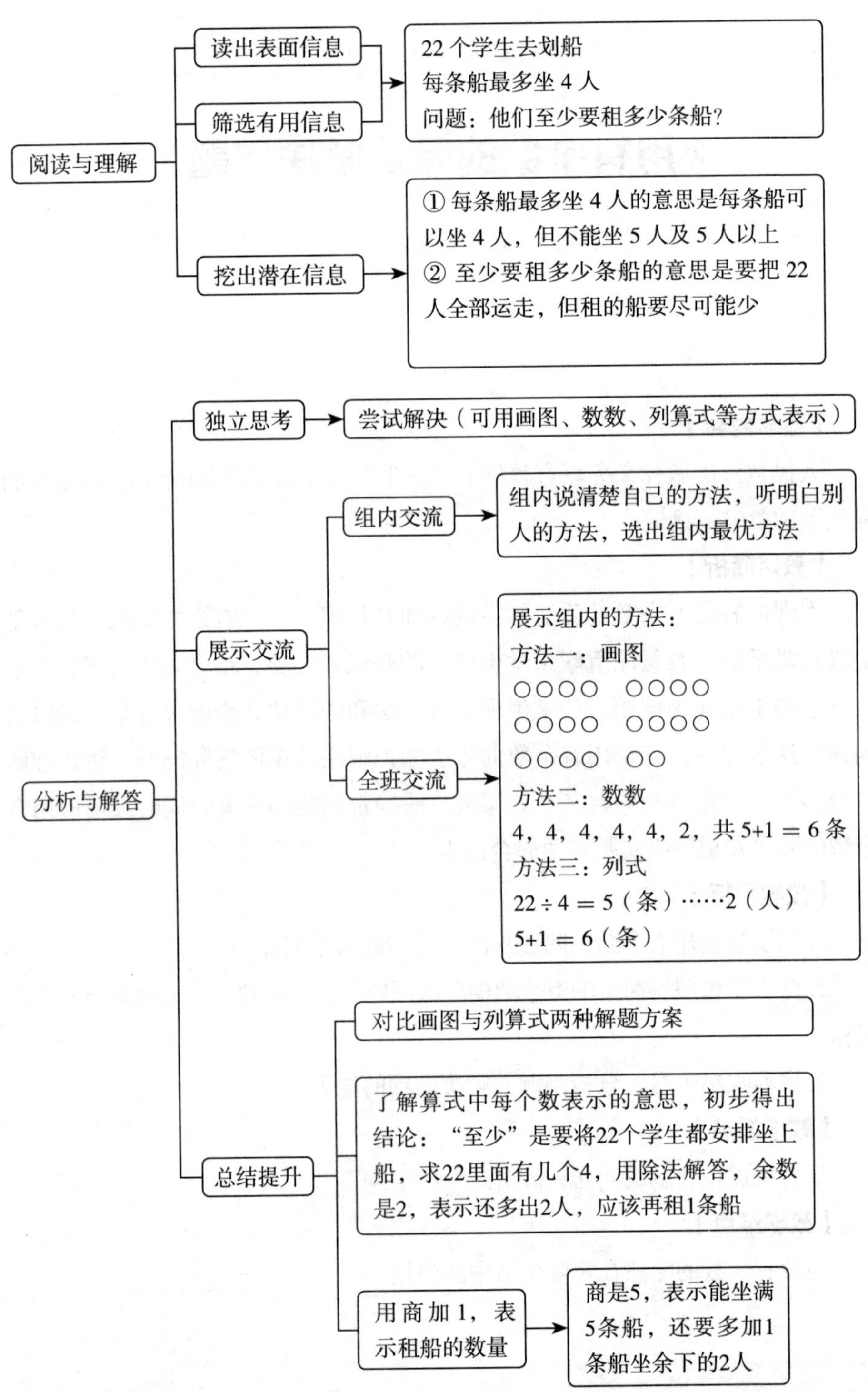
阅读与理解
读出表面信息
筛选有用信息
22个学生去划船
每条船最多坐4人
问题：他们至少要租多少条船？
挖出潜在信息
① 每条船最多坐4人的意思是每条船可以坐4人，但不能坐5人及5人以上
② 至少要租多少条船的意思是要把22人全部运走，但租的船要尽可能少
分析与解答
独立思考
尝试解决（可用画图、数数、列算式等方式表示）
展示交流
组内交流
组内说清楚自己的方法，听明白别人的方法，选出组内最优方法
全班交流
展示组内的方法：
方法一：画图
○○○○ ○○○○
○○○○ ○○○○
○○○○ ○○
方法二：数数
4，4，4，4，4，2，共5+1＝6条
方法三：列式
22÷4＝5（条）……2（人）
5+1＝6（条）
总结提升
对比画图与列算式两种解题方案
了解算式中每个数表示的意思，初步得出结论："至少"是要将22个学生都安排坐上船，求22里面有几个4，用除法解答，余数是2，表示还多出2人，应该再租1条船
用商加1，表示租船的数量
商是5，表示能坐满5条船，还要多加1条船坐余下的2人

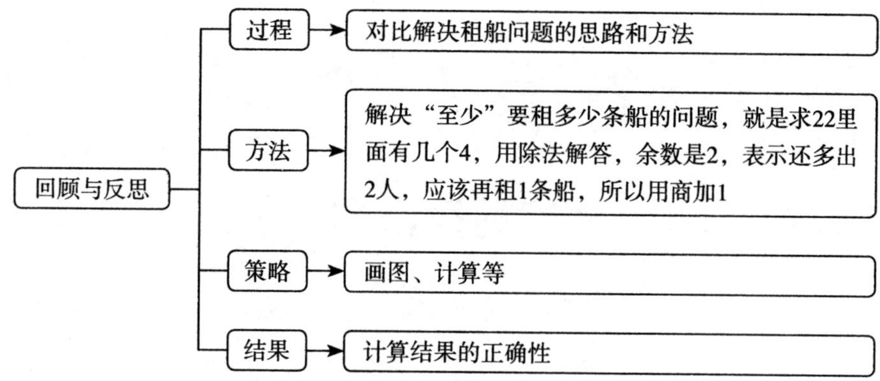
回顾与反思
过程
对比解决租船问题的思路和方法
方法
解决“至少”要租多少条船的问题，就是求22里面有几个4，用除法解答，余数是2，表示还多出2人，应该再租1条船，所以用商加1
策略
画图、计算等
结果
计算结果的正确性

《按规律排列》

广州市番禺区市桥东城小学　李淑怡

【教学内容】

人民教育出版社义务教育教科书《数学》二年级下册第6单元“有余数的除法”的第68页例6。

【教材简析】

本课内容是表内除法知识的延伸和扩展，是在表内除法知识的基础上进行教学的。教学内容包括有余数的除法的含义和利用有余数的除法解决问题两大部分内容。教材注重联系学生已有的知识和经验，结合具体情境，选择学生熟悉的事物作为例题，让学生理解有余数的除法的含义，用以解决实际问题。

【教学目标】

1. 通过观察、操作，理解并掌握解决与按规律排列有关的问题的思路和方法。

2. 经历应用有余数的除法知识解决问题的全过程，进一步体会解决问题的策略与方法的多样性，发展应用意识。

3. 体会数学知识之间的联系，积累解决问题的基本经验。

【教学重点】

理解并掌握解决问题的思路和方法。

【教学难点】

理解余数在解决与按规律排列有关的问题中的作用与含义并应用其解决问题。

【教学流程】

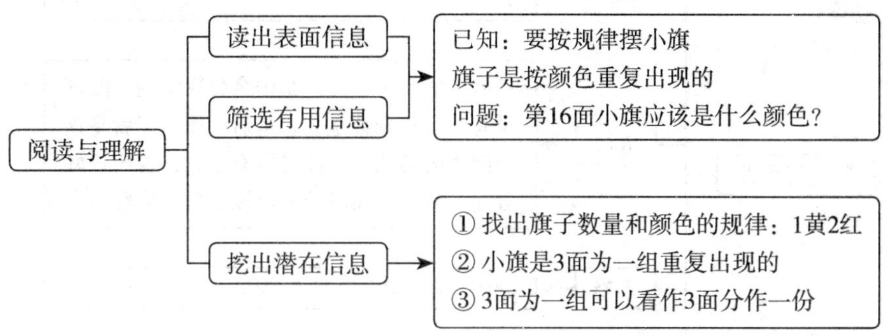
阅读与理解
读出表面信息
筛选有用信息
已知：要按规律摆小旗
旗子是按颜色重复出现的
问题：第16面小旗应该是什么颜色？
挖出潜在信息
① 找出旗子数量和颜色的规律：1黄2红
② 小旗是3面为一组重复出现的
③ 3面为一组可以看作3面分作一份

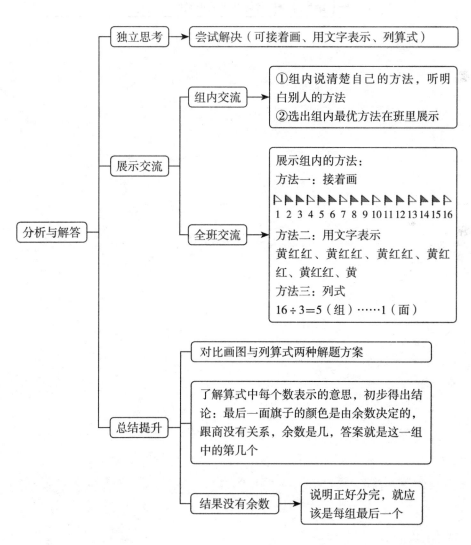

分析与解答

- 独立思考 → 尝试解决（可接着画、用文字表示、列算式）
- 展示交流
  - 组内交流 → ①组内说清楚自己的方法，听明白别人的方法 ②选出组内最优方法在班里展示
  - 全班交流 → 展示组内的方法：
    方法一：接着画
    1 2 3 4 5 6 7 8 9 10 11 12 13 14 15 16
    方法二：用文字表示
    黄红红、黄红红、黄红红、黄红红、黄红红、黄
    方法三：列式
    16÷3=5（组）……1（面）
- 总结提升
  - 对比画图与列算式两种解题方案
  - 了解算式中每个数表示的意思，初步得出结论：最后一面旗子的颜色是由余数决定的，跟商没有关系，余数是几，答案就是这一组中的第几个
  - 结果没有余数 → 说明正好分完，就应该是每组最后一个

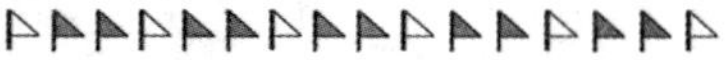

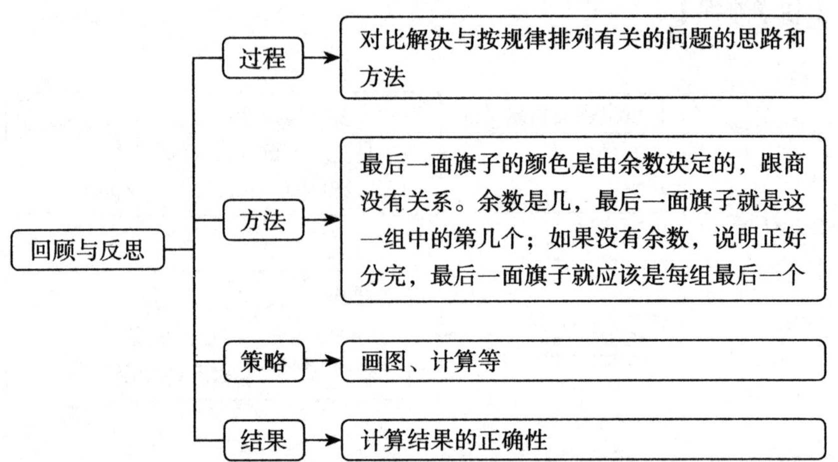
回顾与反思
过程
对比解决与按规律排列有关的问题的思路和方法
方法
最后一面旗子的颜色是由余数决定的，跟商没有关系。余数是几，最后一面旗子就是这一组中的第几个；如果没有余数，说明正好分完，最后一面旗子就应该是每组最后一个
策略
画图、计算等
结果
计算结果的正确性

《用估算解决问题（三位数加三位数）》

广州市番禺区洛浦西二小学　陈小丽

【教学内容】

人民教育出版社义务教育教科书《数学》二年级下册第7单元“万以内数的认识”的第96页例13。

【教材简析】

例13是解决问题的内容，教学用估算的策略解决问题。将估算教学的起点安排在这里，有下面几个原因：一是学生在这之前学习了近似数，有了进行估算的知识基础；二是学生现在接触的数都比较大，现实中有估算的必要；三是学生还未学过万以内数的计算，不会出现先精确计算再为估算而估算的现象；四是将估算与实际生活紧密结合起来，将估算作为解决问题的一种策略，可以体现其现实意义。

【教学目标】

1. 熟练掌握找出一个数的近似数的方法。

2. 会在实际情境中选择恰当的方法进行简单的估算，利用估算解决问题。

3. 体会估算在生活中的作用，积累解决问题的基本经验。

【教学重点】

利用估算解决问题。

【教学难点】

选择合适的方法进行估算。

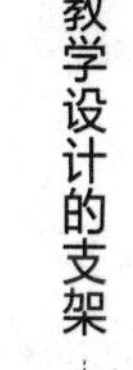

【教学流程】

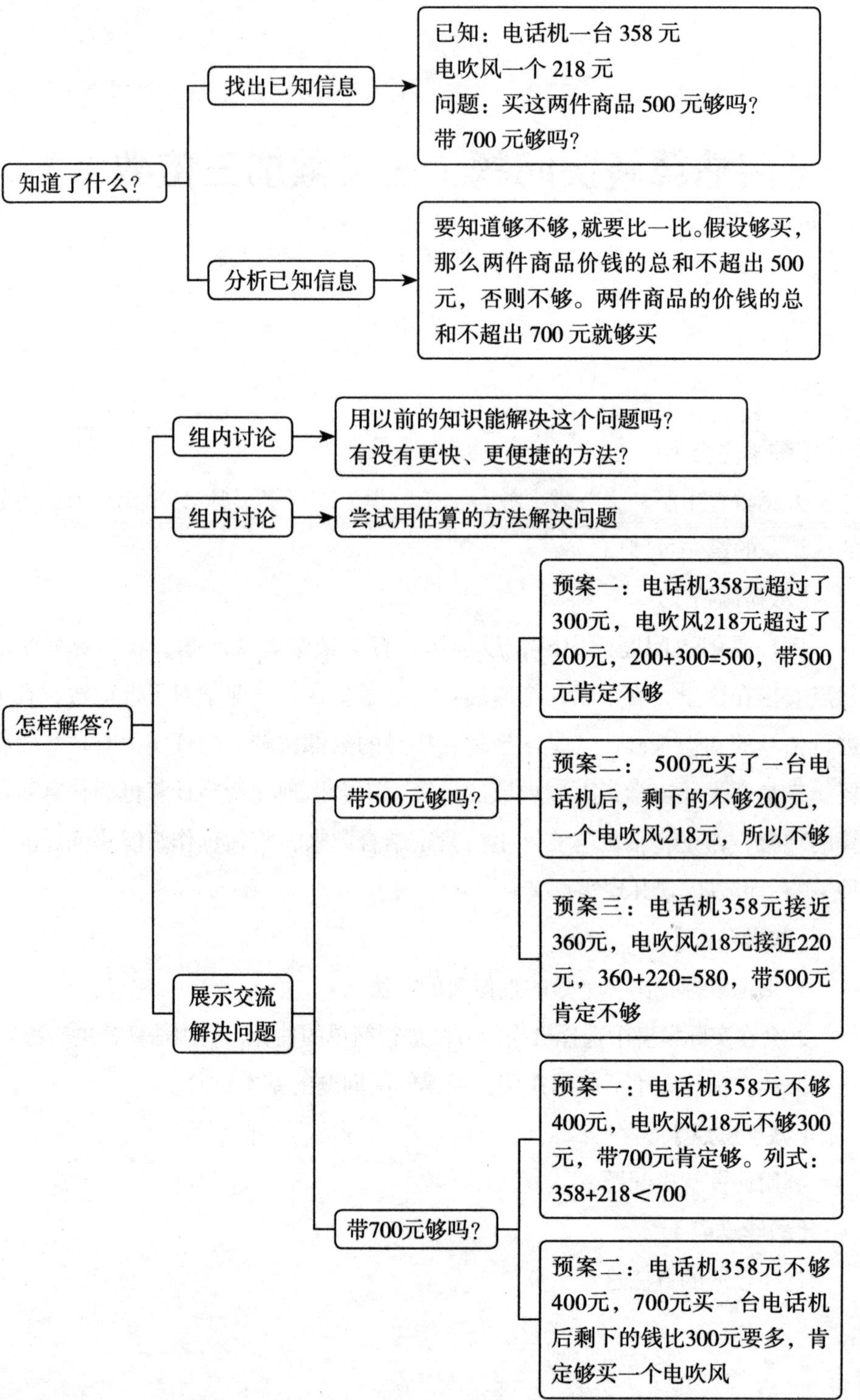
知道了什么？
找出已知信息
已知：电话机一台 358 元
电吹风一个 218 元
问题：买这两件商品 500 元够吗？
带 700 元够吗？
分析已知信息
要知道够不够，就要比一比。假设够买，那么两件商品价钱的总和不超出 500 元，否则不够。两件商品的价钱的总和不超出 700 元就够买
怎样解答？
组内讨论
用以前的知识能解决这个问题吗？
有没有更快、更便捷的方法？
组内讨论
尝试用估算的方法解决问题
展示交流
解决问题
带500元够吗？
预案一：电话机358元超过了300元，电吹风218元超过了200元，200+300=500，带500元肯定不够
预案二： 500元买了一台电话机后，剩下的不够200元，一个电吹风218元，所以不够
预案三：电话机358元接近360元，电吹风218元接近220元，360+220=580，带500元肯定不够
带700元够吗？
预案一：电话机358元不够400元，电吹风218元不够300元，带700元肯定够。列式：358+218<700
预案二：电话机358元不够400元，700元买一台电话机后剩下的钱比300元要多，肯定够买一个电吹风

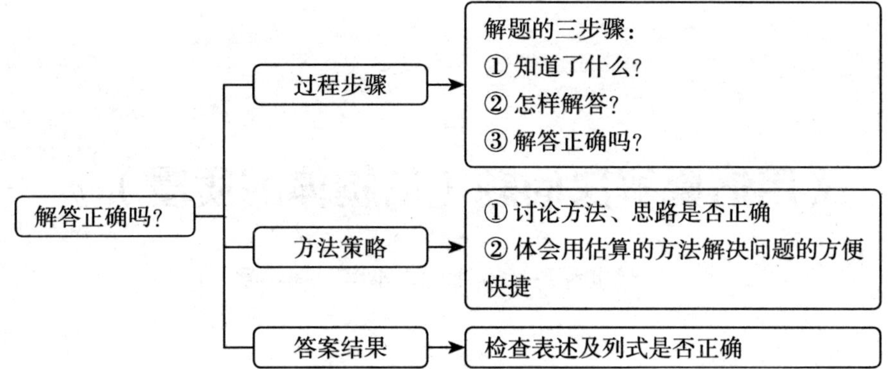
解答正确吗？
过程步骤
解题的三步骤：
① 知道了什么？
② 怎样解答？
③ 解答正确吗？
方法策略
① 讨论方法、思路是否正确
② 体会用估算的方法解决问题的方便快捷
答案结果
检查表述及列式是否正确

《用估算解决问题（估物体的质量）》

广州市番禺区洛浦西二小学　陈小丽

【教学内容】

人民教育出版社义务教育教科书《数学》二年级下册第8单元“克和千克”第104页例3。

【教材简析】

在实际生活中，学生对于轻、重的概念已经有了一定的认识，并会直接比较一些物体的轻重，但不一定能进行量化比较。例3是在学生学习了质量单位克和千克及懂得应用工具称物体重量的基础上安排学习的，帮助学生巩固已经建立的1千克的质量观念，进一步培养学生的估量能力。在呈现形式上，教材仍然呈现了解决问题的一般过程，通过理解题意突出估计的方法，对结果的合理性的判断则再次突出估计的方法。

【教学目标】

1. 在初步建立的1克和1千克的观念基础上，会以此为标准估量物体的质量。

2. 能利用估量解决一些简单的实际问题。

3. 体会学习质量单位的必要性，进一步培养数感。

【教学重点】

灵活运用估量的方法解决问题。

【教学难点】

形成估测策略。

【教学流程】

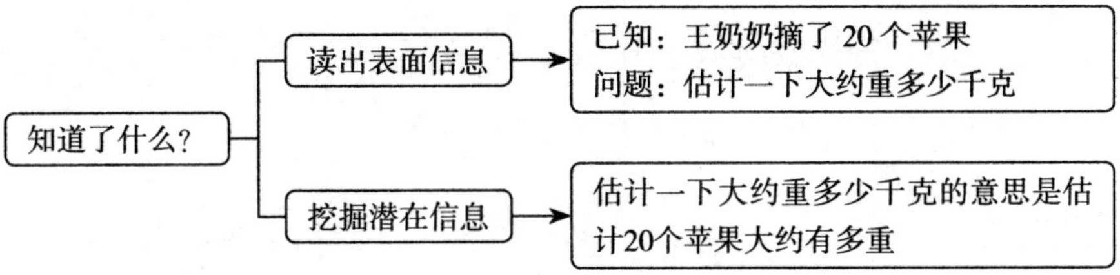

- 知道了什么？
  - 读出表面信息 → 已知：王奶奶摘了 20 个苹果
问题：估计一下大约重多少千克
  - 挖掘潜在信息 → 估计一下大约重多少千克的意思是估计20个苹果大约有多重

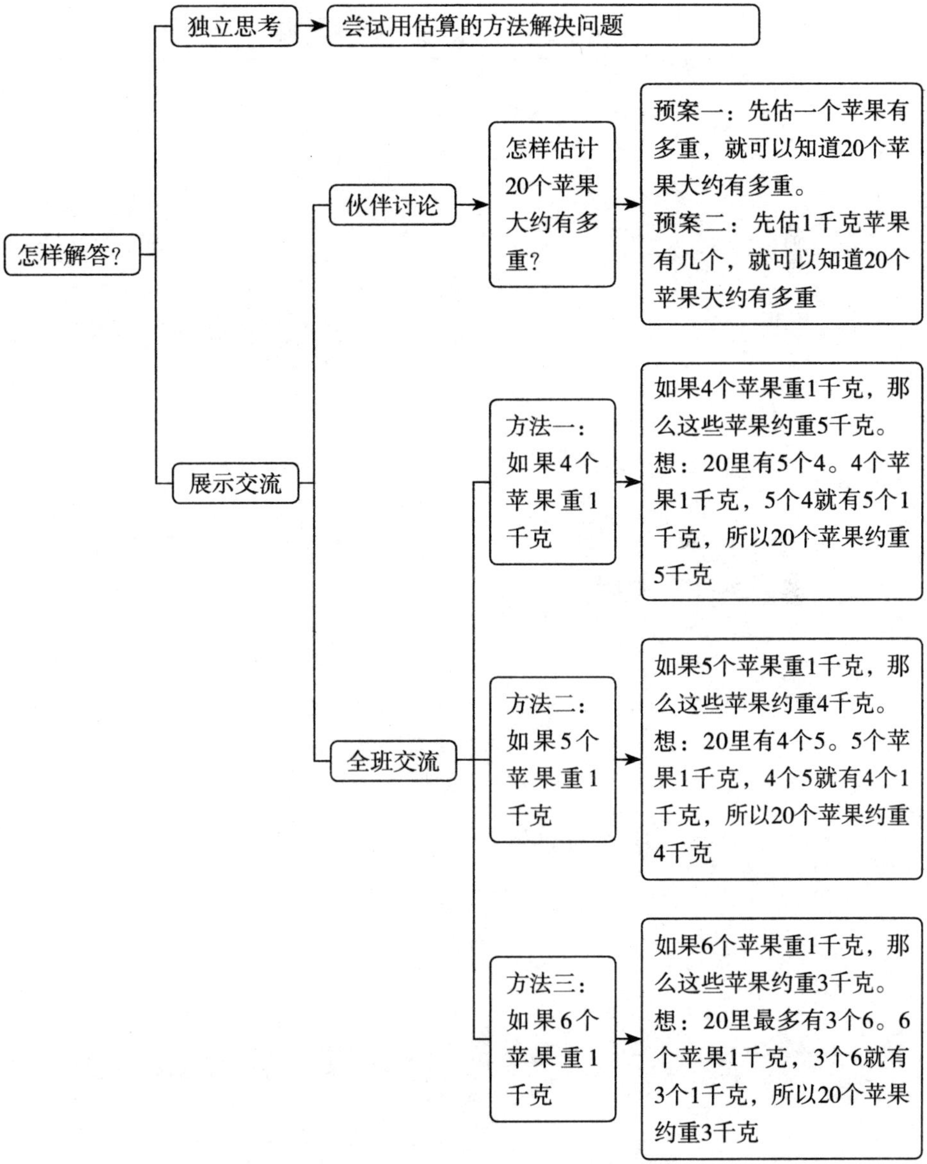

- 怎样解答？
  - 独立思考 → 尝试用估算的方法解决问题
  - 展示交流
    - 伙伴讨论 → 怎样估计20个苹果大约有多重？ → 预案一：先估一个苹果有多重，就可以知道20个苹果大约有多重。
预案二：先估1千克苹果有几个，就可以知道20个苹果大约有多重
    - 全班交流
      - 方法一：如果4个苹果重1千克 → 如果4个苹果重1千克，那么这些苹果约重5千克。
想：20里有5个4。4个苹果1千克，5个4就有5个1千克，所以20个苹果约重5千克
      - 方法二：如果5个苹果重1千克 → 如果5个苹果重1千克，那么这些苹果约重4千克。
想：20里有4个5。5个苹果1千克，4个5就有4个1千克，所以20个苹果约重4千克
      - 方法三：如果6个苹果重1千克 → 如果6个苹果重1千克，那么这些苹果约重3千克。
想：20里最多有3个6。6个苹果1千克，3个6就有3个1千克，所以20个苹果约重3千克

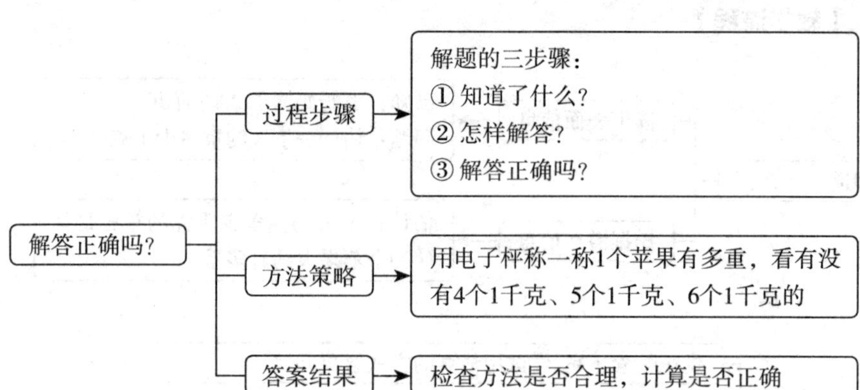
解答正确吗?
过程步骤
解题的三步骤：
① 知道了什么?
② 怎样解答?
③ 解答正确吗?
方法策略
用电子秤称一称1个苹果有多重，看有没有4个1千克、5个1千克、6个1千克的
答案结果
检查方法是否合理，计算是否正确

三年级 上册

解决问题教学设计的支架

《解决问题——简单的计算经过时间》

广州市番禺区市桥德兴小学　袁幸玲

【教学内容】

人民教育出版社义务教育教科书《数学》三年级上册第1单元“时、分、秒”的第5页例2。

【教材简析】

本节课是关于简单的计算经过时间的内容，在此之前，学生已经学习了时、分、秒。教材通过学生讨论的情境，呈现数格子、计算等多种解题策略。学好这部分内容，能为以后学习稍复杂的经过时间的计算打好基础。教学本课时，需要使学生分清时刻与时间段，并借助直观模型，如拨时间、画时间轴等这些直观手段使学生获得知识体验。

【教学目标】

1. 结合具体的生活情境，体会时刻与经过时间之间的联系和区别。

2. 经历数学学习的过程，学会从图片中获取有意义的数学信息，找出要解决的问题，通过独立思考、小组合作，建立计算经过时间的模型，掌握解决问题的基本方法。

3. 体验数学与生活的密切联系，在运用所学知识解决问题的过程中，体验数学学习的乐趣。

【教学重点】

1. 认识并掌握计算经过时间的模型：终点时间-起点时间=经过的时间。

2. 渗透解决问题的三个步骤：阅读与理解、分析与解答、回顾与反思。

【教学难点】

建立计算经过时间的模型：终点时间-起点时间=经过的时间。

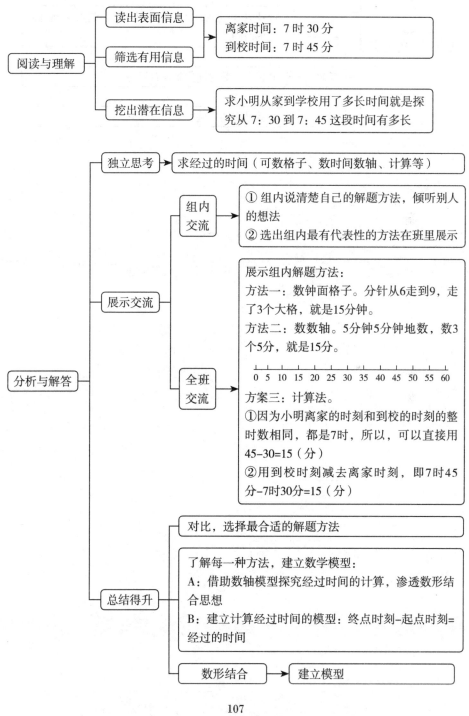

【教学流程】

阅读与理解
- 读出表面信息、筛选有用信息 → 离家时间：7 时 30 分
到校时间：7 时 45 分
- 挖出潜在信息 → 求小明从家到学校用了多长时间就是探究从 7：30 到 7：45 这段时间有多长

分析与解答
- 独立思考 → 求经过的时间（可数格子、数时间数轴、计算等）
- 展示交流
  - 组内交流 → ① 组内说清楚自己的解题方法，倾听别人的想法
② 选出组内最有代表性的方法在班里展示
  - 全班交流 → 展示组内解题方法：
方法一：数钟面格子。分针从6走到9，走了3个大格，就是15分钟。
方法二：数数轴。5分钟5分钟地数，数3个5分，就是15分。
0 5 10 15 20 25 30 35 40 45 50 55 60
方案三：计算法。
①因为小明离家的时刻和到校的时刻的整时数相同，都是7时，所以，可以直接用45-30=15（分）
②用到校时刻减去离家时刻，即7时45分-7时30分=15（分）
- 总结得升
  - 对比，选择最合适的解题方法
  - 了解每一种方法，建立数学模型：
A：借助数轴模型探究经过时间的计算，渗透数形结合思想
B：建立计算经过时间的模型：终点时刻-起点时刻=经过的时间
  - 数形结合 → 建立模型

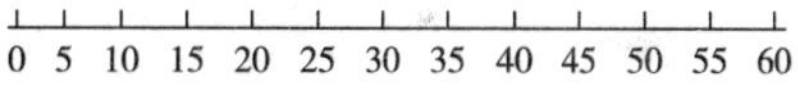

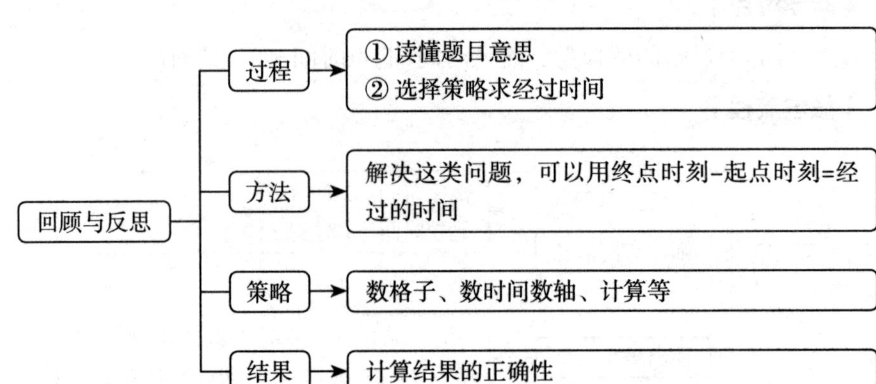
回顾与反思
过程
① 读懂题目意思
② 选择策略求经过时间
方法
解决这类问题，可以用终点时刻-起点时刻=经过的时间
策略
数格子、数时间数轴、计算等
结果
计算结果的正确性

《用估算解决问题（三位数加减法）》

广州市番禺区市桥德兴小学　袁幸玲

【教学内容】

人民教育出版社义务教育教科书《数学》三年级上册第2单元“万以内的加法和减法（一）”第15页例4。

【教材简析】

本节课是关于用估算来解决问题的内容，学生在二年级时已经学习了把一个三位数看作接近的整百数进行估算的方法。本课是第一次把三位数看成接近的整十数进行估算，估算难度相比二年级大了一些，估算的方法也相对灵活了。教师一定要关注学生学习的困难之处，让学生再次经历用估算解决问题的过程，感受估算的必要性，进一步培养学生的估算意识和解决问题的能力。

【教学目标】

1. 结合具体情境，经历运用三位数加减法的估算解决问题的过程，掌握三位数加减法的估算方法。

2. 会采取恰当的估算策略解决实际问题，能表达估算的过程和结果，体会解决问题策略的多样性。

3. 感受估算在日常生活中的应用，培养估算意识，发展数感。

【教学重点】

结合具体情境，选择估大或估小的策略解决问题。

【教学难点】

理解估算的策略和方法。

【教学流程】

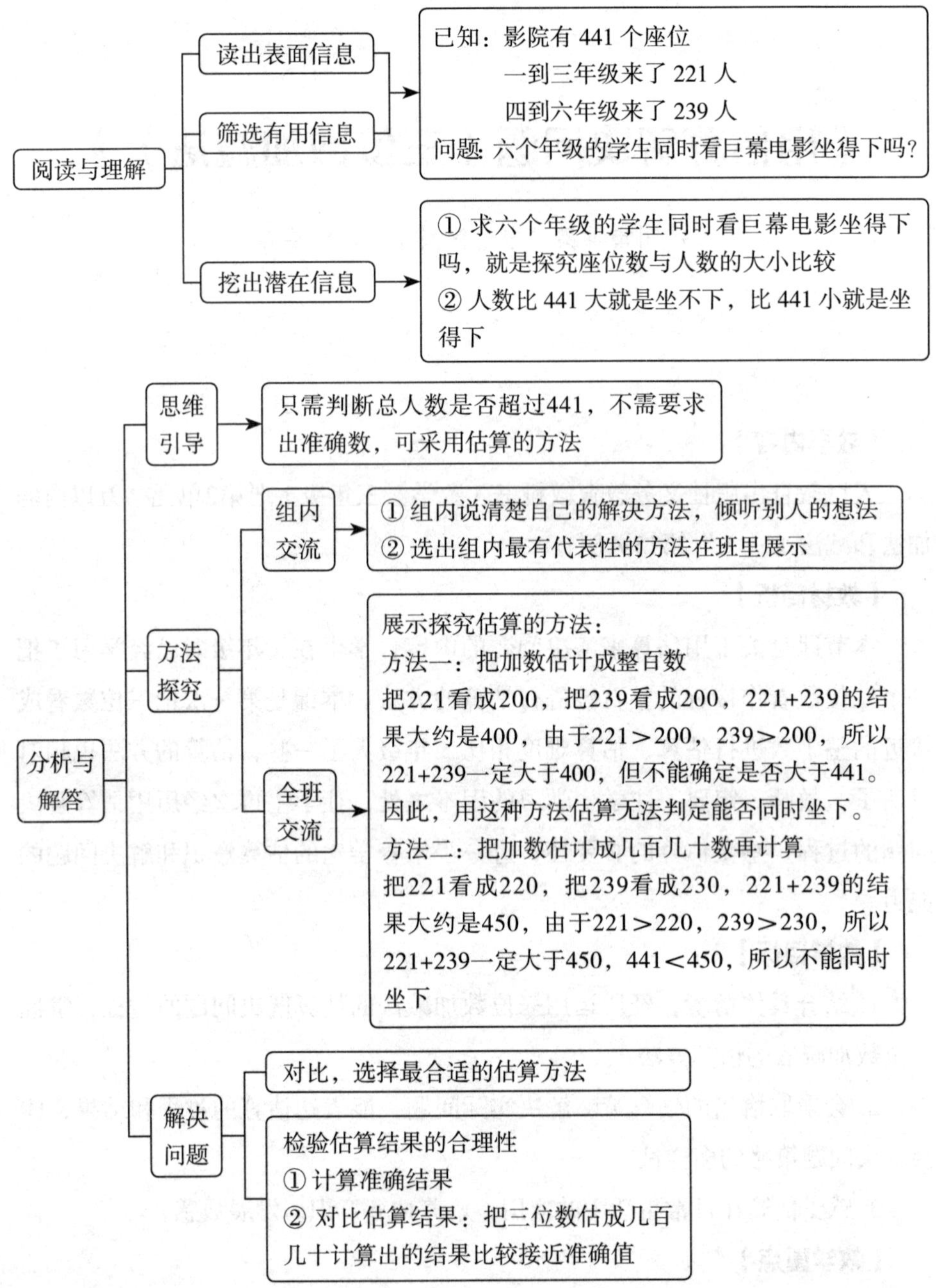
阅读与理解
读出表面信息
筛选有用信息
已知：影院有 441 个座位
一到三年级来了 221 人
四到六年级来了 239 人
问题：六个年级的学生同时看巨幕电影坐得下吗？
挖出潜在信息
① 求六个年级的学生同时看巨幕电影坐得下吗，就是探究座位数与人数的大小比较
② 人数比 441 大就是坐不下，比 441 小就是坐得下
分析与解答
思维引导
只需判断总人数是否超过441，不需要求出准确数，可采用估算的方法
方法探究
组内交流
① 组内说清楚自己的解决方法，倾听别人的想法
② 选出组内最有代表性的方法在班里展示
全班交流
展示探究估算的方法：
方法一：把加数估计成整百数
把221看成200，把239看成200，221+239的结果大约是400，由于221>200，239>200，所以221+239一定大于400，但不能确定是否大于441。因此，用这种方法估算无法判定能否同时坐下。
方法二：把加数估计成几百几十数再计算
把221看成220，把239看成230，221+239的结果大约是450，由于221>220，239>230，所以221+239一定大于450，441<450，所以不能同时坐下
解决问题
对比，选择最合适的估算方法
检验估算结果的合理性
① 计算准确结果
② 对比估算结果：把三位数估成几百几十计算出的结果比较接近准确值

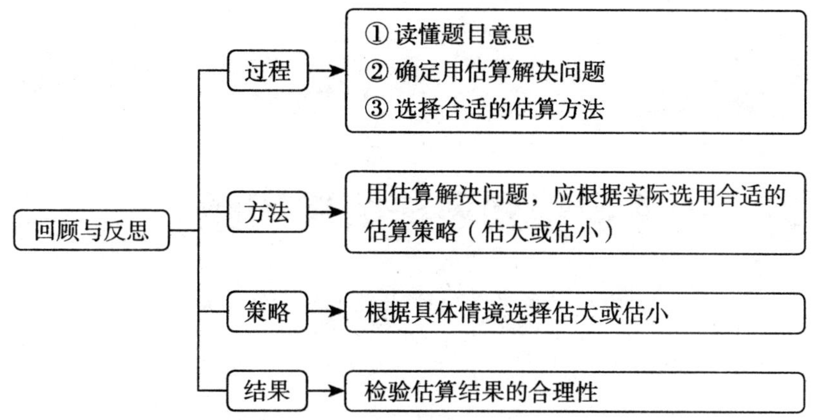
回顾与反思
过程
① 读懂题目意思
② 确定用估算解决问题
③ 选择合适的估算方法
方法
用估算解决问题，应根据实际选用合适的估算策略（估大或估小）
策略
根据具体情境选择估大或估小
结果
检验估算结果的合理性

《运用列表法解决问题》

广州市番禺区市桥德兴小学　袁幸玲

【教学内容】

人民教育出版社义务教育教科书《数学》三年级上册第3单元“测量”第33页例9。

【教材简析】

本节课是教材新增加的内容，是与质量单位吨有关的解决问题内容。在此之前，学生已经学习了质量单位吨、千克、克。本课要考查学生对题目的理解及有序思考的能力。在解决问题的过程中，学生明白解决问题的方法不是唯一的，列表法是一种简便的方法，可以做到不重复、不遗漏，从而进行数学思考，进而培养解决问题的能力。

【教学目标】

1. 运用列表法解决问题，学会整理信息、分析数量关系，通过观察、比较找出解决问题的有效方法。

2. 经历通过列表格的方法解决生活中实际问题的过程，培养有序思考的能力，体验列表法解决问题的优越性。

【教学重点】

运用列表法解决问题。

【教学难点】

感受列表法的有序性和解决问题的完整性。

【教学流程】

- 阅读与理解
  - 读出表面信息、筛选有用信息 → ① 用载重2吨和3吨的两辆车运走8吨煤 ② 每次都要装满
  - 挖出潜在信息 → ① 可以派其中一辆车运，也可以两辆车同时运 ② 恰好能把 8 吨煤运完为最佳方案

- 分析与解答
  - 独立思考 → 恰好能运完8吨煤的方案有哪些？
  - 方法探究
    - 方法提示 → 把符合要求的方案一一列举出来是解决这个问题的有效策略
    - 小组交流 → ① 怎样才能做到不重复、不遗漏？ ② 为了清楚地看出两辆车运的次数和一共运煤的吨数，可以用列表的方法把不同的方案都表示出来
    - 展示交流 → 列表时要有序思考，可以按载重2吨的车运的次数由多到少的顺序来列表，这样可以做到不重复、不遗漏

派车方案	 2吨	 3吨	运煤吨数
①	4次	0次	4×2=8(吨) √
②	3次	1次	3×2+3=9(吨)
③	2次	2次	2×2+3×2=10(吨)
④	1次	2次	2+3×2=8(吨) √
⑤	0次	3次	3×3=9(吨)

  - 总结提升 → 用列表法解决实际问题，解决方案有条理、有序、完整

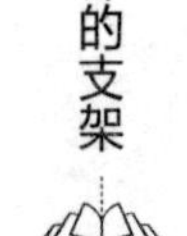

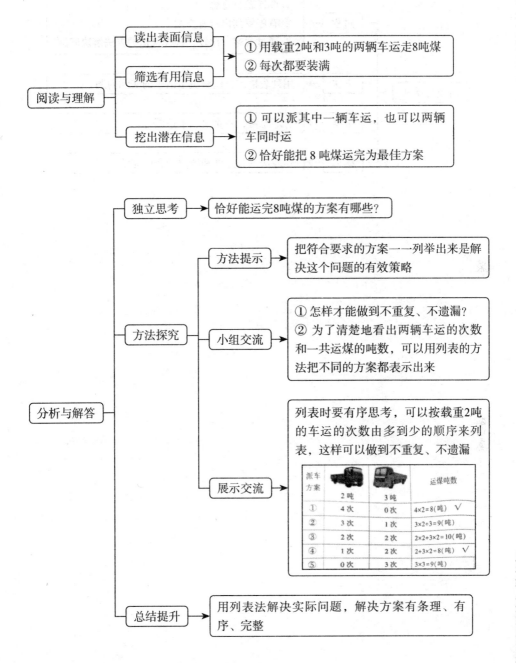

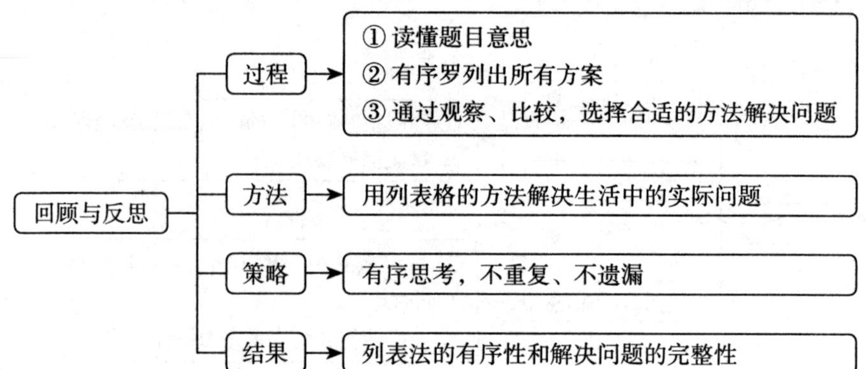
回顾与反思
过程
① 读懂题目意思
② 有序罗列出所有方案
③ 通过观察、比较，选择合适的方法解决问题
方法
用列表格的方法解决生活中的实际问题
策略
有序思考，不重复、不遗漏
结果
列表法的有序性和解决问题的完整性

《用估算解决问题（运用不同策略）》

广州市番禺区市桥德兴小学　袁幸玲

【教学内容】

人民教育出版社义务教育教科书《数学》三年级上册第4单元“万以内的加法和减法（二）”的第43页例4。

【教材简析】

本节课是关于用估算来解决问题的内容，在此之前，学生已经学习了把一个三位数看作接近的整百数或整十数进行估算的方法，还学习了三位数加、减三位数及相应的验算方法。教材的信息量较多，还要解决两个问题，这对学生是个考验。因此，阅读时需要注意引导学生搜集相关信息来解决相关问题。

【教学目标】

1. 能运用笔算加减法和估算的方法解决数学问题。

2. 经历针对不同情况运用不同策略解决问题的过程，提高分析、比较和解决问题的能力。

3. 感受数学与生活的密切联系，培养数学的应用意识。

【教学重点】

能运用笔算加减法和估算的方法解决数学问题。

【教学难点】

经历针对不同情况运用不同策略解决问题的过程，提高分析、比较和解决问题的能力。

【教学流程】

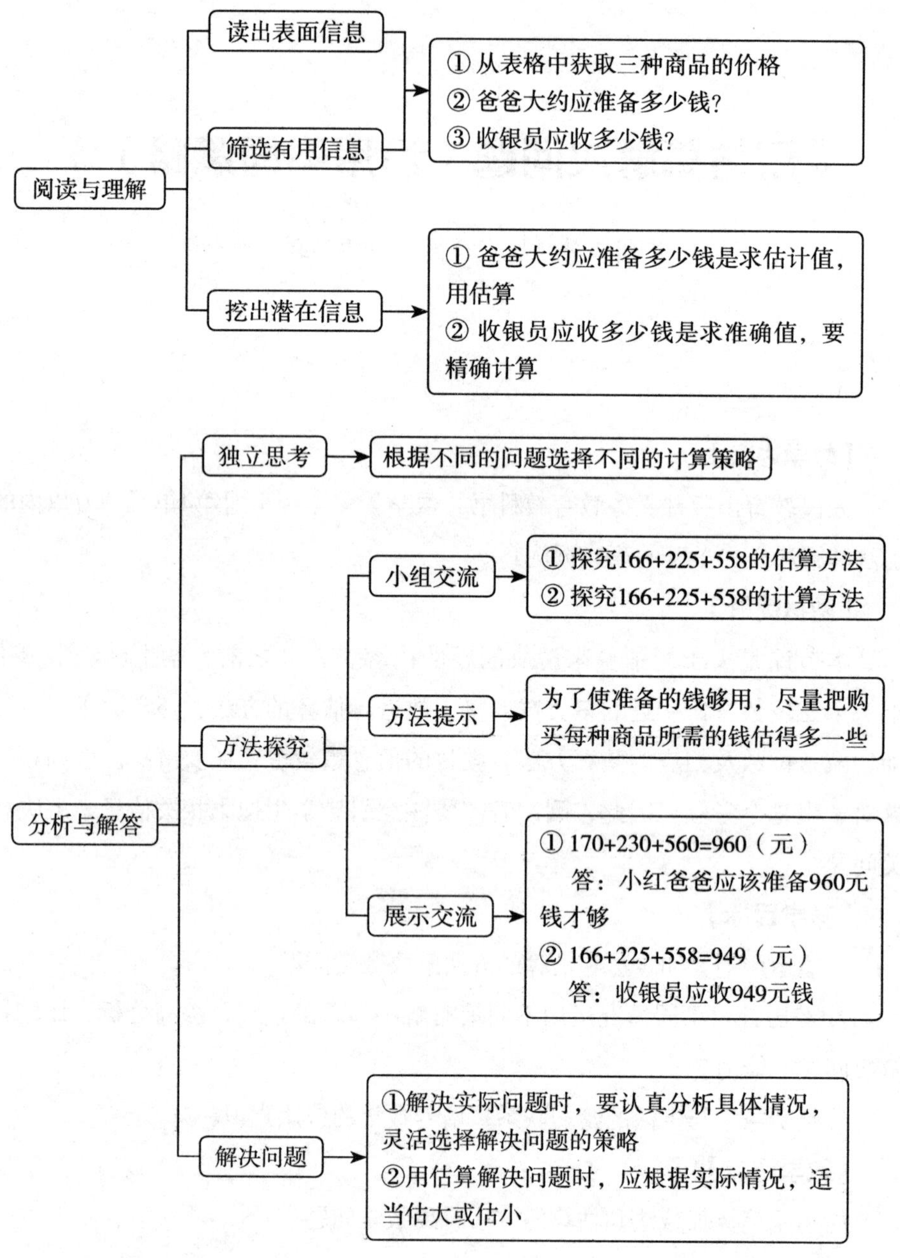
阅读与理解
读出表面信息
筛选有用信息
① 从表格中获取三种商品的价格
② 爸爸大约应准备多少钱?
③ 收银员应收多少钱?
挖出潜在信息
① 爸爸大约应准备多少钱是求估计值，用估算
② 收银员应收多少钱是求准确值，要精确计算
分析与解答
独立思考
根据不同的问题选择不同的计算策略
方法探究
小组交流
① 探究166+225+558的估算方法
② 探究166+225+558的计算方法
方法提示
为了使准备的钱够用，尽量把购买每种商品所需的钱估得多一些
展示交流
① 170+230+560=960（元）
答：小红爸爸应该准备960元钱才够
② 166+225+558=949（元）
答：收银员应收949元钱
解决问题
①解决实际问题时，要认真分析具体情况，灵活选择解决问题的策略
②用估算解决问题时，应根据实际情况，适当估大或估小

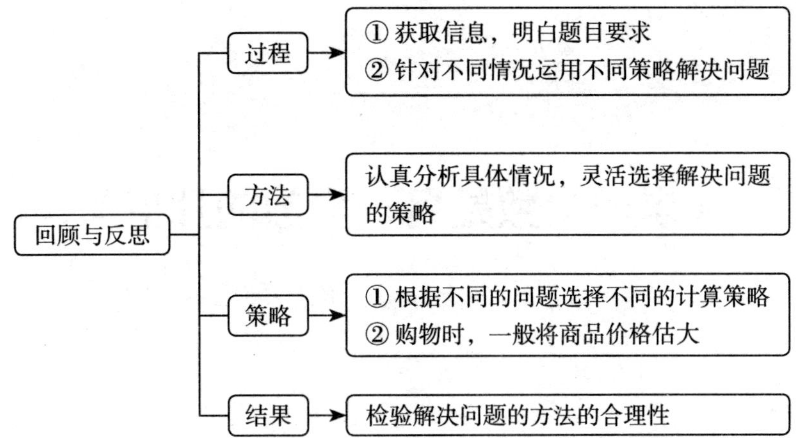
回顾与反思
过程
① 获取信息，明白题目要求
② 针对不同情况运用不同策略解决问题
方法
认真分析具体情况，灵活选择解决问题的策略
策略
① 根据不同的问题选择不同的计算策略
② 购物时，一般将商品价格估大
结果
检验解决问题的方法的合理性

《求一个数是另一个数的几倍》

广州市番禺区市桥德兴小学　袁幸玲

【教学内容】

人民教育出版社义务教育教科书《数学》三年级上册第5单元“倍的认识”第51页例2及相关内容。

【教材简析】

本节课是用倍的知识来解决“求一个数是另一个数的几倍”的问题。在此之前，学生已经对倍的概念有了一定的认识。“倍”是学生刚开始接触的比较抽象的数学概念，因此本课的教学，要通过画示意图表示数量关系，通过多种表征之间的转换，帮助学生理解用除法计算的方法，让学生理解“一个数是另一个数的几倍”的含义，初步构建“一个数是另一个数的几倍”的数学模型。

【教学目标】

1. 在实际情境中理解倍的含义，会解决“求一个数是另一个数的几倍”的相关问题。

2. 经历将“求一个数是另一个数的几倍”的实际问题转化成“一个数里含有几个另一个数”的过程，体会转化的思想方法。

3. 培养分析问题的能力和语言表达能力，感受数学与生活的密切联系。

【教学重点】

在实际情境中理解倍的含义，会解决“求一个数是另一个数的几倍”的相关问题。

【教学难点】

将“求一个数是另一个数的几倍”的实际问题转化成“求一个数里含有几个另一个数”。

【教学流程】

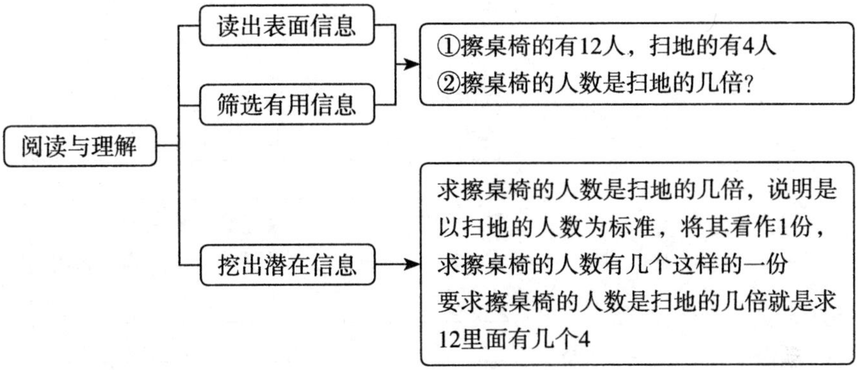

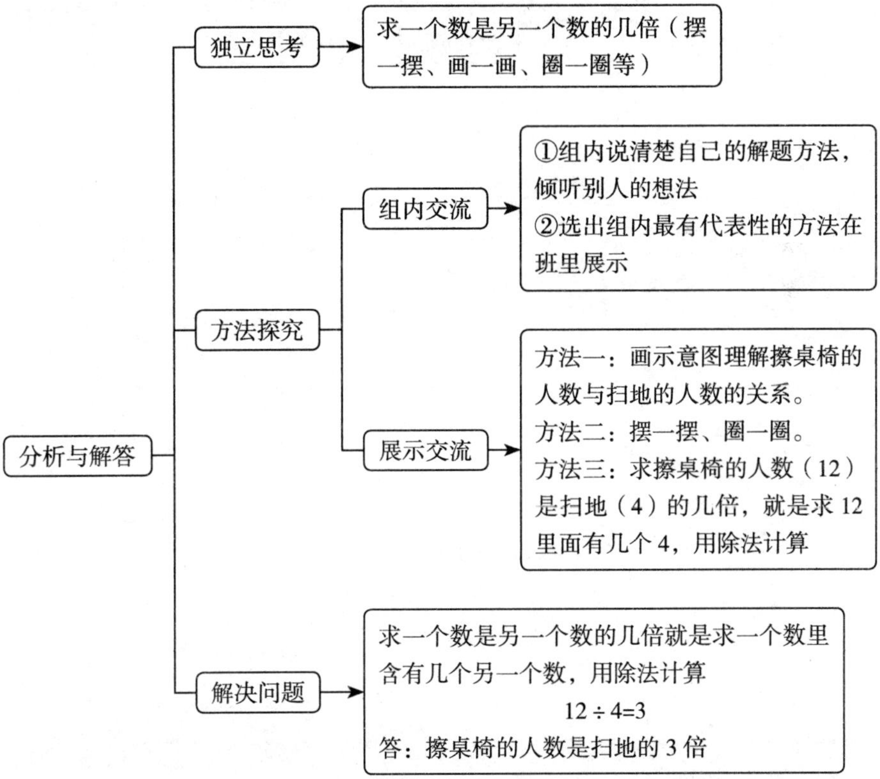

- 阅读与理解
  - 读出表面信息 / 筛选有用信息 → ①擦桌椅的有12人，扫地的有4人 ②擦桌椅的人数是扫地的几倍?
  - 挖出潜在信息 → 求擦桌椅的人数是扫地的几倍，说明是以扫地的人数为标准，将其看作1份，求擦桌椅的人数有几个这样的一份 要求擦桌椅的人数是扫地的几倍就是求12里面有几个4

- 分析与解答
  - 独立思考 → 求一个数是另一个数的几倍（摆一摆、画一画、圈一圈等）
  - 方法探究
    - 组内交流 → ①组内说清楚自己的解题方法，倾听别人的想法 ②选出组内最有代表性的方法在班里展示
    - 展示交流 → 方法一：画示意图理解擦桌椅的人数与扫地的人数的关系。方法二：摆一摆、圈一圈。方法三：求擦桌椅的人数（12）是扫地（4）的几倍，就是求12里面有几个4，用除法计算
  - 解决问题 → 求一个数是另一个数的几倍就是求一个数里含有几个另一个数，用除法计算 $12 \div 4=3$ 答：擦桌椅的人数是扫地的3倍

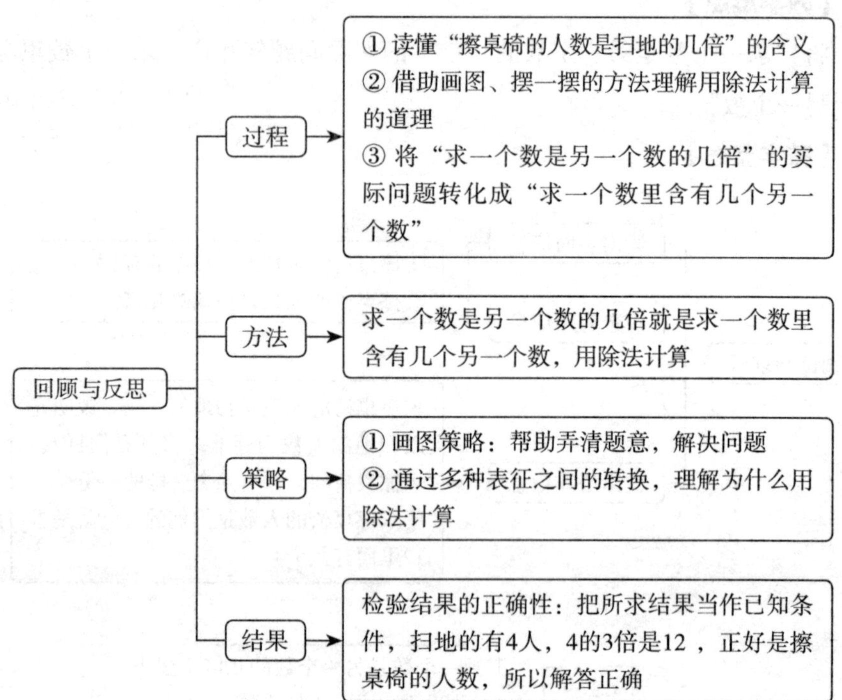
回顾与反思
过程
① 读懂“擦桌椅的人数是扫地的几倍”的含义
② 借助画图、摆一摆的方法理解用除法计算的道理
③ 将“求一个数是另一个数的几倍”的实际问题转化成“求一个数里含有几个另一个数”
方法
求一个数是另一个数的几倍就是求一个数里含有几个另一个数，用除法计算
策略
① 画图策略：帮助弄清题意，解决问题
② 通过多种表征之间的转换，理解为什么用除法计算
结果
检验结果的正确性：把所求结果当作已知条件，扫地的有4人，4的3倍是12 ，正好是擦桌椅的人数，所以解答正确

《求一个数的几倍是多少》

广州市番禺区市桥德兴小学　袁幸玲

【教学内容】

人民教育出版社义务教育教科书《数学》三年级上册第5单元“倍的认识”第52页例3。

【教材简析】

本节课是用倍的知识来解决“求一个数的几倍是多少”的问题。在此之前，学生已经对倍的概念有了一定的认识，并会解决“求一个数是另一个数的几倍”的问题。本课的教学，要通过画示意图表示数量关系，通过多种表征之间的转换，帮助学生理解用乘法计算的方法，让学生理解“求一个数的几倍是多少”的含义，初步构建“求一个数的几倍是多少”的数学模型。

【教学目标】

1. 理解“求一个数的几倍是多少”用乘法计算的道理。

2. 经历“求一个数的几倍是多少”的解决问题的过程，渗透数形结合思想。

3. 培养分析问题的能力和语言表达能力，感受数学与生活的密切联系。

【教学重点】

理解“求一个数的几倍是多少”用乘法计算的道理。

【教学难点】

理解“求一个数的几倍是多少”用乘法计算的道理。

【教学流程】

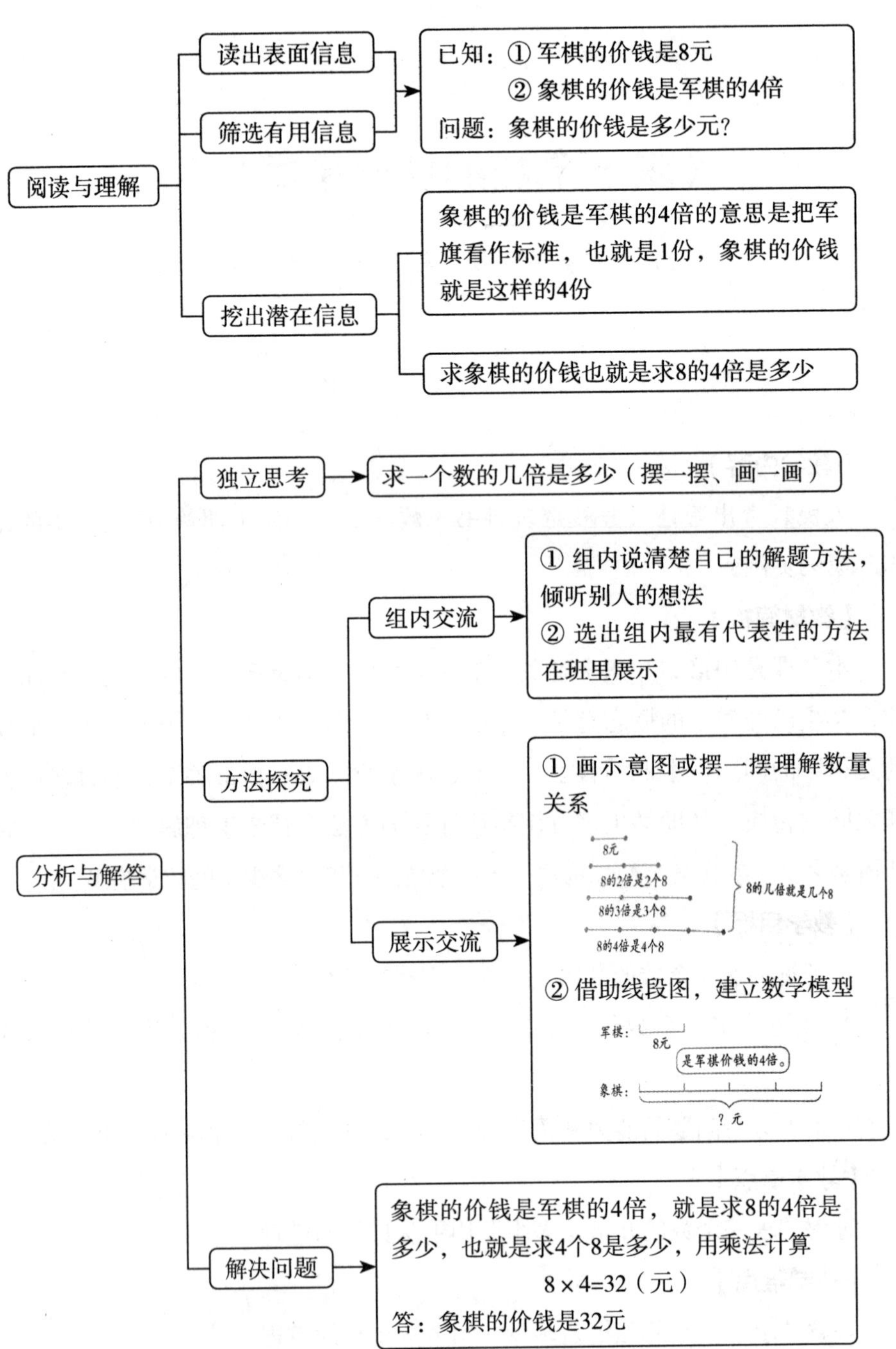
阅读与理解
读出表面信息
筛选有用信息
已知：① 军棋的价钱是8元
② 象棋的价钱是军棋的4倍
问题：象棋的价钱是多少元?
挖出潜在信息
象棋的价钱是军棋的4倍的意思是把军旗看作标准，也就是1份，象棋的价钱就是这样的4份
求象棋的价钱也就是求8的4倍是多少
分析与解答
独立思考
求一个数的几倍是多少（摆一摆、画一画）
方法探究
组内交流
① 组内说清楚自己的解题方法，倾听别人的想法
② 选出组内最有代表性的方法在班里展示
展示交流
① 画示意图或摆一摆理解数量关系
8元
8的2倍是2个8
8的3倍是3个8
8的4倍是4个8
8的几倍就是几个8
② 借助线段图，建立数学模型
军棋：
8元
是军棋价钱的4倍。
象棋：
？元
解决问题
象棋的价钱是军棋的4倍，就是求8的4倍是多少，也就是求4个8是多少，用乘法计算
8×4=32（元）
答：象棋的价钱是32元

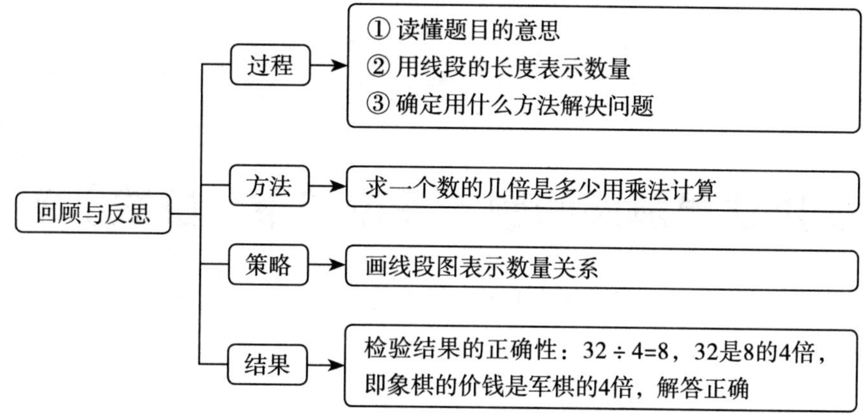
回顾与反思
过程
① 读懂题目的意思
② 用线段的长度表示数量
③ 确定用什么方法解决问题
方法
求一个数的几倍是多少用乘法计算
策略
画线段图表示数量关系
结果
检验结果的正确性：32 ÷ 4=8，32是8的4倍，
即象棋的价钱是军棋的4倍，解答正确

《用估算解决问题（多位数乘一位数）》

广州市番禺区市桥实验小学　陈慧

【教学内容】

人民教育出版社义务教育教科书《数学》三年级上册第6单元“多位数乘一位数”第70页例7。

【教材简析】

本节课是关于用乘法估算来解决问题的内容，在此之前，学生已经学习了用估算的方法解决加减法问题和整十数、整百数乘一位数口算乘法。本课是学生学习乘法估算的开始，学好这部分内容，能为以后学习两位数乘两位数乘法估算打好基础。新课程标准明确指出，要在具体的情境下学习估算，本课例题的编排体现了这一理念，通过学生熟悉的秋游情境，让学生探索因数是一位数的乘法估算方法，进一步强化估算的意识，并在多样化的估算方法的基础上学会比较，学会根据具体的问题情境灵活选择适当的方法解决实际问题。

【教学目标】

1. 能够结合具体情境，选取恰当的策略进行乘法估算，从而解决实际问题，并说明估算的思路。

2. 经历多位数乘一位数估算方法的探索过程，感受估算方法的多样性，培养估算及解决问题的能力。

3. 感受乘法估算的价值，强化估算意识。

【教学重点】

掌握多位数乘一位数的估算方法，并会选取恰当的乘法估算策略解决问题。

【教学难点】

选取恰当的乘法估算策略解决问题。

【教学流程】

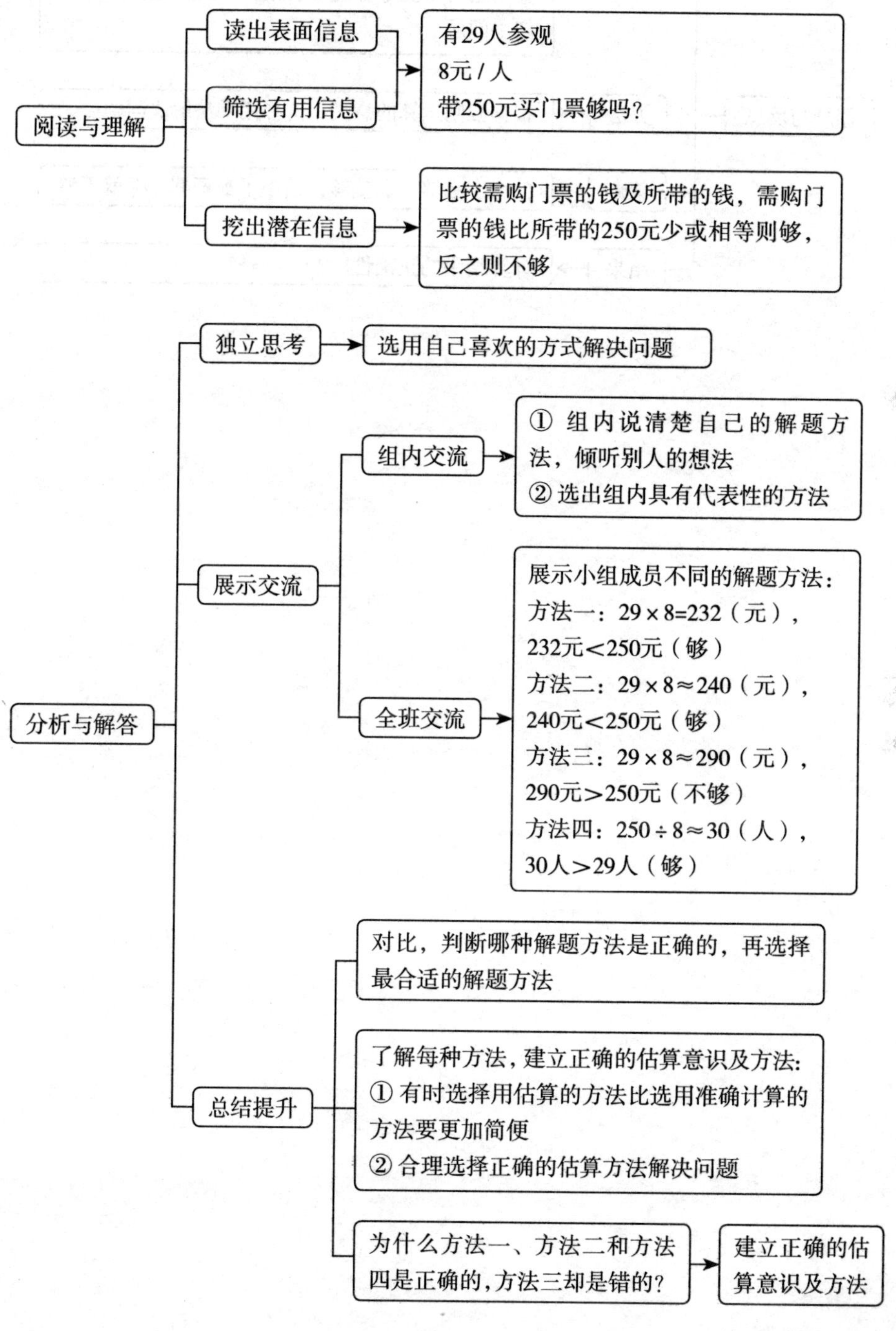

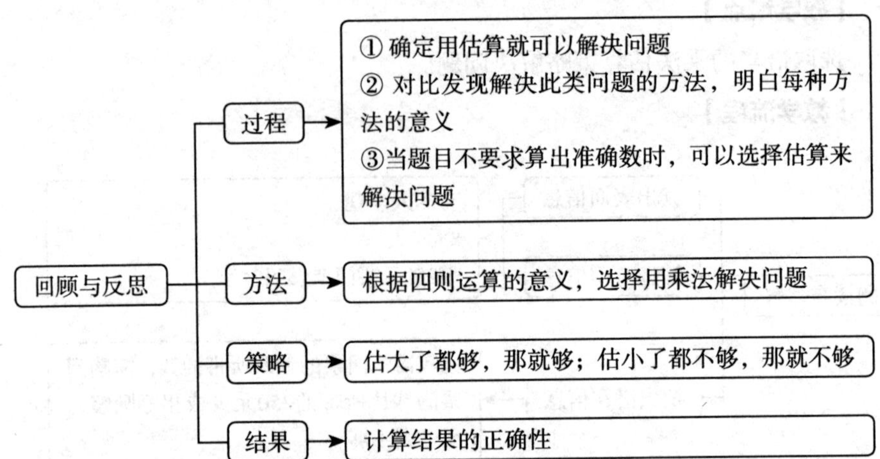
回顾与反思
过程
① 确定用估算就可以解决问题
② 对比发现解决此类问题的方法，明白每种方法的意义
③当题目不要求算出准确数时，可以选择估算来解决问题
方法
根据四则运算的意义，选择用乘法解决问题
策略
估大了都够，那就够；估小了都不够，那就不够
结果
计算结果的正确性

《“归一”数量关系》

广州市番禺区市桥实验小学　陈慧

【教学内容】

人民教育出版社义务教育教科书《数学》三年级上册第6单元“多位数乘一位数”第71页例8及相关内容。

【教材简析】

本节课的教学内容是实际问题中的归一问题，学习本课之前，学生已经学习了四则混合运算、一步计算的乘除法解决问题以及简单两步解决问题，对于解决问题的结构、步骤也有了比较清晰的了解。本课的教学进一步强化学生对解决问题的一般步骤的运用，在解决问题的过程中采用多种方法，如列表、画图等，数形结合，直观形象，通过具体的“形”理解抽象的数量关系，从而达到更轻松地解决问题的目的。这部分内容的学习为以后更复杂的解决问题教学奠定了良好的基础，也为学生以后学习常见的数量关系积累了经验。

【教学目标】

1. 了解归一问题的基本结构和数量关系，会运用方法解决此类问题。

2. 在解决归一问题的过程中，提高分析、解决实际问题的能力。

3. 感受数学与生活的密切联系，渗透数形结合的思想方法。

【教学重点】

了解归一问题的基本结构和数量关系，会解决此类归一问题。

【教学难点】

学会用画图的方法理解数量关系。

【教学流程】

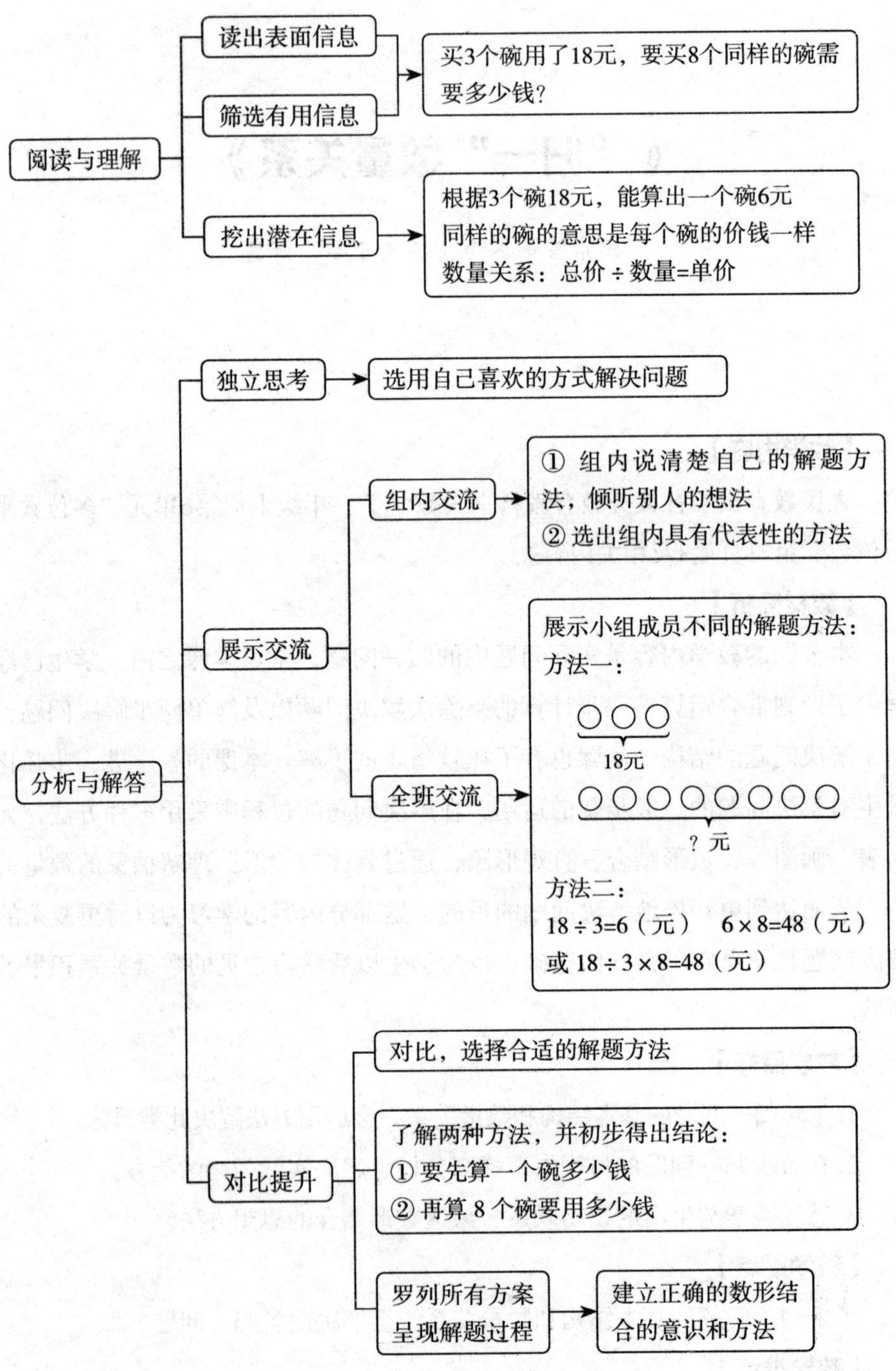
阅读与理解
读出表面信息
筛选有用信息
买3个碗用了18元，要买8个同样的碗需要多少钱？
挖出潜在信息
根据3个碗18元，能算出一个碗6元
同样的碗的意思是每个碗的价钱一样
数量关系：总价÷数量=单价
分析与解答
独立思考
选用自己喜欢的方式解决问题
展示交流
组内交流
① 组内说清楚自己的解题方法，倾听别人的想法
② 选出组内具有代表性的方法
全班交流
展示小组成员不同的解题方法：
方法一：
18元
？元
方法二：
18÷3=6（元） 6×8=48（元）
或 18÷3×8=48（元）
对比提升
对比，选择合适的解题方法
了解两种方法，并初步得出结论：
① 要先算一个碗多少钱
② 再算 8 个碗要用多少钱
罗列所有方案
呈现解题过程
建立正确的数形结合的意识和方法

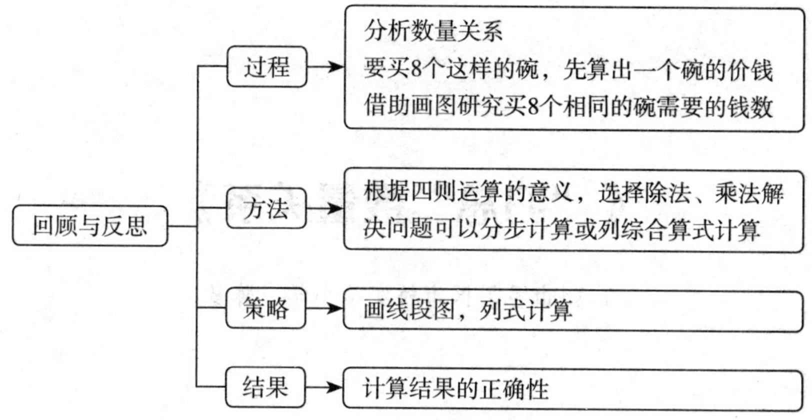
回顾与反思
过程
分析数量关系
要买8个这样的碗，先算出一个碗的价钱
借助画图研究买8个相同的碗需要的钱数
方法
根据四则运算的意义，选择除法、乘法解决问题可以分步计算或列综合算式计算
策略
画线段图，列式计算
结果
计算结果的正确性

《“归总”数量关系》

广州市番禺区市桥实验小学　陈慧

【教学内容】

人民教育出版社义务教育教科书《数学》三年级上册第6单元“多位数乘一位数”第72页例9。

【教材简析】

本节课是关于用乘、除两步计算解决含有“归总”数量关系的实际问题的内容，是在学生学习了多位数乘一位数的口算和笔算的基础上教学的。例题通过妈妈购买日用品的生活情境引入学习，学生对素材比较熟悉，学习兴趣较浓，素材的选择符合学生的心理特点。学生阅读与理解后，通过画线段图的方式分析与解答，以更好地理解解题思路；再通过回顾与反思，用检验的方法来验证解题方法是否正确；最后通过“做一做”来巩固解题方法。

【教学目标】

1. 了解归总问题的基本结构和数量关系，会运用方法解决此类问题。

2. 在解决归总问题的过程中，提高分析、解决实际问题的能力。

3. 感受数学与生活的密切联系，渗透数形结合的思想方法。

【教学重点】

了解归总问题的基本结构和数量关系，会解决此类归总问题。

【教学难点】

用画线段图的方法理解数量关系。

【教学流程】

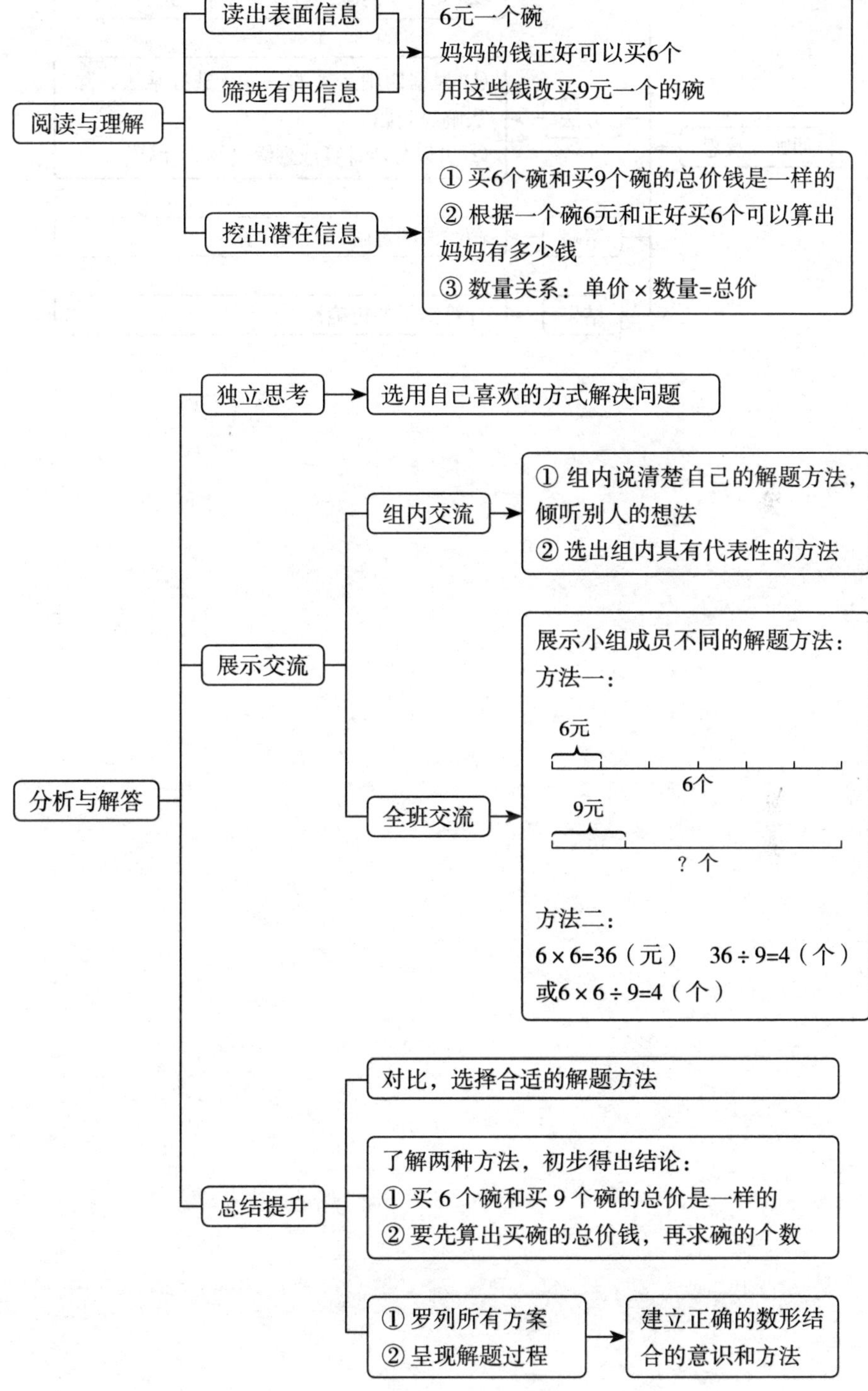
阅读与理解
读出表面信息
筛选有用信息
6元一个碗
妈妈的钱正好可以买6个
用这些钱改买9元一个的碗
挖出潜在信息
① 买6个碗和买9个碗的总价钱是一样的
② 根据一个碗6元和正好买6个可以算出妈妈有多少钱
③ 数量关系：单价×数量=总价
分析与解答
独立思考
选用自己喜欢的方式解决问题
展示交流
组内交流
① 组内说清楚自己的解题方法，倾听别人的想法
② 选出组内具有代表性的方法
全班交流
展示小组成员不同的解题方法：
方法一：
6元
6个
9元
？个
方法二：
6×6=36（元） 36÷9=4（个）
或6×6÷9=4（个）
总结提升
对比，选择合适的解题方法
了解两种方法，初步得出结论：
① 买6个碗和买9个碗的总价是一样的
② 要先算出买碗的总价钱，再求碗的个数
① 罗列所有方案
② 呈现解题过程
建立正确的数形结合的意识和方法

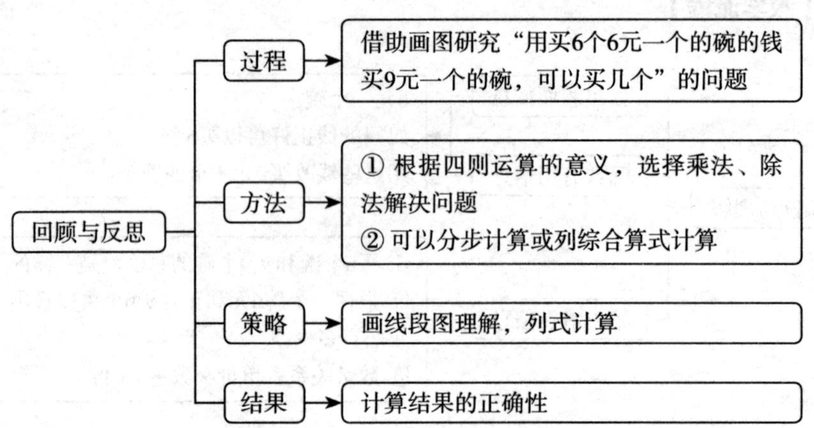
回顾与反思
过程
借助画图研究“用买6个6元一个的碗的钱买9元一个的碗，可以买几个”的问题
方法
① 根据四则运算的意义，选择乘法、除法解决问题
② 可以分步计算或列综合算式计算
策略
画线段图理解，列式计算
结果
计算结果的正确性

《用长方形、正方形的周长解决问题》

广州市番禺区市桥实验小学　陈慧

【教学内容】

人民教育出版社义务教育教科书《数学》三年级上册第7单元“长方形和正方形”第86页例5。

【教材简析】

本节课是关于用长方形、正方形的周长解决问题的内容，是人教版修订后教材中新增的内容，属于“数学思考和问题解决”范畴。它是在学生掌握了长方形和正方形的特点、理解了周长的概念、会计算长方形和正方形的周长的基础上，让学生通过观察、操作、分析、推理、验证等活动，解决“用16张边长是1分米的正方形纸拼长方形和正方形。怎样拼，才能使拼成的图形周长最短？”的问题。学生通过“阅读与理解”“分析与解答”“回顾与反思”这三个步骤的学习，继续经历解决问题的完整过程，获得解决这类问题的基本方法，提高了应用意识和解决实际问题的能力。

【教学目标】

1. 巩固长方形、正方形的特征及周长计算方法，探索拼组图形时四边形周长的变化规律，并能运用规律解决简单的实际问题。

2. 经历解决问题的全过程，进一步发展数学思维，提高解决问题的能力，积累解决问题的基本策略和基本的数学活动经验。

3. 在解决问题的过程中体验数学学习的乐趣。

【教学重点】

探索拼组图形时四边形周长的变化规律。

【教学难点】

不断完善规律并应用规律解决问题。

【教学流程】

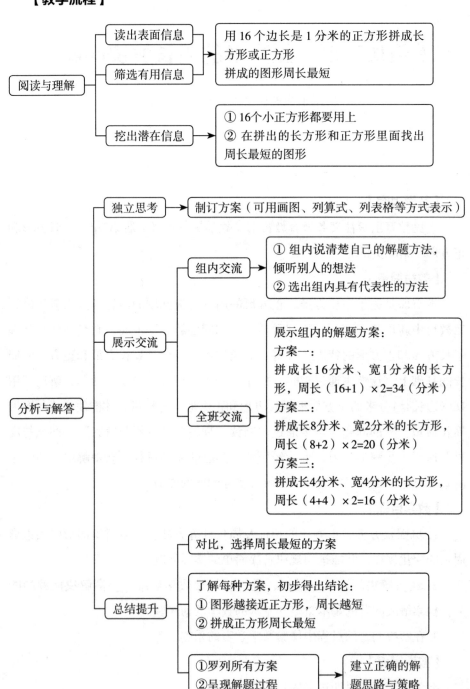

- 阅读与理解
  - 读出表面信息 / 筛选有用信息 → 用 16 个边长是 1 分米的正方形拼成长方形或正方形；拼成的图形周长最短
  - 挖出潜在信息 → ① 16个小正方形都要用上 ② 在拼出的长方形和正方形里面找出周长最短的图形

- 分析与解答
  - 独立思考 → 制订方案（可用画图、列算式、列表格等方式表示）
  - 展示交流
    - 组内交流 → ① 组内说清楚自己的解题方法，倾听别人的想法 ② 选出组内具有代表性的方法
    - 全班交流 → 展示组内的解题方案：
      方案一：拼成长16分米、宽1分米的长方形，周长（16+1）×2=34（分米）
      方案二：拼成长8分米、宽2分米的长方形，周长（8+2）×2=20（分米）
      方案三：拼成长4分米、宽4分米的长方形，周长（4+4）×2=16（分米）
  - 总结提升
    - 对比，选择周长最短的方案
    - 了解每种方案，初步得出结论：① 图形越接近正方形，周长越短 ② 拼成正方形周长最短
    - ①罗列所有方案 ②呈现解题过程 → 建立正确的解题思路与策略

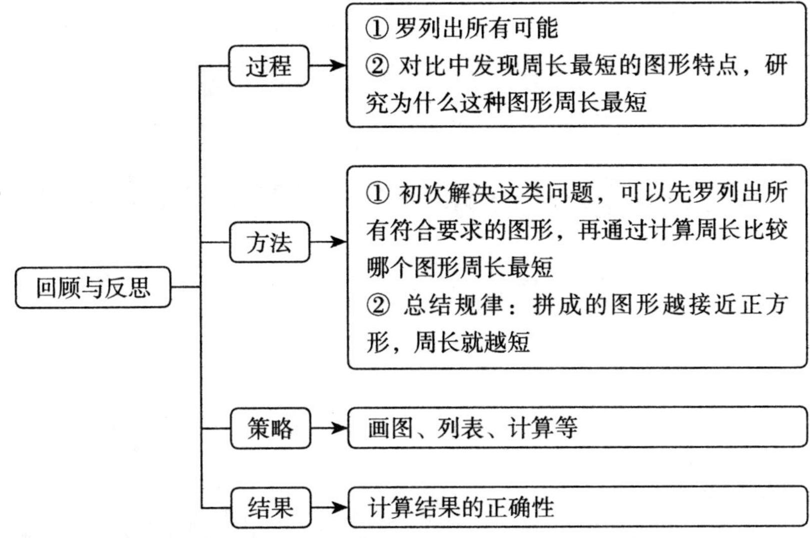
回顾与反思
过程
① 罗列出所有可能
② 对比中发现周长最短的图形特点，研究为什么这种图形周长最短
方法
① 初次解决这类问题，可以先罗列出所有符合要求的图形，再通过计算周长比较哪个图形周长最短
② 总结规律：拼成的图形越接近正方形，周长就越短
策略
画图、列表、计算等
结果
计算结果的正确性

《解决问题——求一个数的几分之几》

广州市番禺区市桥实验小学　陈慧

【教学内容】

人民教育出版社义务教育教科书《数学》三年级上册第8单元“分数的初步认识”第101页例2。

【教材简析】

本节课教学求一个数的几分之几的实际问题，是新增加的教学内容。在此之前，学生已学习了分数的初步认识、分数的简单计算以及单位“1”是一个整体等知识。本节课通过解决“求一个数的几分之几”的问题，使学生进一步理解分数的含义，旨在通过图形、语言、算式三种表征的结合，让学生在图形、语言与算式表征不断转化的过程中，掌握解决这类问题的方法。这为学生以后进一步学习解决分数乘法实际问题奠定了基础。

【教学目标】

1. 结合分数的含义，理解求一个数的几分之几可以应用整数除法和乘法来解决。

2. 在经历解决问题的过程中，提高分析、解决问题的能力。

3. 感悟数形结合的数学思想和方法，发展数感。

【教学重点】

理解求一个数的几分之几可以应用整数除法和乘法来解决的道理。

【教学难点】

理解求一个数的几分之几可以应用整数除法和乘法来解决的道理。

【教学流程】

- 阅读与理解
  - 读出表面信息 / 筛选有用信息 → 有12个学生，$\frac{1}{3}$是女生，$\frac{2}{3}$是男生，求男生和女生各几人
  - 挖出潜在信息 → $\frac{1}{3}$、$\frac{2}{3}$是指把12个学生平均分成3份，女生占1份，男生占2份

- 分析与解答
  - 独立思考 → 制订方案（可用画图、列算式等方式表示）
  - 展示交流
    - 组内交流 → ① 组内说清楚自己的解题方法，倾听别人的想法 ② 选出组内具有代表性的方法
    - 全班交流 → 展示组内不同的解题方案：

      方案一：

      女生：　　男生：

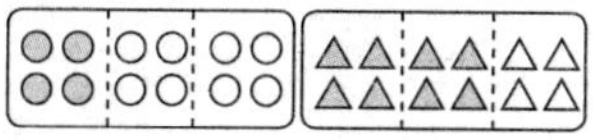

      ●●┆○○┆○○　▲▲┆▲▲┆△△
      ●●┆○○┆○○　▲▲┆▲▲┆△△

      方案二：

      12 ÷ 3 = 4（人）

      女生：4 × 1 = 4（人）

      男生：4 × 2 = 8（人）

      方案三：

      12 ÷ 3 = 4（人）

      女生：4 × 1 = 4（人）

      男生：12 − 4 = 8（人）
  - 总结提升
    - 对比，选择合适的方案
    - 了解每种方案，结合几种方案初步得出结论：要理解分数的意义，分母表示平均分成几份，分子表示占几份
    - ① 罗列所有方案 ② 呈现解题过程 → 建立正确的解题思路与策略

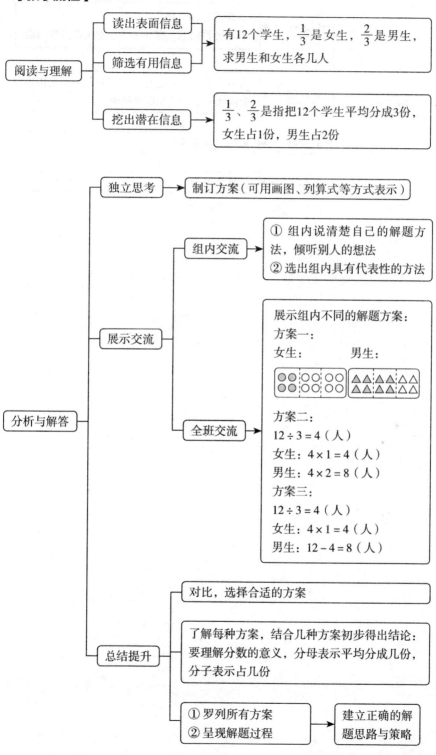

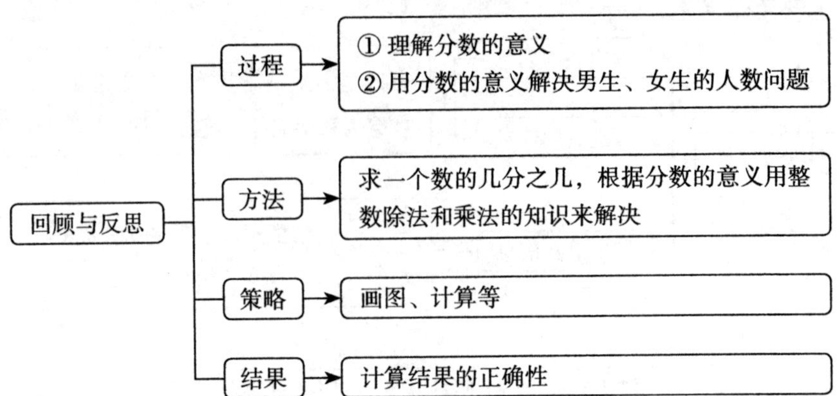
回顾与反思
过程
① 理解分数的意义
② 用分数的意义解决男生、女生的人数问题
方法
求一个数的几分之几，根据分数的意义用整数除法和乘法的知识来解决
策略
画图、计算等
结果
计算结果的正确性

3

三年级 下册

解决问题教学设计的支架

《用估算解决问题（除数是一位数）》

广州市番禺区市桥实验小学　陈慧

【教学内容】

人民教育出版社义务教育教科书《数学》三年级下册第2单元“除数是一位数的除法”第29页例8。

【教材简析】

本节课是关于用除数是一位数的除法估算解决问题的内容，在此之前，学生已能够进行除数是一位数的相关口算、笔算及验算。本节课的教学是除数是一位数的除法在生活中的实际应用，侧重以估算的方式解决简单的实际生活问题，需要结合实际情况进行灵活思考，充分调动学生类似的生活经验，帮助学生理解并顺利完成目标，让学生探索除数是一位数的除法估算的方法，进一步强化估算的意识，并学会根据具体的问题情境灵活选择适当的方法解决实际问题。

【教学目标】

1. 结合实际情境能把被除数估成整十或整百数进行计算，在解决问题的过程中理解估算结果的合理性。

2. 经历解决问题的过程，培养估算及解决问题的能力。

3. 感受乘法估算的价值，强化估算的意识。

【教学重点】

学会用除法估算解决问题，理解估算结果的合理性。

【教学难点】

理解估算结果的合理性。

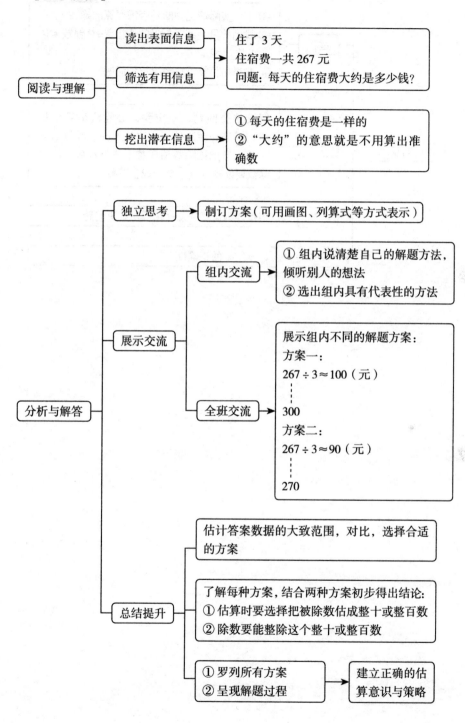

【教学流程】

- 阅读与理解
  - 读出表面信息
  - 筛选有用信息
    → 住了 3 天
    住宿费一共 267 元
    问题：每天的住宿费大约是多少钱？
  - 挖出潜在信息 → ① 每天的住宿费是一样的
    ②“大约”的意思就是不用算出准确数

- 分析与解答
  - 独立思考 → 制订方案（可用画图、列算式等方式表示）
  - 展示交流
    - 组内交流 → ① 组内说清楚自己的解题方法，倾听别人的想法
      ② 选出组内具有代表性的方法
    - 全班交流 → 展示组内不同的解题方案：
      方案一：
      267 ÷ 3 ≈ 100（元）
      300
      方案二：
      267 ÷ 3 ≈ 90（元）
      270
  - 总结提升
    - 估计答案数据的大致范围，对比，选择合适的方案
    - 了解每种方案，结合两种方案初步得出结论：
      ① 估算时要选择把被除数估成整十或整百数
      ② 除数要能整除这个整十或整百数
    - ① 罗列所有方案
      ② 呈现解题过程
      → 建立正确的估算意识与策略

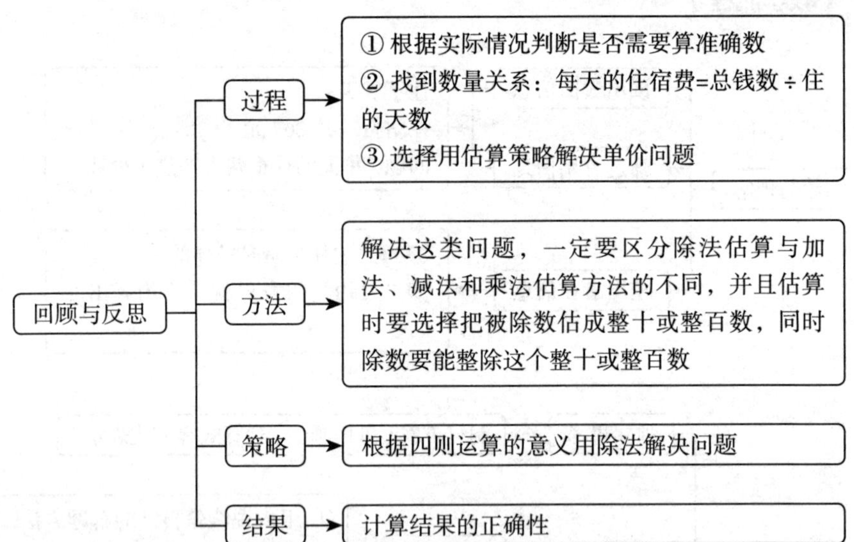
回顾与反思
过程
① 根据实际情况判断是否需要算准确数
② 找到数量关系：每天的住宿费=总钱数÷住的天数
③ 选择用估算策略解决单价问题
方法
解决这类问题，一定要区分除法估算与加法、减法和乘法估算方法的不同，并且估算时要选择把被除数估成整十或整百数，同时除数要能整除这个整十或整百数
策略
根据四则运算的意义用除法解决问题
结果
计算结果的正确性

《灵活运用估算策略》

广州市番禺区执信中学附属小学　宋雪飞

【教学内容】

人民教育出版社义务教育教科书《数学》三年级下册第2单元“除数是一位数的除法”第30页例9。

【教材简析】

本节课是关于灵活选择估算策略解决问题的内容，教材创设“用纸箱装菠萝够不够装”的问题情境，“阅读与理解”环节让学生关注并理解“够装”的含义，这是解决问题的关键。“分析与解答”环节使学生明确解决问题的策略——估算，并展现了两种估算方法，体现了估算解决问题策略的多样性。“回顾与反思”环节检验和强调解决问题过程和方法的合理性，让学生再次体会估算解决问题策略的多样性。

【教学目标】

1. 体会学习除法估算的必要性，了解除数是一位数的除法估算的一般方法。

2. 根据具体情境合理进行估算，会表达估算的思路，培养良好的思维品质和应用数学的能力，形成估算的习惯。

【教学重点】

掌握用除法估算解决问题的基本方法，正确地进行除法估算。

【教学难点】

结合实际情况，灵活应用不同的估算策略解决问题。

【教学流程】

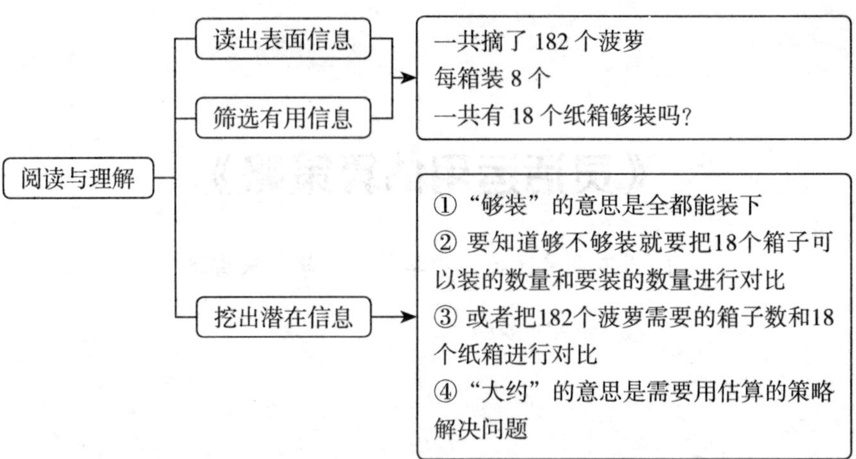
阅读与理解
读出表面信息
筛选有用信息
一共摘了 182 个菠萝
每箱装 8 个
一共有 18 个纸箱够装吗？
挖出潜在信息
①“够装”的意思是全都能装下
② 要知道够不够装就要把18个箱子可以装的数量和要装的数量进行对比
③ 或者把182个菠萝需要的箱子数和18个纸箱进行对比
④“大约”的意思是需要用估算的策略解决问题

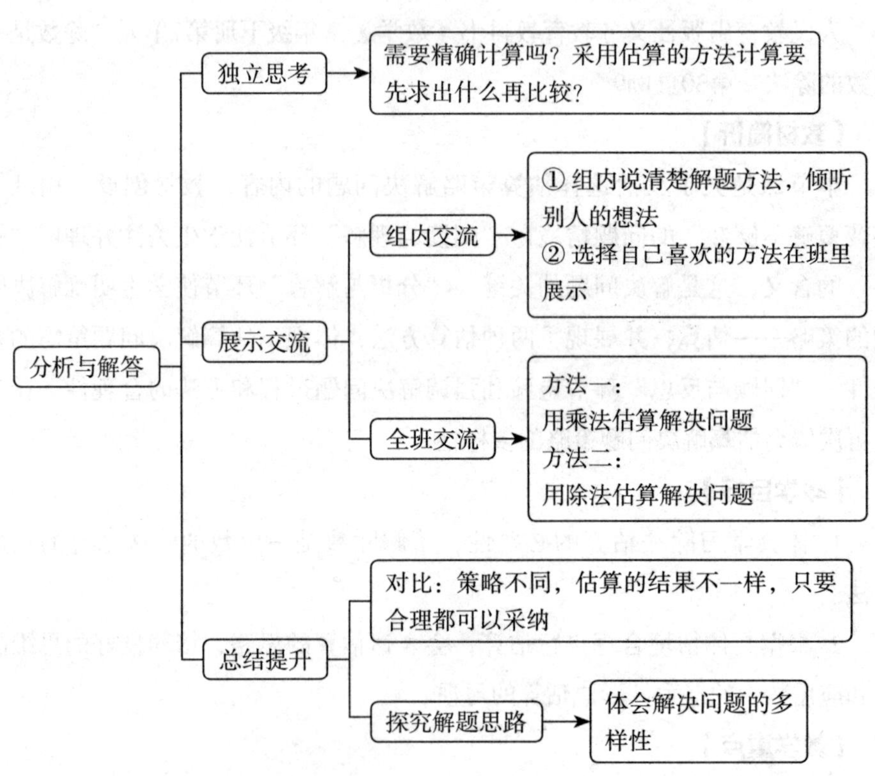
分析与解答
独立思考
需要精确计算吗？采用估算的方法计算要先求出什么再比较？
展示交流
组内交流
① 组内说清楚解题方法，倾听别人的想法
② 选择自己喜欢的方法在班里展示
全班交流
方法一：
用乘法估算解决问题
方法二：
用除法估算解决问题
总结提升
对比：策略不同，估算的结果不一样，只要合理都可以采纳
探究解题思路
体会解决问题的多样性

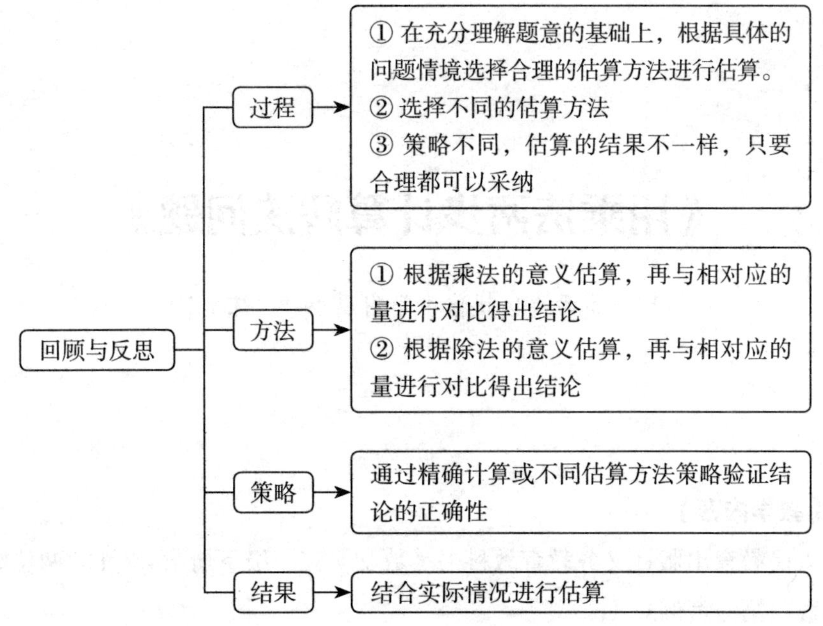
回顾与反思
过程
① 在充分理解题意的基础上，根据具体的问题情境选择合理的估算方法进行估算。
② 选择不同的估算方法
③ 策略不同，估算的结果不一样，只要合理都可以采纳
方法
① 根据乘法的意义估算，再与相对应的量进行对比得出结论
② 根据除法的意义估算，再与相对应的量进行对比得出结论
策略
通过精确计算或不同估算方法策略验证结论的正确性
结果
结合实际情况进行估算

《用乘法两步计算解决问题》

广州市番禺区执信中学附属小学　宋雪飞

【教学内容】

人民教育出版社义务教育教科书《数学》三年级下册第4单元“两位数乘两位数”第52页例3。

【教材简析】

本节课是关于用乘法两步计算解决实际问题的内容，主要教学用两步连乘计算解决简单的实际问题。与其他两步计算的实际问题相比，此类实际问题中的已知条件往往更便于进行不同的组合，因而解决问题的方法也就更加灵活。本课教学是在学生已经掌握了两位数、三位数乘一位数的计算方法和初步理解了乘法的一些常见的数量关系的基础上进行的。这部分内容的教学不仅能使学生进一步感受到乘法运算的实际应用价值，而且能使学生进一步增强解决问题的策略意识，体会同一个问题可以有不同的解决方法，为今后解决较复杂的实际问题打下基础。

【教学目标】

1. 在自主探索中探究出两步乘法应用题的数量关系，并能用两步乘法解决相应的实际问题。

2. 通过独立思考、小组合作活动，能从多个角度解决同一个问题，提高解决问题的能力，发展思维。

3. 在解决问题的过程中，感受数学知识在生活中的应用价值，体验成功的快乐。

【教学重点】

正确分析数量关系，能用乘法两步计算解决相关的问题。

【教学难点】

理解解决问题的多种策略。

【教学流程】

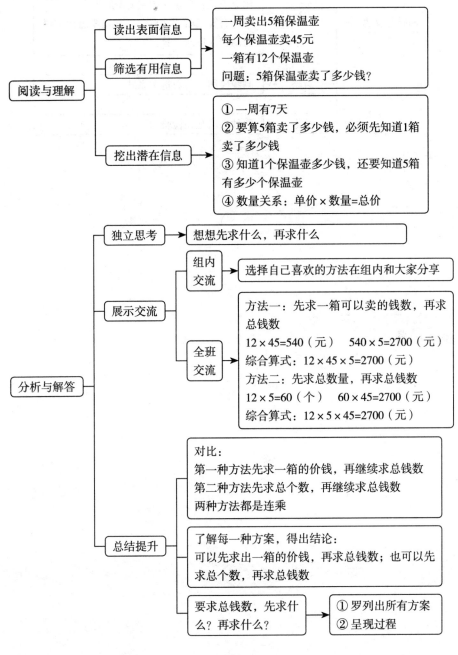

- 阅读与理解
  - 读出表面信息、筛选有用信息 →
    - 一周卖出5箱保温壶
    - 每个保温壶卖45元
    - 一箱有12个保温壶
    - 问题：5箱保温壶卖了多少钱？
  - 挖出潜在信息 →
    - ① 一周有7天
    - ② 要算5箱卖了多少钱，必须先知道1箱卖了多少钱
    - ③ 知道1个保温壶多少钱，还要知道5箱有多少个保温壶
    - ④ 数量关系：单价 × 数量=总价
- 分析与解答
  - 独立思考 → 想想先求什么，再求什么
  - 展示交流
    - 组内交流 → 选择自己喜欢的方法在组内和大家分享
    - 全班交流 →
      - 方法一：先求一箱可以卖的钱数，再求总钱数
      - 12 × 45=540（元） 540 × 5=2700（元）
      - 综合算式：12 × 45 × 5=2700（元）
      - 方法二：先求总数量，再求总钱数
      - 12 × 5=60（个） 60 × 45=2700（元）
      - 综合算式：12 × 5 × 45=2700（元）
  - 总结提升
    - 对比：第一种方法先求一箱的价钱，再继续求总钱数；第二种方法先求总个数，再继续求总钱数；两种方法都是连乘
    - 了解每一种方案，得出结论：可以先求出一箱的价钱，再求总钱数；也可以先求总个数，再求总钱数
    - 要求总钱数，先求什么？再求什么？ → ① 罗列出所有方案 ② 呈现过程

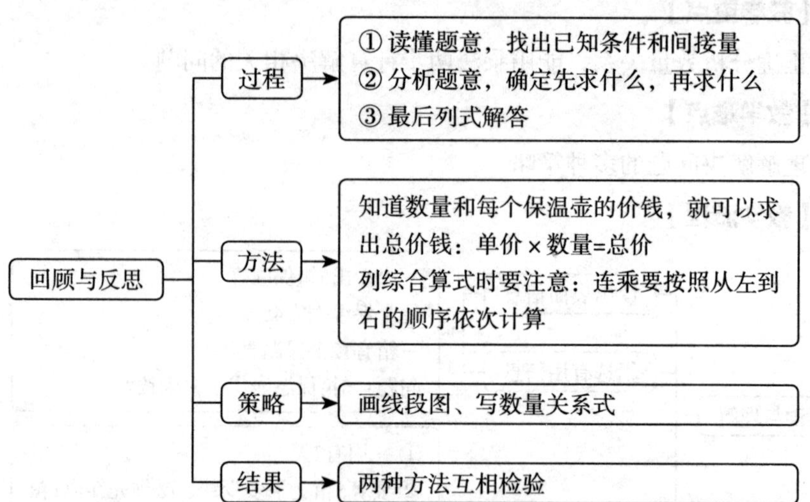
回顾与反思
过程
① 读懂题意，找出已知条件和间接量
② 分析题意，确定先求什么，再求什么
③ 最后列式解答
方法
知道数量和每个保温壶的价钱，就可以求出总价钱：单价×数量=总价
列综合算式时要注意：连乘要按照从左到右的顺序依次计算
策略
画线段图、写数量关系式
结果
两种方法互相检验

《用除法两步计算解决问题》

广州市番禺区执信中学附属小学　宋雪飞

【教学内容】

人民教育出版社义务教育教科书《数学》三年级下册第4单元“两位数乘两位数”第53页例4。

【教材简析】

本节课是关于用除法两步计算解决实际问题的内容，是在学习了用乘法两步解决实际问题的基础上学习的，教材通过情境引导学生在阅读与理解的过程中发现要解决这个问题必须先准确找出中间问题，从而明确需要用两步计算解决，同时建立起解决这类问题的数量关系的模型。

【教学目标】

1. 在自主探索中探究出数量关系，并能用两步计算解决相应的生活问题。

2. 通过独立思考、小组合作活动，能从多个角度解决同一个问题，提高解决问题的能力。

3. 在解决问题的过程中，感受数学知识在生活中的应用价值，体验成功的快乐。

【教学重点】

正确分析数量关系，能用除法两步计算解决相关的问题。

【教学难点】

正确列出综合算式。

【教学流程】

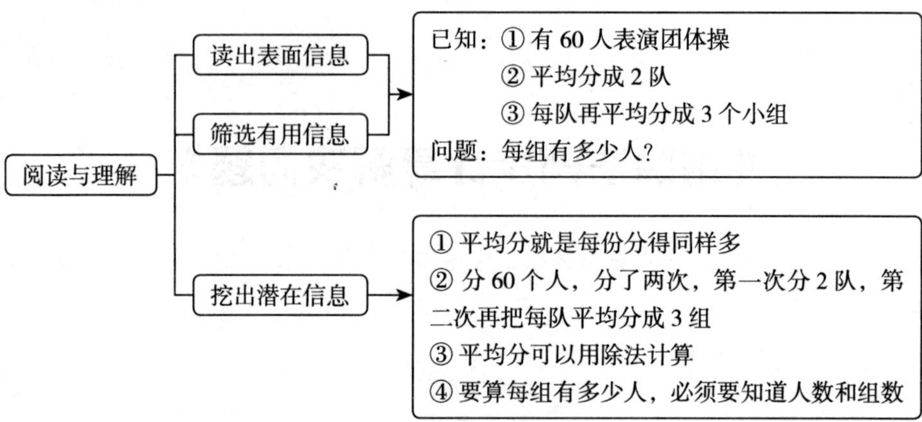

阅读与理解
读出表面信息
筛选有用信息
已知：① 有 60 人表演团体操
② 平均分成 2 队
③ 每队再平均分成 3 个小组
问题：每组有多少人？
挖出潜在信息
① 平均分就是每份分得同样多
② 分 60 个人，分了两次，第一次分 2 队，第二次再把每队平均分成 3 组
③ 平均分可以用除法计算
④ 要算每组有多少人，必须要知道人数和组数

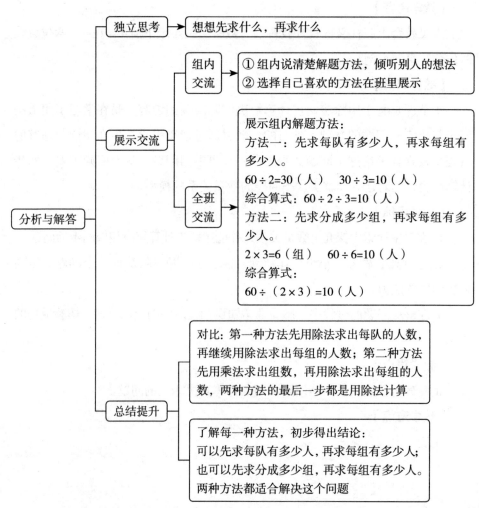

分析与解答

- 独立思考 → 想想先求什么，再求什么
- 展示交流
  - 组内交流 → ① 组内说清楚解题方法，倾听别人的想法 ② 选择自己喜欢的方法在班里展示
  - 全班交流 → 展示组内解题方法：
    方法一：先求每队有多少人，再求每组有多少人。
    60 ÷ 2=30（人） 30 ÷ 3=10（人）
    综合算式：60 ÷ 2 ÷ 3=10（人）
    方法二：先求分成多少组，再求每组有多少人。
    2 × 3=6（组） 60 ÷ 6=10（人）
    综合算式：
    60 ÷（2 × 3）=10（人）
- 总结提升
  - 对比：第一种方法先用除法求出每队的人数，再继续用除法求出每组的人数；第二种方法先用乘法求出组数，再用除法求出每组的人数，两种方法的最后一步都是用除法计算
  - 了解每一种方法，初步得出结论：
    可以先求每队有多少人，再求每组有多少人；
    也可以先求分成多少组，再求每组有多少人。
    两种方法都适合解决这个问题

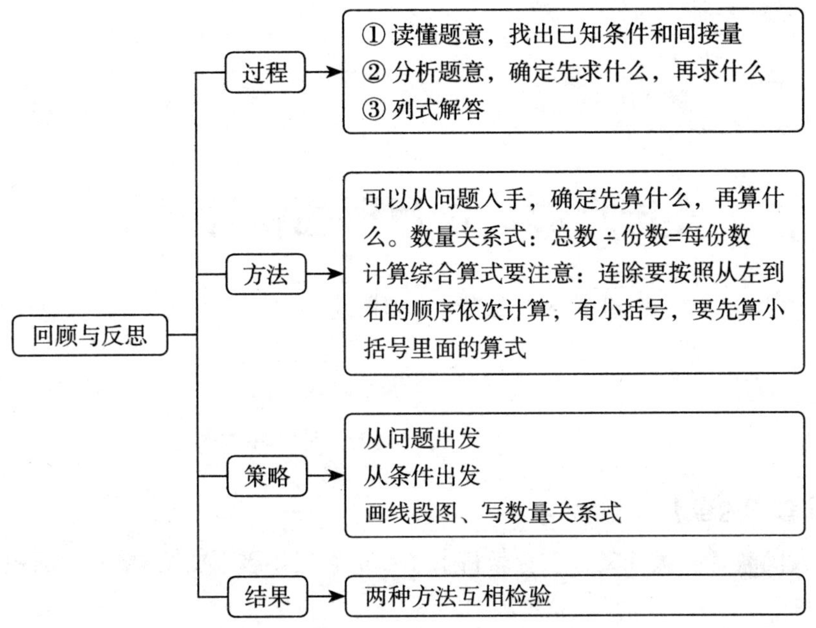

回顾与反思
过程
① 读懂题意，找出已知条件和间接量
② 分析题意，确定先求什么，再求什么
③ 列式解答
方法
可以从问题入手，确定先算什么，再算什么。数量关系式：总数÷份数=每份数
计算综合算式要注意：连除要按照从左到右的顺序依次计算，有小括号，要先算小括号里面的算式
策略
从问题出发
从条件出发
画线段图、写数量关系式
结果
两种方法互相检验

《长方形、正方形面积计算》

广州市番禺区执信中学附属小学　宋雪飞

【教学内容】

人民教育出版社义务教育教科书《数学》三年级下册第5单元“面积”第72页例8。

【教材简析】

教材以图的形式呈现问题情境，以对话的形式提供数学信息，以此指导学生将零散的数学信息和问题提炼为数学问题，将生活中的现实问题转化为数学问题；再以对话的形式展现解决问题的两种思路，呈现不同的解题方法引导学生在解决问题的过程中先制订清晰的解题计划，在探索实践中体会数学的价值，增强学生用数学的意识。

【教学目标】

1. 进一步熟悉面积的大小，掌握单位之间的换算。

2. 经历解决问题的一般过程，体会制订的计划不同，解决问题的方法也不同，培养发现并提出问题的能力。

3. 在解题过程中感受数学与生活的密切联系，提高应用意识。

【教学重点】

运用面积、乘法、除法等知识解决实际问题。

【教学难点】

能将生活中的现实问题转化为数学问题。

【教学流程】

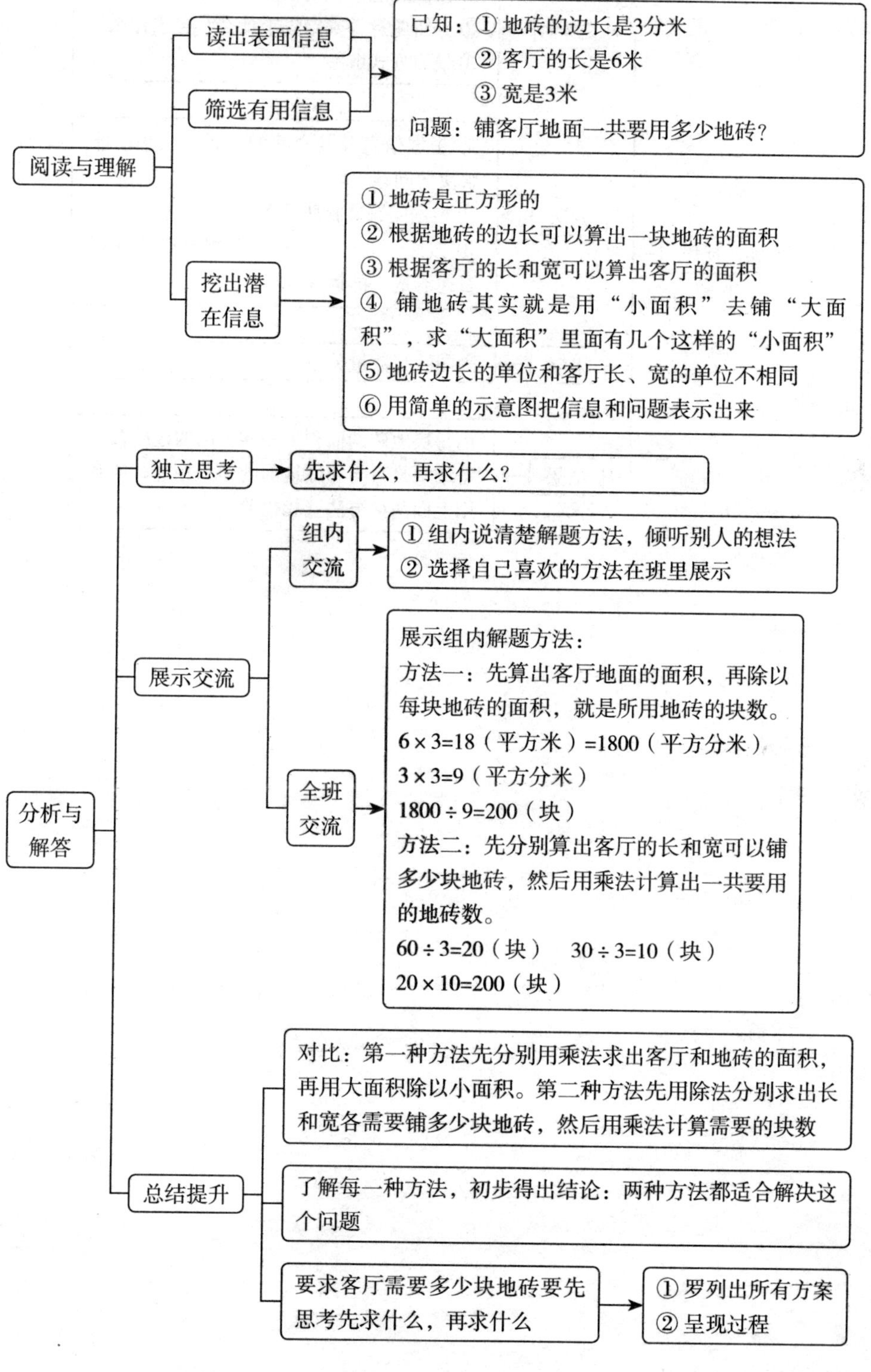
阅读与理解
读出表面信息
筛选有用信息
已知：① 地砖的边长是3分米
② 客厅的长是6米
③ 宽是3米
问题：铺客厅地面一共要用多少地砖？
挖出潜在信息
① 地砖是正方形的
② 根据地砖的边长可以算出一块地砖的面积
③ 根据客厅的长和宽可以算出客厅的面积
④ 铺地砖其实就是用“小面积”去铺“大面积”，求“大面积”里面有几个这样的“小面积”
⑤ 地砖边长的单位和客厅长、宽的单位不相同
⑥ 用简单的示意图把信息和问题表示出来
分析与解答
独立思考
先求什么，再求什么？
展示交流
组内交流
① 组内说清楚解题方法，倾听别人的想法
② 选择自己喜欢的方法在班里展示
全班交流
展示组内解题方法：
方法一：先算出客厅地面的面积，再除以每块地砖的面积，就是所用地砖的块数。
6×3=18（平方米）=1800（平方分米）
3×3=9（平方分米）
1800÷9=200（块）
方法二：先分别算出客厅的长和宽可以铺多少块地砖，然后用乘法计算出一共要用的地砖数。
60÷3=20（块） 30÷3=10（块）
20×10=200（块）
总结提升
对比：第一种方法先分别用乘法求出客厅和地砖的面积，再用大面积除以小面积。第二种方法先用除法分别求出长和宽各需要铺多少块地砖，然后用乘法计算需要的块数
了解每一种方法，初步得出结论：两种方法都适合解决这个问题
要求客厅需要多少块地砖要先思考先求什么，再求什么
① 罗列出所有方案
② 呈现过程

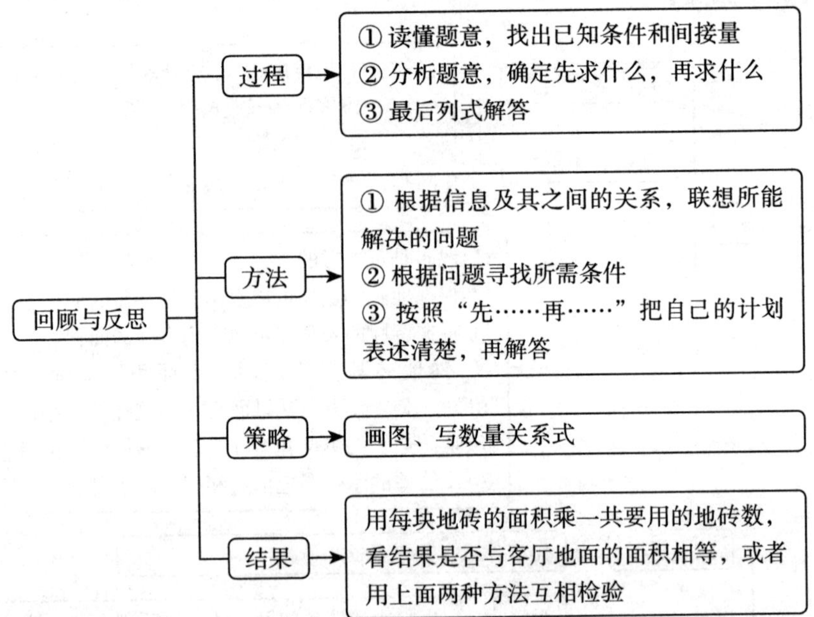
回顾与反思
过程
① 读懂题意，找出已知条件和间接量
② 分析题意，确定先求什么，再求什么
③ 最后列式解答
方法
① 根据信息及其之间的关系，联想所能解决的问题
② 根据问题寻找所需条件
③ 按照“先……再……”把自己的计划表述清楚，再解答
策略
画图、写数量关系式
结果
用每块地砖的面积乘一共要用的地砖数，看结果是否与客厅地面的面积相等，或者用上面两种方法互相检验

《计算简单的经过时间》

广州市番禺区执信中学附属小学　宋雪飞

【教学内容】

人民教育出版社义务教育教科书《数学》三年级下册第6单元“年、月、日”第84页例3。

【教材简析】

本节课是关于计算简单的经过时间的内容，是在小学《数学》三年级上册“时、分、秒”和本单元“24时计时法”的基础上安排教学的。本课密切联系生活实际，创设了一个“知道出发时刻和到达时刻，求到奶奶家要坐多长时间火车”的实际问题，教材呈现了三种方法：在钟面上数数、分两段计算、运用24时计时法计算，突显解决问题方法的多样性，加深学生对24时计时法的认识。

【教学目标】

1. 学会计算简单的经过时间，加深对24时计时法的认识，提高应用能力。

2. 在解决问题的过程中感受数学知识在生活中的应用价值，促进时间观念的建立。

【教学重点】

学会计算简单的经过时间。

【教学难点】

在理解分段计算和24时计时法原理的基础上，掌握计算方法。

【教学流程】

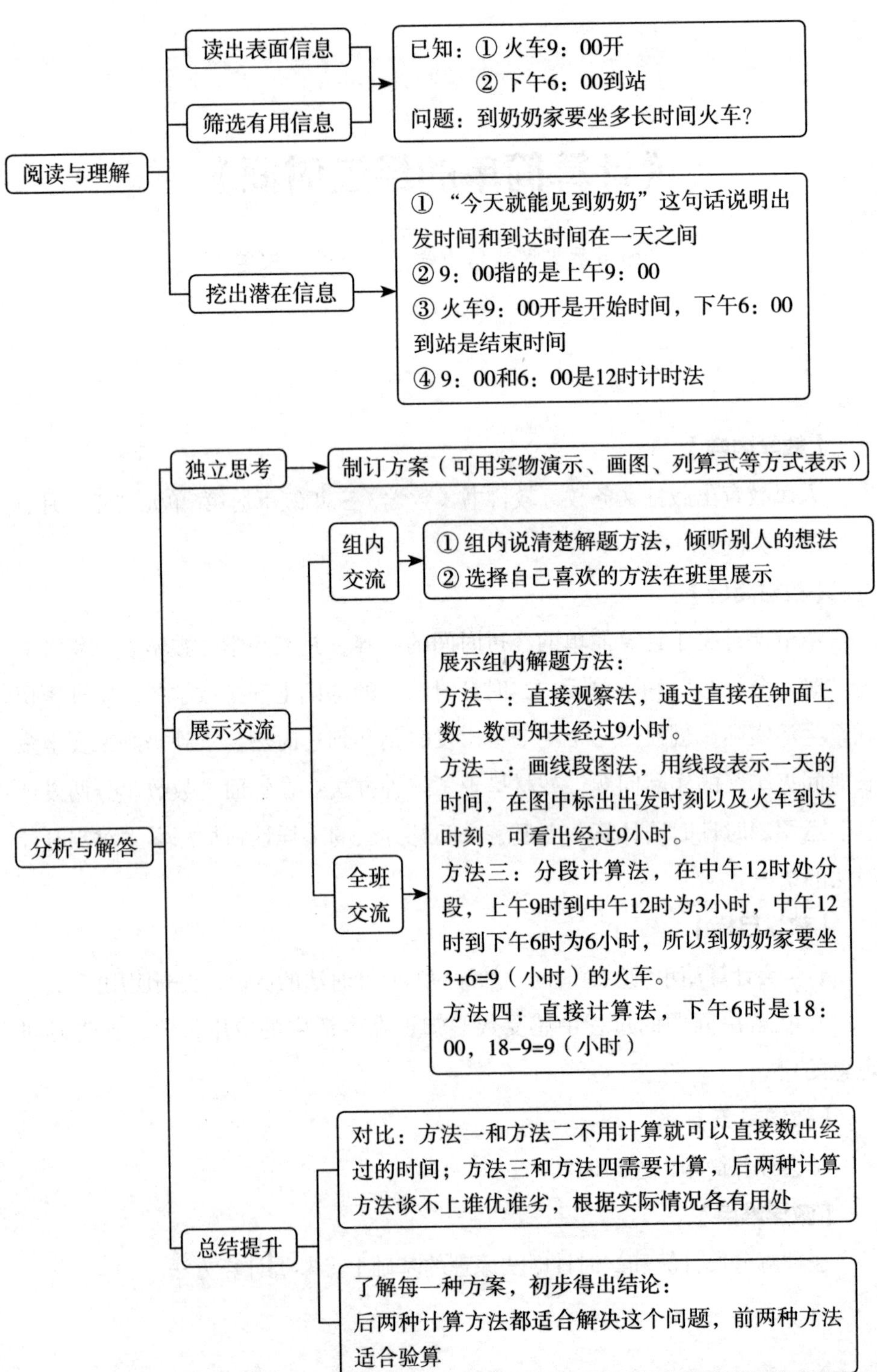
阅读与理解
读出表面信息
筛选有用信息
已知：① 火车9：00开
② 下午6：00到站
问题：到奶奶家要坐多长时间火车？
挖出潜在信息
① “今天就能见到奶奶”这句话说明出发时间和到达时间在一天之间
② 9：00指的是上午9：00
③ 火车9：00开是开始时间，下午6：00到站是结束时间
④ 9：00和6：00是12时计时法
分析与解答
独立思考
制订方案（可用实物演示、画图、列算式等方式表示）
展示交流
组内交流
① 组内说清楚解题方法，倾听别人的想法
② 选择自己喜欢的方法在班里展示
全班交流
展示组内解题方法：
方法一：直接观察法，通过直接在钟面上数一数可知共经过9小时。
方法二：画线段图法，用线段表示一天的时间，在图中标出出发时刻以及火车到达时刻，可看出经过9小时。
方法三：分段计算法，在中午12时处分段，上午9时到中午12时为3小时，中午12时到下午6时为6小时，所以到奶奶家要坐3+6=9（小时）的火车。
方法四：直接计算法，下午6时是18：00，18–9=9（小时）
总结提升
对比：方法一和方法二不用计算就可以直接数出经过的时间；方法三和方法四需要计算，后两种计算方法谈不上谁优谁劣，根据实际情况各有用处
了解每一种方案，初步得出结论：
后两种计算方法都适合解决这个问题，前两种方法适合验算

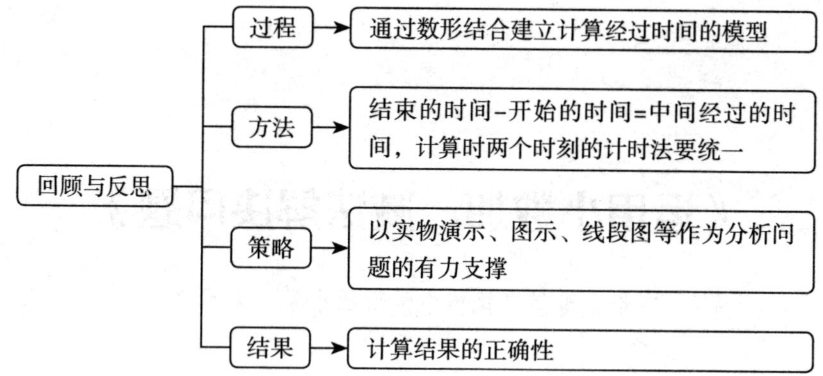
回顾与反思
过程
通过数形结合建立计算经过时间的模型
方法
结束的时间-开始的时间=中间经过的时间，计算时两个时刻的计时法要统一
策略
以实物演示、图示、线段图等作为分析问题的有力支撑
结果
计算结果的正确性

《运用小数加、减法解决问题》

广州市番禺区执信中学附属小学　宋雪飞

【教学内容】

人民教育出版社义务教育教科书《数学》三年级下册第7单元“小数的初步认识”第97页例4。

【教材简析】

例4延续了例3的情境，通过小数加、减法解决买东西时钱数是否够用的实际问题使学生进一步体会小数的含义，培养学生解决问题的能力。例题设计了两个问题相同、情境相似，但购买物品略有不同的问题，鼓励学生借助生活经验，运用自己的方法解决问题。

【教学目标】

1. 能用小数加、减法解决实际问题。

2. 结合具体情境进一步体会和感悟小数加、减法的算理。

3. 感受到数学知识与实际生活的密切联系。

【教学重点】

能用不同的方法思考并解决实际问题。

【教学难点】

正确理解问题情境。

【教学流程】

- 阅读与理解
  - 读出表面信息
  - 筛选有用信息
    - 一共10元钱
      1个文具盒6.8元
      1个笔记本2.5元
      1支绿铅笔0.6元
      1支黄铅笔1.2元
      问题：
      ① 10元够买1个文具盒、1个笔记本和1只绿铅笔吗？
      ② 10元够买1个文具盒、1个笔记本和1只黄铅笔吗？
  - 挖出潜在信息
    - ① 有两种购买方案
      方案一：1个文具盒、1个笔记本和1只绿铅笔
      方案二：1个文具盒、1个笔记本和1只黄铅笔
      ② 要知道够不够，就要把10元和两种方案对比，比10元多，就不够，比10元少就够
      ③ 只要知道比10元多还是少就行了，不需要精算，可以选择估算解决问题

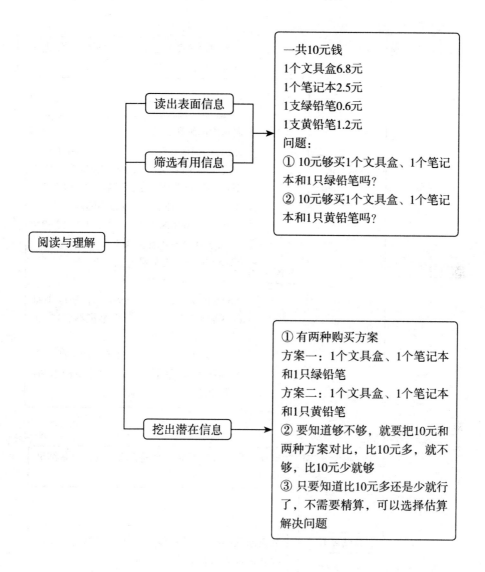

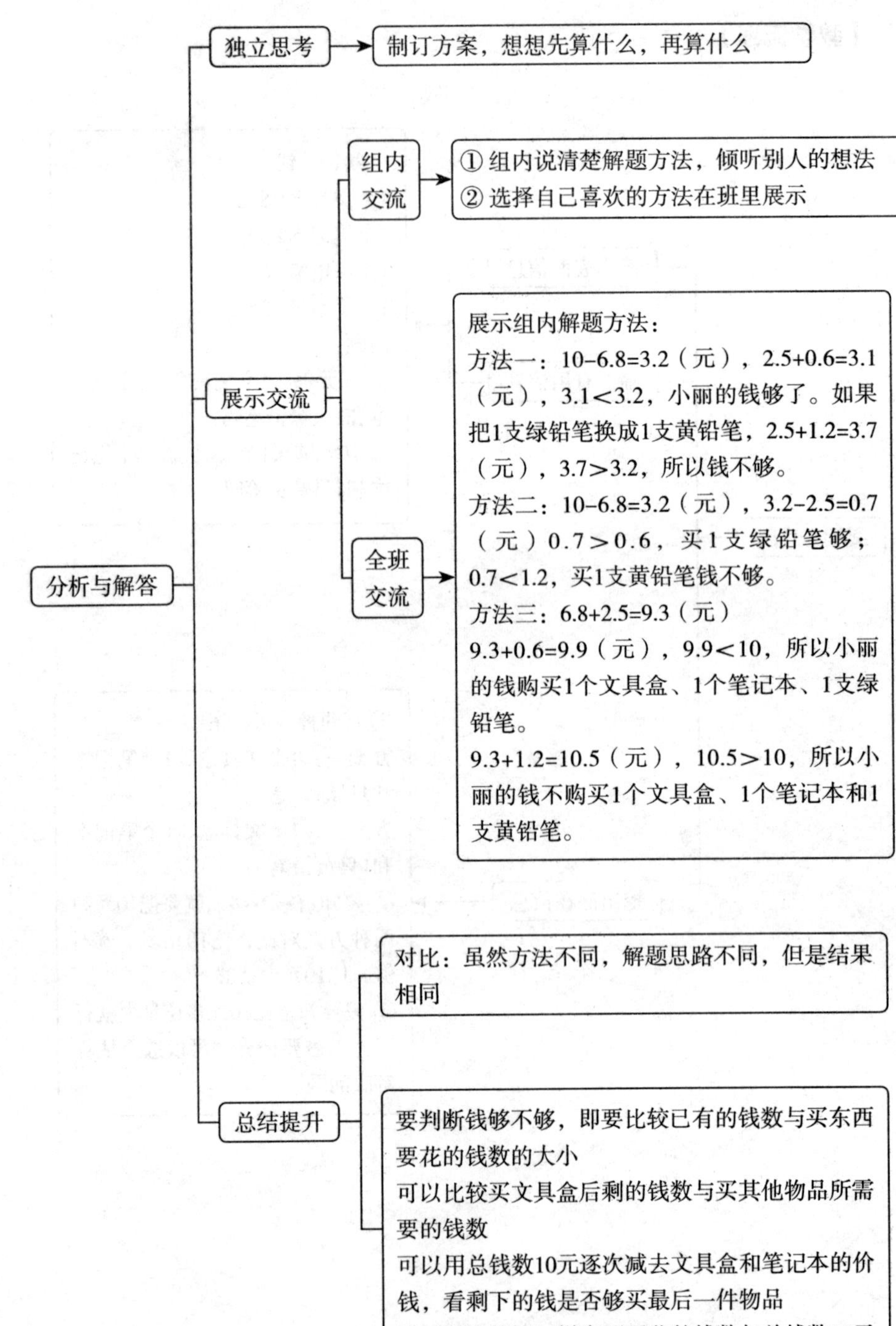
分析与解答
独立思考
制订方案，想想先算什么，再算什么
展示交流
组内交流
① 组内说清楚解题方法，倾听别人的想法
② 选择自己喜欢的方法在班里展示
全班交流
展示组内解题方法：
方法一：10−6.8=3.2（元），2.5+0.6=3.1（元），3.1<3.2，小丽的钱够了。如果把1支绿铅笔换成1支黄铅笔，2.5+1.2=3.7（元），3.7>3.2，所以钱不够。
方法二：10−6.8=3.2（元），3.2−2.5=0.7（元）0.7>0.6，买1支绿铅笔够；0.7<1.2，买1支黄铅笔钱不够。
方法三：6.8+2.5=9.3（元）
9.3+0.6=9.9（元），9.9<10，所以小丽的钱购买1个文具盒、1个笔记本、1支绿铅笔。
9.3+1.2=10.5（元），10.5>10，所以小丽的钱不购买1个文具盒、1个笔记本和1支黄铅笔。
总结提升
对比：虽然方法不同，解题思路不同，但是结果相同
要判断钱够不够，即要比较已有的钱数与买东西要花的钱数的大小
可以比较买文具盒后剩的钱数与买其他物品所需要的钱数
可以用总钱数10元逐次减去文具盒和笔记本的价钱，看剩下的钱是否够买最后一件物品
还可以比较买三样东西要花的钱数与总钱数10元

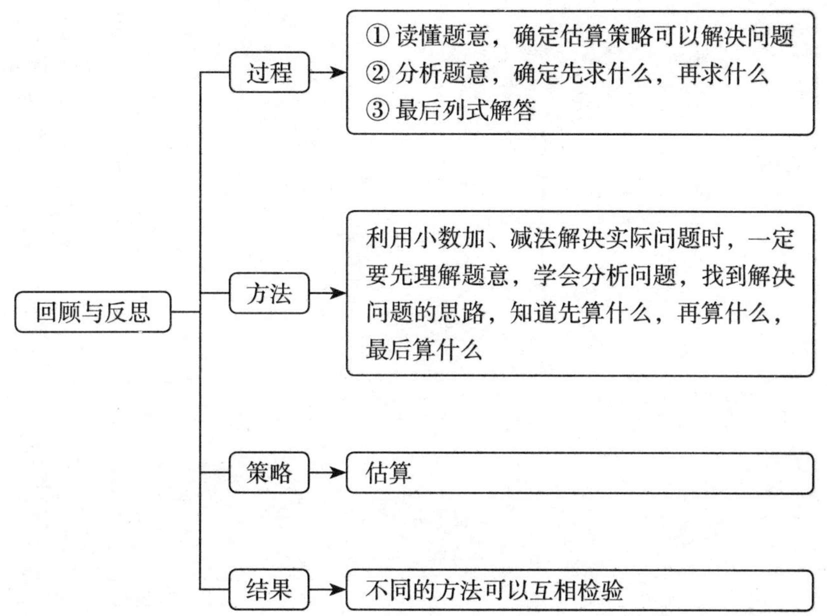
回顾与反思
过程
① 读懂题意，确定估算策略可以解决问题
② 分析题意，确定先求什么，再求什么
③ 最后列式解答
方法
利用小数加、减法解决实际问题时，一定要先理解题意，学会分析问题，找到解决问题的思路，知道先算什么，再算什么，最后算什么
策略
估算
结果
不同的方法可以互相检验

4

四年级 上册

解决问题教学设计的支架

《画垂线的实际应用》

广州市番禺区市桥金山谷学校　刘伟平

【教学内容】

人民教育出版社义务教育教科书《数学》四年级上册第5单元“平行四边形和梯形”第62页例5。

【教材简析】

本例题是在学生学习了长方形、正方形的特征、周长和面积，以及垂直、平行的基本概念，会画垂线的基础上进行的，巩固学生对垂线和平行线的认识，使学生会用三角尺准确画出长方形或正方形，为继续学习空间与图形的其他知识奠定基础。教材通过阅读与理解、分析与画图、回顾与反思总结画法，使学生经历解决问题的一般过程，鼓励学生借助已有经验自主探索画长方形的方法。整个过程注重让学生在实践操作中经历解决问题的整个过程，积累解决问题的经验。

【教学目标】

1. 会利用画垂线的方法准确画出长方形，培养作图能力。

2. 经历解决画长方形问题的过程，掌握利用垂线画长方形的方法。

3. 在活动中感受到学习的乐趣，体会到成功的喜悦。

【教学重点】

会用三角尺准确画出长方形或正方形。

【教学难点】

画出指定的长方形。

【教学流程】

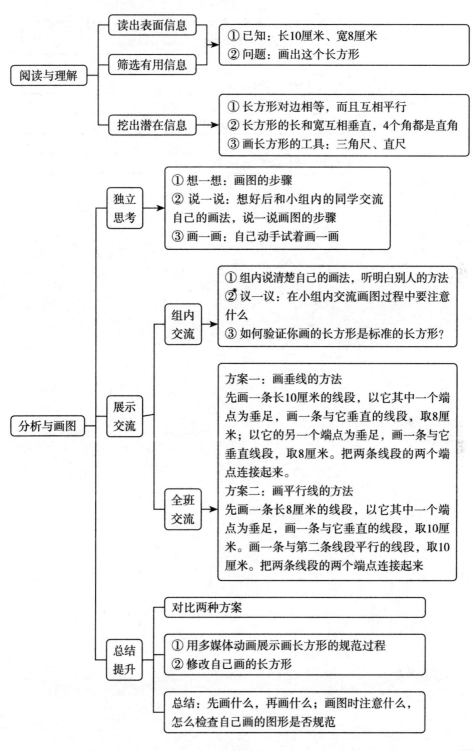

阅读与理解

- 读出表面信息、筛选有用信息 →
  - ① 已知：长10厘米、宽8厘米
  - ② 问题：画出这个长方形
- 挖出潜在信息 →
  - ① 长方形对边相等，而且互相平行
  - ② 长方形的长和宽互相垂直，4个角都是直角
  - ③ 画长方形的工具：三角尺、直尺

分析与画图

- 独立思考 →
  - ① 想一想：画图的步骤
  - ② 说一说：想好后和小组内的同学交流自己的画法，说一说画图的步骤
  - ③ 画一画：自己动手试着画一画
- 展示交流
  - 组内交流 →
    - ① 组内说清楚自己的画法，听明白别人的方法
    - ② 议一议：在小组内交流画图过程中要注意什么
    - ③ 如何验证你画的长方形是标准的长方形？
  - 全班交流 →
    - 方案一：画垂线的方法
      先画一条长10厘米的线段，以它其中一个端点为垂足，画一条与它垂直的线段，取8厘米；以它的另一个端点为垂足，画一条与它垂直线段，取8厘米。把两条线段的两个端点连接起来。
    - 方案二：画平行线的方法
      先画一条长8厘米的线段，以它其中一个端点为垂足，画一条与它垂直的线段，取10厘米。画一条与第二条线段平行的线段，取10厘米。把两条线段的两个端点连接起来
- 总结提升
  - 对比两种方案
  - ① 用多媒体动画展示画长方形的规范过程
    ② 修改自己画的长方形
  - 总结：先画什么，再画什么；画图时注意什么，怎么检查自己画的图形是否规范

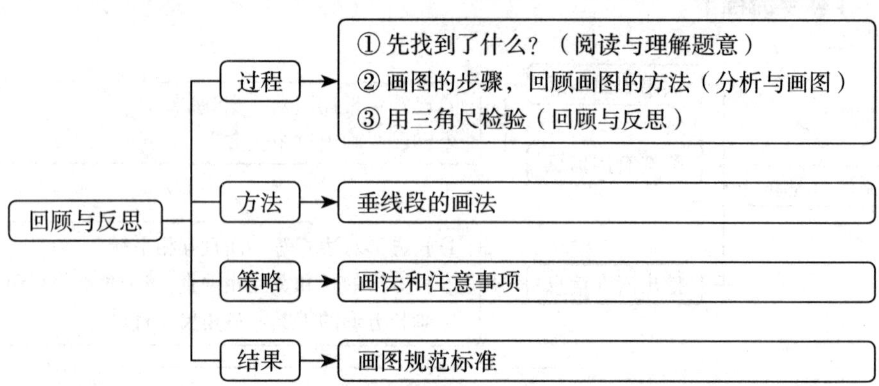
回顾与反思
过程
① 先找到了什么？（阅读与理解题意）
② 画图的步骤，回顾画图的方法（分析与画图）
③ 用三角尺检验（回顾与反思）
方法
垂线段的画法
策略
画法和注意事项
结果
画图规范标准

4

四年级 下册

解决问题教学设计的支架

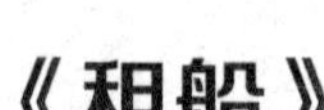

《租船》

广州市番禺区市桥德兴小学　甄慰

【教学内容】

人民教育出版社义务教育教科书《数学》四年级下册第1单元“四则运算”第10页例5。

【教材简析】

本课内容是在学生学过整数四则混合运算及有余数的除法和利用表格进行问题解决等的基础上继续深入学习的。本课教学通过“租船费用最省”的现实问题渗透优化思想。教材用租船的情境提供了现实素材，目的是让学生理解意图、发现问题、提出问题，进而全面理解题意，为分析、解决问题奠定基础。

【教学目标】

1. 经历解决问题的一般步骤，解决怎样租船最省钱的问题。

2. 在解决问题的过程中，提高分析和解决问题的能力。

3. 渗透优化思想，感受数学与生活的密切联系。

【教学重点】

解决怎样租船最省钱的问题。

【教学难点】

知道解决方案最省钱的原因。

【教学流程】

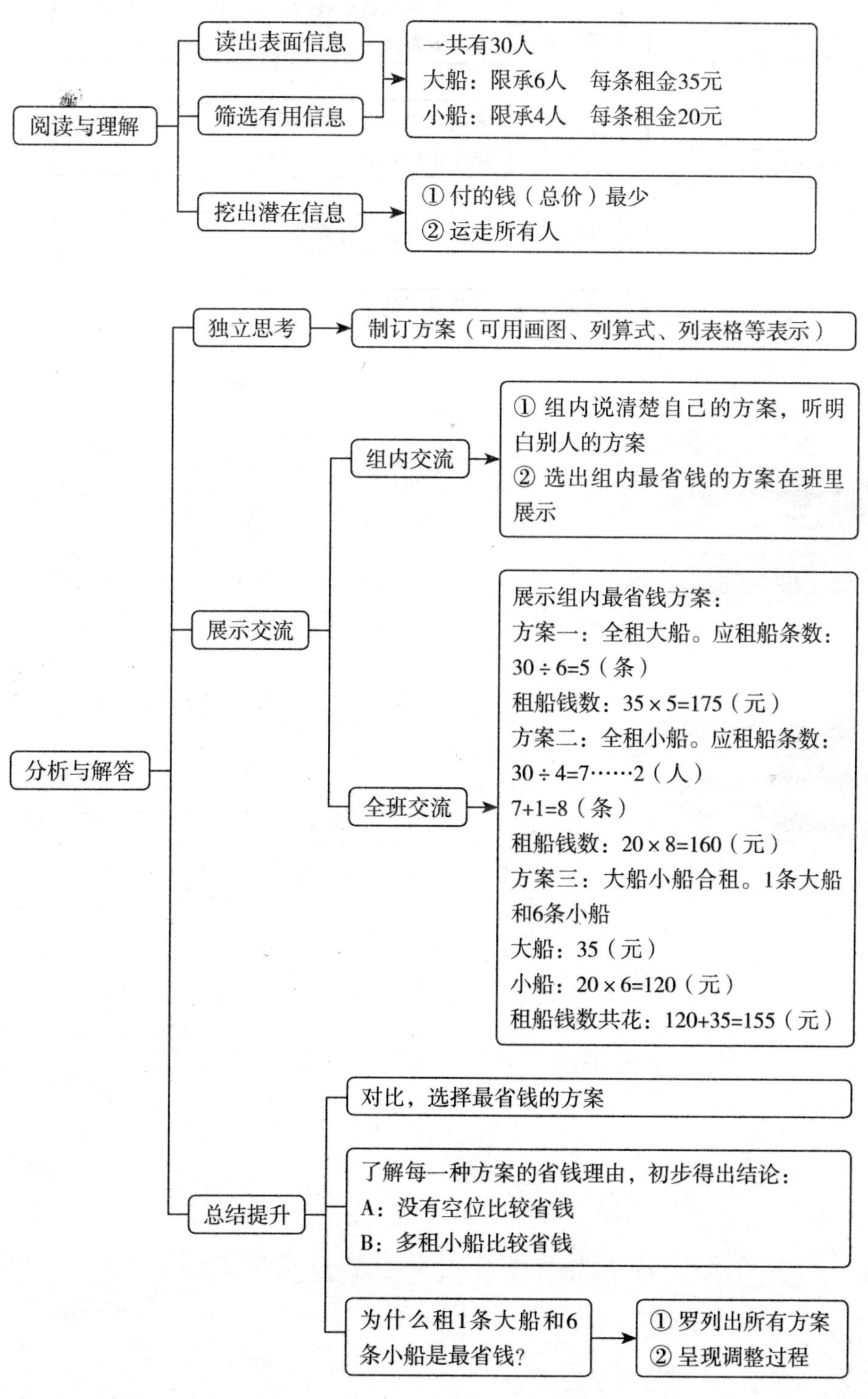

阅读与理解
读出表面信息
筛选有用信息
一共有30人
大船：限承6人 每条租金35元
小船：限承4人 每条租金20元
挖出潜在信息
① 付的钱（总价）最少
② 运走所有人
分析与解答
独立思考
制订方案（可用画图、列算式、列表格等表示）
展示交流
组内交流
① 组内说清楚自己的方案，听明白别人的方案
② 选出组内最省钱的方案在班里展示
全班交流
展示组内最省钱方案：
方案一：全租大船。应租船条数：
30÷6=5（条）
租船钱数：35×5=175（元）
方案二：全租小船。应租船条数：
30÷4=7……2（人）
7+1=8（条）
租船钱数：20×8=160（元）
方案三：大船小船合租。1条大船和6条小船
大船：35（元）
小船：20×6=120（元）
租船钱数共花：120+35=155（元）
总结提升
对比，选择最省钱的方案
了解每一种方案的省钱理由，初步得出结论：
A：没有空位比较省钱
B：多租小船比较省钱
为什么租1条大船和6条小船是最省钱？
① 罗列出所有方案
② 呈现调整过程

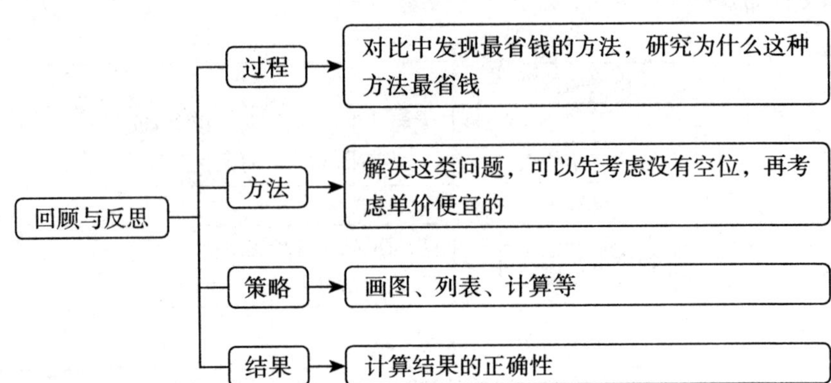
回顾与反思
过程
对比中发现最省钱的方法，研究为什么这种方法最省钱
方法
解决这类问题，可以先考虑没有空位，再考虑单价便宜的
策略
画图、列表、计算等
结果
计算结果的正确性

《一万元人民币可以兑换多少美元》

广州市番禺区珊瑚湾畔小学　郭淑芬

【教学内容】

人教版义教课程标准教科书《数学》四年级下册第4单元“小数的意义和性质”第46页例3。

【教材简析】

例3呈现了外币兑换这一现实情境，教学利用小数点移动引起小数大小变化的规律来解决实际问题。学生在理解外币兑换的基本常识的基础上充分探究，寻找算式与规律的联系，进一步巩固小数点移动引起小数大小变化的规律，发展应用意识。

【教学目标】

1. 能应用小数点位置移动引起小数大小变化的规律解决实际问题。

2. 在解决实际问题的过程中，体会数学和日常生活的紧密联系，培养应用意识。

【教学重点】

应用小数点位置移动引起小数大小变化的规律解决实际问题。

【教学难点】

应用小数点位置移动引起小数大小变化的规律解决实际问题。

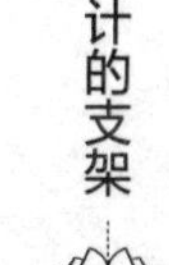

【教学流程】

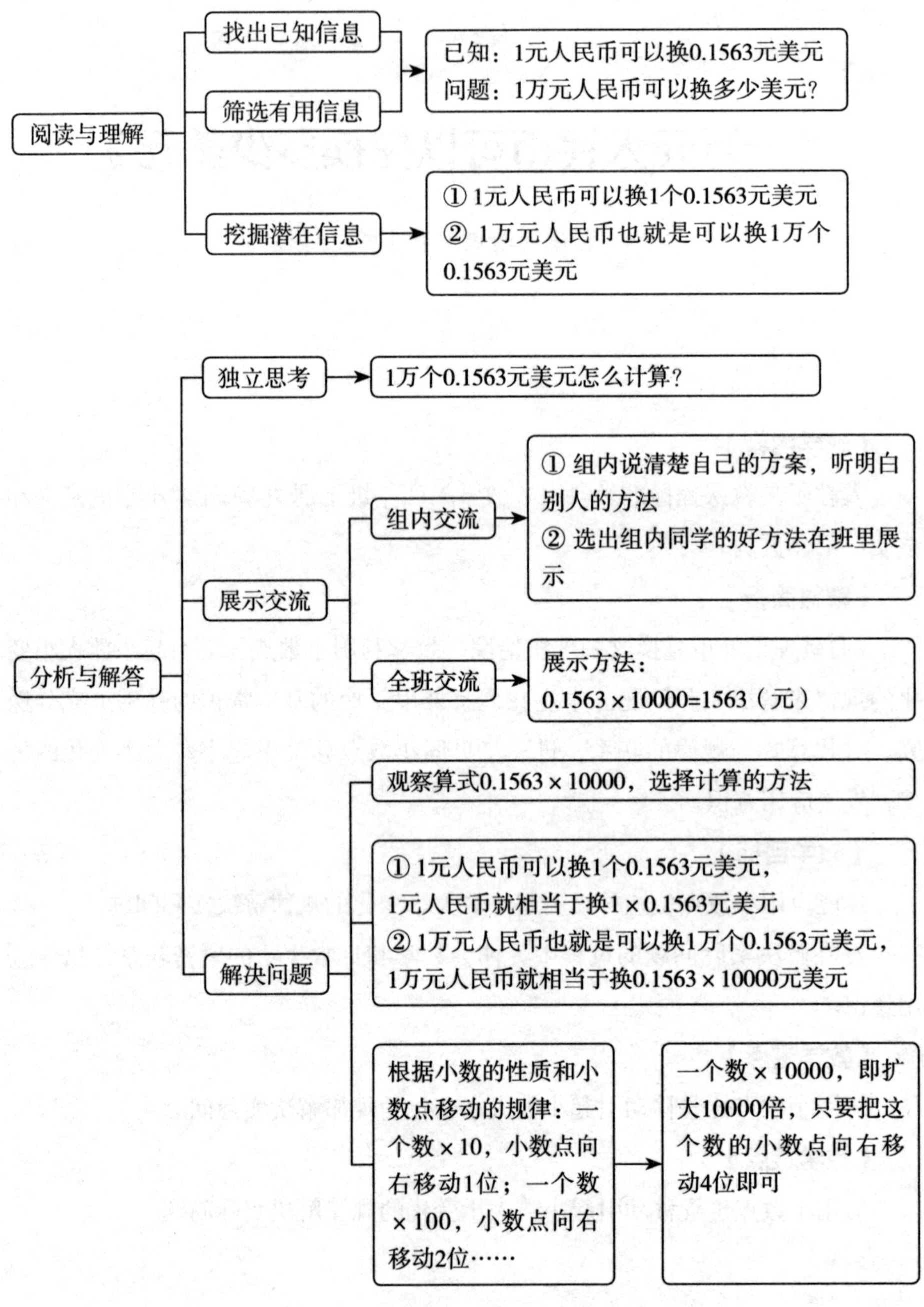
阅读与理解
找出已知信息
筛选有用信息
已知：1元人民币可以换0.1563元美元
问题：1万元人民币可以换多少美元?
挖掘潜在信息
① 1元人民币可以换1个0.1563元美元
② 1万元人民币也就是可以换1万个0.1563元美元
分析与解答
独立思考
1万个0.1563元美元怎么计算?
展示交流
组内交流
① 组内说清楚自己的方案，听明白别人的方法
② 选出组内同学的好方法在班里展示
全班交流
展示方法：
0.1563×10000=1563（元）
解决问题
观察算式0.1563×10000，选择计算的方法
① 1元人民币可以换1个0.1563元美元，
1元人民币就相当于换1×0.1563元美元
② 1万元人民币也就是可以换1万个0.1563元美元，
1万元人民币就相当于换0.1563×10000元美元
根据小数的性质和小数点移动的规律：一个数×10，小数点向右移动1位；一个数×100，小数点向右移动2位……
一个数×10000，即扩大10000倍，只要把这个数的小数点向右移动4位即可

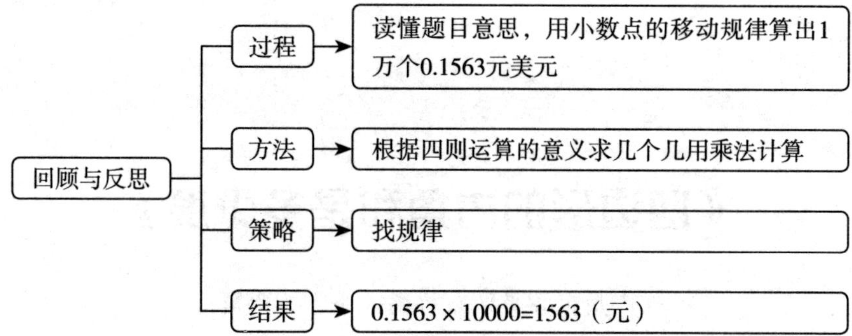
回顾与反思
过程
读懂题目意思，用小数点的移动规律算出1万个0.1563元美元
方法
根据四则运算的意义求几个几用乘法计算
策略
找规律
结果
0.1563×10000=1563（元）

《四边形的内角和是多少度》

广州市番禺区市桥德兴小学　张露

【教学内容】

人民教育出版社义务教育教科书《数学》四年级下册第5单元“三角形”第69页例7。

【教材简析】

本节课是运用探索三角形内角和的经验探索四边形的内角和。教材主要分为三个步骤进行学习，阅读与理解环节将四边形分为已经学过的长方形、正方形、梯形等，然后让学生通过分析与操作研究四边形的内角和，在经历动手测量、剪拼的过程中，归纳出四边形的内角和为360°这一规律，最后通过回顾与反思进行总结。

【教学目标】

1. 经历观察、思考、推理、归纳的过程，了解四边形的内角和是360°。

2. 体会从特殊到一般的实验过程，尝试从不同的角度解决问题。

【教学重点】

探究四边形的内角和。

【教学难点】

多边形转化成三角形。

【教学流程】

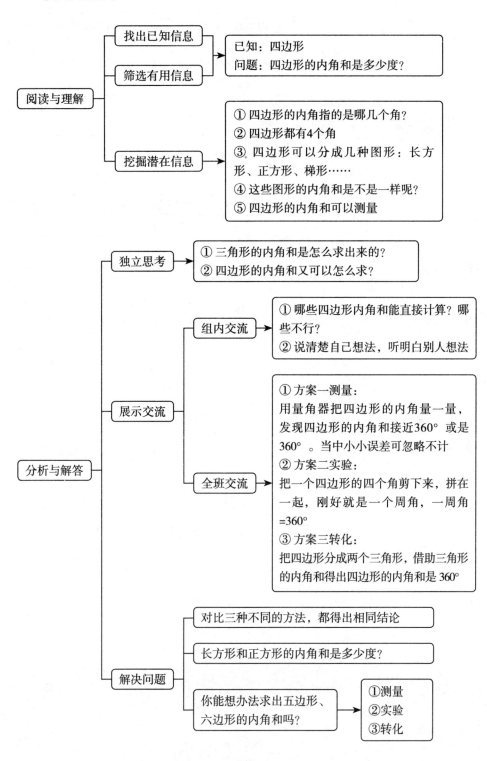

- 阅读与理解
  - 找出已知信息
  - 筛选有用信息
    - → 已知：四边形
问题：四边形的内角和是多少度？
  - 挖掘潜在信息
    - → ① 四边形的内角指的是哪几个角？
② 四边形都有4个角
③ 四边形可以分成几种图形：长方形、正方形、梯形……
④ 这些图形的内角和是不是一样呢？
⑤ 四边形的内角和可以测量
- 分析与解答
  - 独立思考
    - → ① 三角形的内角和是怎么求出来的？
② 四边形的内角和又可以怎么求？
  - 展示交流
    - 组内交流
      - → ① 哪些四边形内角和能直接计算？哪些不行？
② 说清楚自己想法，听明白别人想法
    - 全班交流
      - → ① 方案一测量：
用量角器把四边形的内角量一量，发现四边形的内角和接近360° 或是360° 。当中小小误差可忽略不计
② 方案二实验：
把一个四边形的四个角剪下来，拼在一起，刚好就是一个周角，一周角=360°
③ 方案三转化：
把四边形分成两个三角形，借助三角形的内角和得出四边形的内角和是 360°
  - 解决问题
    - 对比三种不同的方法，都得出相同结论
    - 长方形和正方形的内角和是多少度？
    - 你能想办法求出五边形、六边形的内角和吗？
      - → ①测量
②实验
③转化

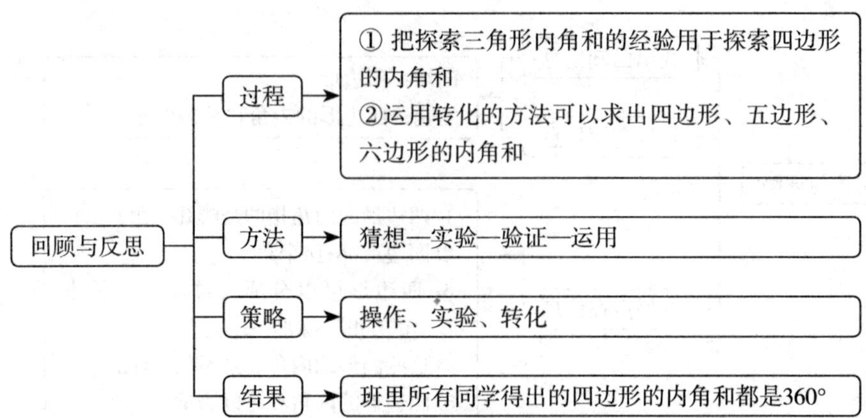
回顾与反思
过程
① 把探索三角形内角和的经验用于探索四边形的内角和
②运用转化的方法可以求出四边形、五边形、六边形的内角和
方法
猜想—实验—验证—运用
策略
操作、实验、转化
结果
班里所有同学得出的四边形的内角和都是360°

《鸡兔同笼》

广州市番禺区市桥金山谷学校　刘伟平

【教学内容】

人民教育出版社义务教育教科书《数学》四年级下册第9单元“数学广角”第104、105页。

【教材简析】

教材情境图借助古代数学问题，让学生感知我国古代数学文化的源远流长，呈现了猜测、列表和假设三种基本的解题思路，让学生经历直觉猜测、尝试调整和有序思考的过程，逐渐发现和形成应用列表法解决“鸡兔同笼”问题，感受化繁为简的解题策略。

【教学目标】

1. 了解鸡兔同笼问题，感受古代数学问题的趣味性。

2. 经历自主探究解决问题的过程，体验解决问题策略的多样性。

3. 在解决问题的过程中培养学生的逻辑推理能力，渗透化繁为简的数学思想。

【教学重点】

掌握用列表法、假设法解决鸡兔同笼问题。

【教学难点】

能运用假设法解决鸡兔同笼问题。

【教学流程】

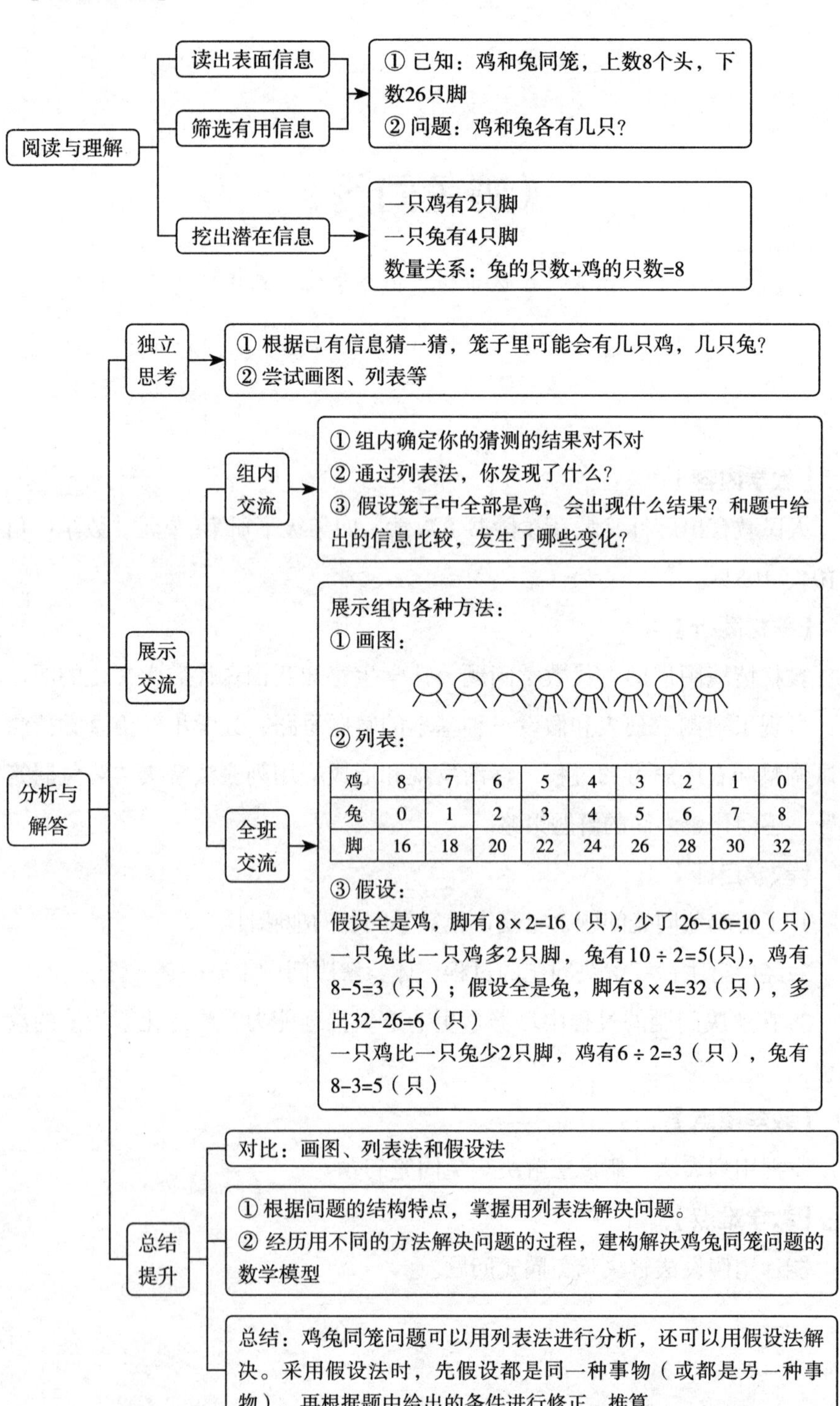

① 已知：鸡和兔同笼，上数8个头，下数26只脚
② 问题：鸡和兔各有几只？

一只鸡有2只脚
一只兔有4只脚
数量关系：兔的只数+鸡的只数=8

① 根据已有信息猜一猜，笼子里可能会有几只鸡，几只兔？
② 尝试画图、列表等

① 组内确定你的猜测的结果对不对
② 通过列表法，你发现了什么？
③ 假设笼子中全部是鸡，会出现什么结果？和题中给出的信息比较，发生了哪些变化？

鸡	8	7	6	5	4	3	2	1	0
兔	0	1	2	3	4	5	6	7	8
脚	16	18	20	22	24	26	28	30	32

③ 假设：
假设全是鸡，脚有 8×2=16（只），少了 26–16=10（只）
一只兔比一只鸡多2只脚，兔有10÷2=5(只)，鸡有8–5=3（只）；假设全是兔，脚有8×4=32（只），多出32–26=6（只）
一只鸡比一只兔少2只脚，鸡有6÷2=3（只），兔有8–3=5（只）
总结提升
对比：画图、列表法和假设法
① 根据问题的结构特点，掌握用列表法解决问题。
② 经历用不同的方法解决问题的过程，建构解决鸡兔同笼问题的数学模型
总结：鸡兔同笼问题可以用列表法进行分析，还可以用假设法解决。采用假设法时，先假设都是同一种事物（或都是另一种事物），再根据题中给出的条件进行修正、推算

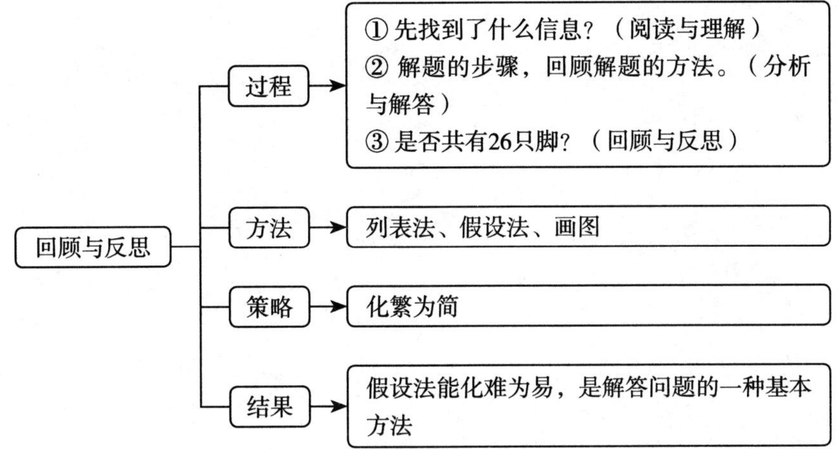
回顾与反思
过程
① 先找到了什么信息？（阅读与理解）
② 解题的步骤，回顾解题的方法。（分析与解答）
③ 是否共有26只脚？（回顾与反思）
方法
列表法、假设法、画图
策略
化繁为简
结果
假设法能化难为易，是解答问题的一种基本方法

五年级 上册

解决问题教学设计的支架

《用估算解决问题（小数乘法）》

广州市番禺区市桥小平小学　黄佳燕

【教学内容】

人民教育出版社义务教育教科书《数学》五年级上册第1单元“小数乘法”第15页例8。

【教材简析】

本节课是在学生学习了小数乘法的计算之后，安排的运用多种方法解决生活中的实际问题的内容。超市购物这类问题在生活中很常见，教材创设超市购物的情境，通过适合的问题背景，让学生体会估算在解决实际问题中的应用。

【教学目标】

1. 在具体的问题情境中，引发应用估算的实际需求，进一步体会估算的价值，选择合适的方法解决问题。

2. 通过回顾反思，感受具体问题要具体分析，灵活选择解决问题的方法。

【教学重点】

交流解决问题的不同方法，体会其在解决问题中的价值。

【教学难点】

培养自觉应用估算解决实际问题的意识。

【教学流程】

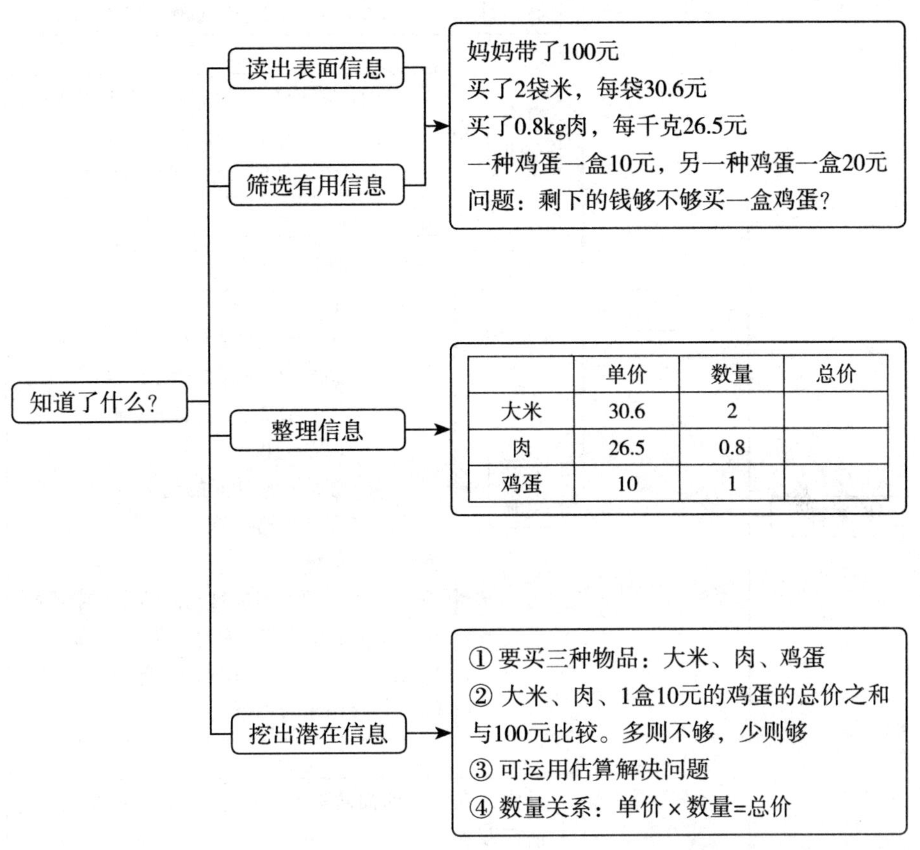

知道了什么？
读出表面信息
筛选有用信息
妈妈带了100元
买了2袋米，每袋30.6元
买了0.8kg肉，每千克26.5元
一种鸡蛋一盒10元，另一种鸡蛋一盒20元
问题：剩下的钱够不够买一盒鸡蛋？
整理信息
挖出潜在信息
①要买三种物品：大米、肉、鸡蛋
②大米、肉、1盒10元的鸡蛋的总价之和与100元比较。多则不够，少则够
③可运用估算解决问题
④数量关系：单价×数量=总价

	单价	数量	总价
大米	30.6	2	
肉	26.5	0.8	
鸡蛋	10	1	

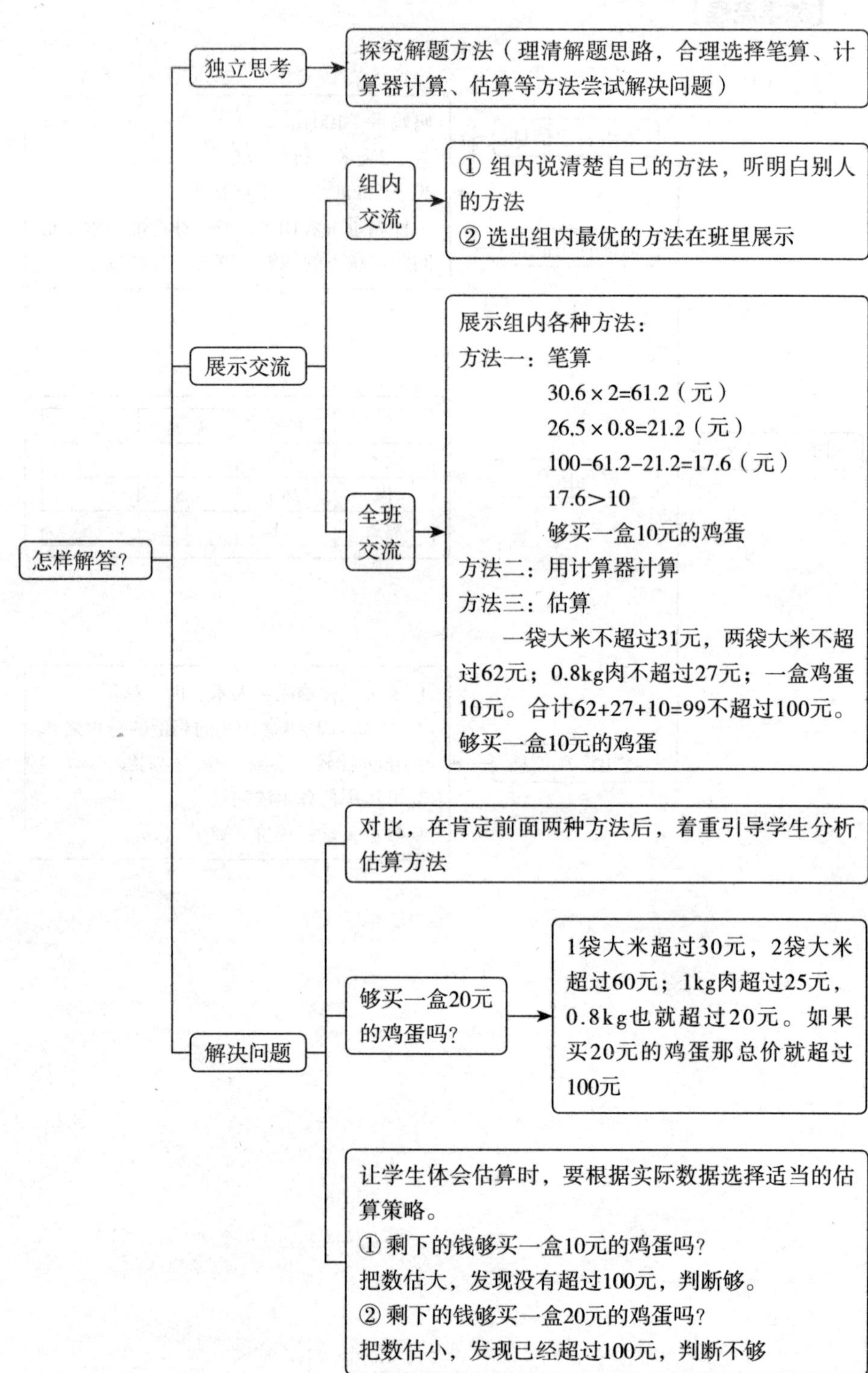
怎样解答？
独立思考
探究解题方法（理清解题思路，合理选择笔算、计算器计算、估算等方法尝试解决问题）
展示交流
组内交流
① 组内说清楚自己的方法，听明白别人的方法
② 选出组内最优的方法在班里展示
全班交流
展示组内各种方法：
方法一：笔算
30.6×2=61.2（元）
26.5×0.8=21.2（元）
100−61.2−21.2=17.6（元）
17.6>10
够买一盒10元的鸡蛋
方法二：用计算器计算
方法三：估算
一袋大米不超过31元，两袋大米不超过62元；0.8kg肉不超过27元；一盒鸡蛋10元。合计62+27+10=99不超过100元。够买一盒10元的鸡蛋
解决问题
对比，在肯定前面两种方法后，着重引导学生分析估算方法
够买一盒20元的鸡蛋吗？
1袋大米超过30元，2袋大米超过60元；1kg肉超过25元，0.8kg也就超过20元。如果买20元的鸡蛋那总价就超过100元
让学生体会估算时，要根据实际数据选择适当的估算策略。
① 剩下的钱够买一盒10元的鸡蛋吗？
把数估大，发现没有超过100元，判断够。
② 剩下的钱够买一盒20元的鸡蛋吗？
把数估小，发现已经超过100元，判断不够

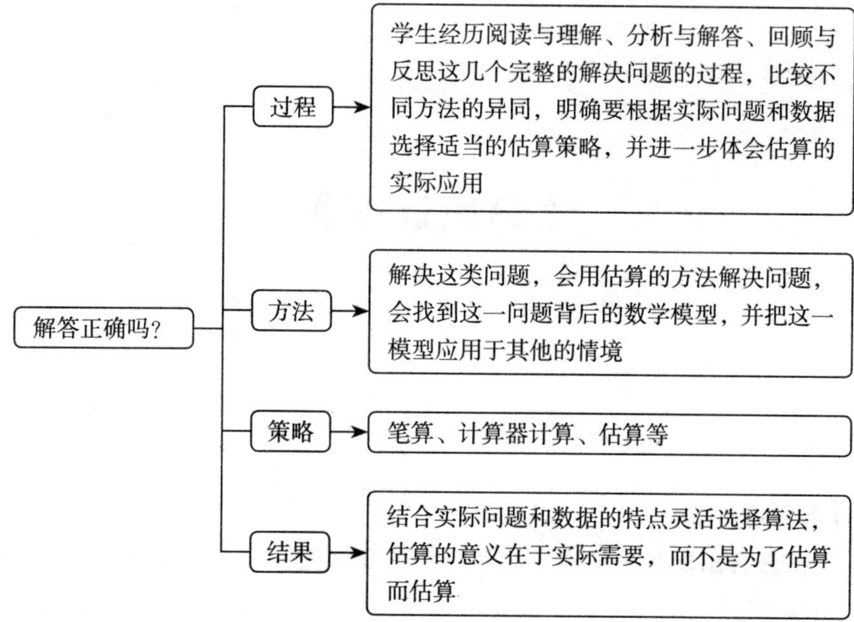
解答正确吗？
过程
学生经历阅读与理解、分析与解答、回顾与反思这几个完整的解决问题的过程，比较不同方法的异同，明确要根据实际问题和数据选择适当的估算策略，并进一步体会估算的实际应用
方法
解决这类问题，会用估算的方法解决问题，会找到这一问题背后的数学模型，并把这一模型应用于其他的情境
策略
笔算、计算器计算、估算等
结果
结合实际问题和数据的特点灵活选择算法，估算的意义在于实际需要，而不是为了估算而估算

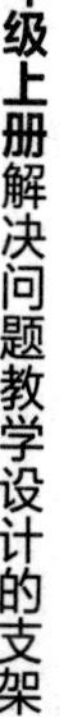

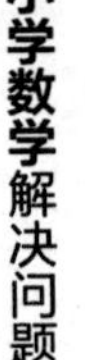

《分段计费》

广州市番禺区市桥小平小学　黄佳燕

【教学内容】

人民教育出版社义务教育教科书《数学》五年级上册第1单元“小数乘法”第16页例9。

【教材简析】

结合本单元知识和生活实际，教材编排了现实生活中乘出租付费的问题，进一步提升学生解决问题的能力。本课是解决分段计费的实际问题。虽然这类题有一定的难度，但学生是具备一定的生活经验的，对日常生活中的水费、电费、话费、车费等很多实例都有所接触。同时，这类问题与我们的生活有着密切的联系，学生有一定的探究欲望。

【教学目标】

1. 会正确解答分段计费的实际问题。

2. 能从不同的角度分析和解决问题，渗透函数思想。

【教学重点】

从不同的角度分析信息，寻找解决问题的方法。

【教学难点】

正确解答分段计费的实际问题。

【教学流程】

- 知道了什么？
  - 读出表面信息 / 筛选有用信息 →
    - 行驶里程：6.3 km
    - 收费标准（摘录法）
    - 3 km以内　7元
    - 3 km以上　1.5元/千米（不足1 km按1 km计算）
    - 问题：车费要付多少钱？
  - 挖出潜在信息 →
    - ①“3 km以内7元”包括3 km
    - ②“3 km以内7元”的意思是：行驶里程1～3 km都是付费7元
    - ③行驶里程6.3 km，按7 km计算
    - ④3 km以内与3 km以上收费标准不相同
    - ⑤行驶里程6.3 km，要分开两部分付费
    - ⑥6.3 km前面3 km按7元计算

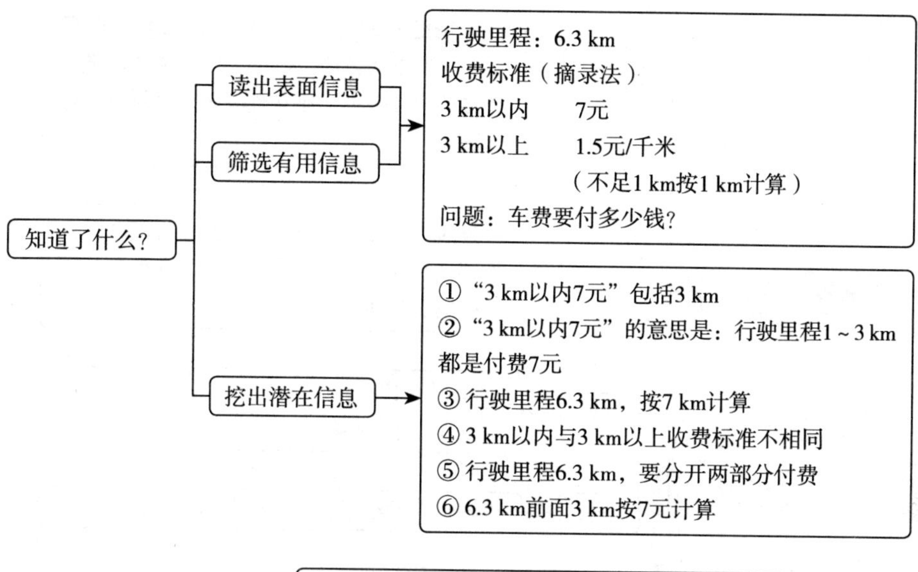

- 怎样解答？
  - 独立思考 → 探究解题方法（可合理应用分段计费、假设再调整等方法理清解题思路）
  - 展示交流
    - 组内交流 →
      - ①组内说清楚自己的方法，听明白别人的方法
      - ②选出组内最优的方法在班里展示
    - 全班交流 →
      - 展示组内各种方法：
      - 方法一：分段计费并合计
      - 前面3 km应收7元，后面4 km按每千米1.5元计算
      - $7+1.5\times4$
      - $=7+6$
      - $=13$（元）
      - 方法二：先把7 km按每千米1.5元计算，再加上前3 km少算的
      - $1.5\times7=10.5$（元）
      - 前3 km少算：$7-1.5\times3=2.5$（元）
      - 应付：$10.5+2.5=13$（元）
  - 总结提升
    - 对比，选择自己最喜欢的方法，说明原因
    - 了解每一种解决方法，建立数学模型
    - 渗透函数思想 →
      - ①充分阅读，找出已知量和未知量，分析关键的信息
      - ②借助图示进一步体会分段计费的特点

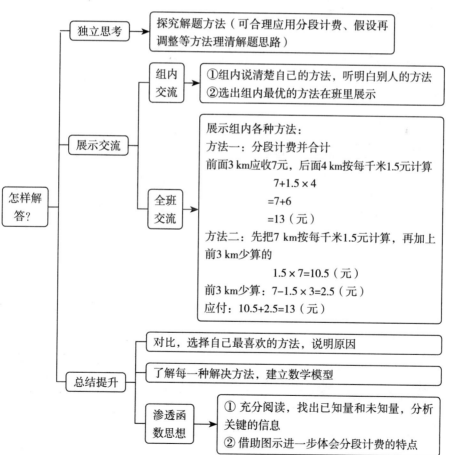

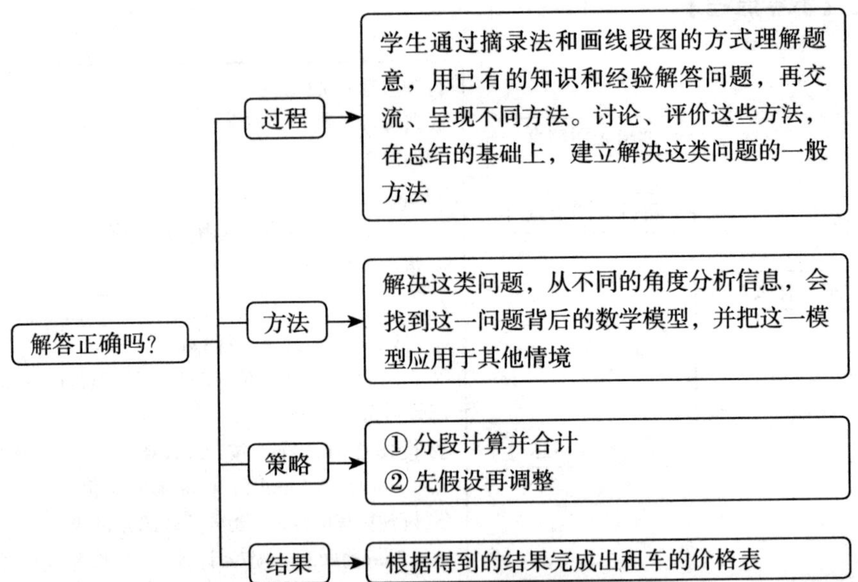
解答正确吗?
过程
学生通过摘录法和画线段图的方式理解题意，用已有的知识和经验解答问题，再交流、呈现不同方法。讨论、评价这些方法，在总结的基础上，建立解决这类问题的一般方法
方法
解决这类问题，从不同的角度分析信息，会找到这一问题背后的数学模型，并把这一模型应用于其他情境
策略
① 分段计算并合计
② 先假设再调整
结果
根据得到的结果完成出租车的价格表

《根据实际需要取商的近似值》

广州市番禺区市桥实验小学　蔡结珍

【教学内容】

人民教育出版社义务教育教科书《数学》五年级数学上册第3单元“小数除法”第39页例10。

【教材简析】

本课的解决问题是小数除法单元内容的一部分，利用小数乘法、除法计算解决常见的实际问题，在计算教学单元中培养学生解决问题的能力。这部分内容是在学生已经积累了一定的数量关系及解决问题的经验，了解了同一问题可以有不同的解决方法的基础上学习的。本课呈现生活情境、提供生活信息，让学生收集、整理数学信息，发现问题，提出问题，分析问题中的数量关系，解决实际问题，通过解决实际问题体会去尾法和进一法的实际应用。本课教学不仅可以使学生体会计算在解决问题中的实际作用和价值，同时可让学生获得解决问题策略的训练，提高自主探索意识，逐步提高数学素养。

【学情分析】

本课所研究解决的数学问题，学生在以往的学习过程中，在生活的实践体悟中都曾涉及过，有一定的整理信息、分析问题和解决问题的思想方法经验，也有一定的数学思维能力和解决问题的能力。五年级学生已经具有一定的知识和生活经验，教师有目的地引导学生把生活经验转变为数学技能，初步认识数学与人类生活的密切联系，了解数学的价值，可以激发学生学习数学的欲望。

【教学目标】

1. 在实际应用中，灵活选用去尾法和进一法取商的近似值，培养解决实际问题的能力。

2. 在讨论生活实际问题的过程中，培养分析、比较、灵活解决实际问题的能力，并学会与他人合作，提高与人交流的能力。

3. 通过对不同生活情境的分析与思考，体会近似值的生活意义。

【教学重点】

根据实际需要取商的近似值。

【教学难点】

分析并理解除法应用题的解题思路。

【教学流程】

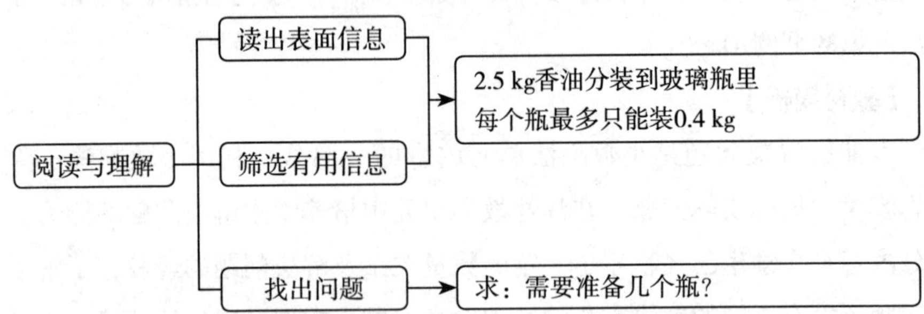

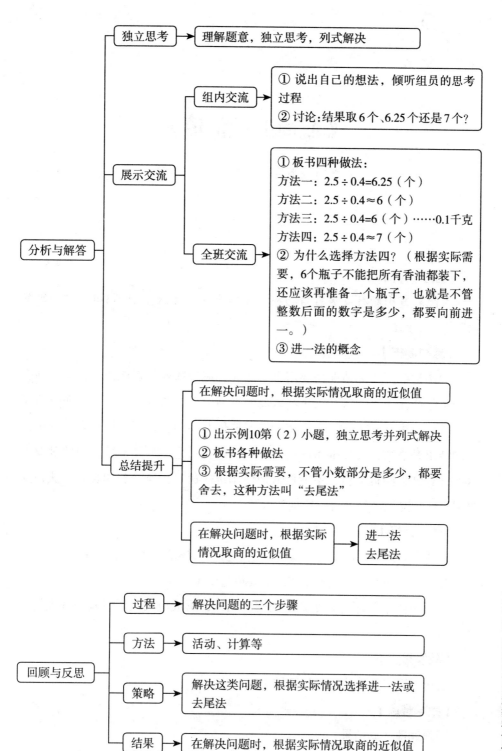

- 分析与解答
  - 独立思考 → 理解题意，独立思考，列式解决
  - 展示交流
    - 组内交流 → ① 说出自己的想法，倾听组员的思考过程 ② 讨论:结果取6个、6.25个还是7个?
    - 全班交流 → ① 板书四种做法：
      方法一：2.5 ÷ 0.4=6.25（个）
      方法二：2.5 ÷ 0.4≈6（个）
      方法三：2.5 ÷ 0.4=6（个）……0.1千克
      方法四：2.5 ÷ 0.4≈7（个）
      ② 为什么选择方法四？（根据实际需要，6个瓶子不能把所有香油都装下，还应该再准备一个瓶子，也就是不管整数后面的数字是多少，都要向前进一。）
      ③ 进一法的概念
  - 总结提升
    - 在解决问题时，根据实际情况取商的近似值
    - ① 出示例10第（2）小题，独立思考并列式解决 ② 板书各种做法 ③ 根据实际需要，不管小数部分是多少，都要舍去，这种方法叫“去尾法”
    - 在解决问题时，根据实际情况取商的近似值 → 进一法 去尾法

- 回顾与反思
  - 过程 → 解决问题的三个步骤
  - 方法 → 活动、计算等
  - 策略 → 解决这类问题，根据实际情况选择进一法或去尾法
  - 结果 → 在解决问题时，根据实际情况取商的近似值

《取商的近似值》

广州市番禺区市桥德兴小学　甄慰

【教学内容】

人民教育出版社义务教育教科书《数学》五年级上册第3单元“小数除法”第39页例10。

【教材简析】

例10是根据实际情况需要用进一法和去尾法取商的近似值，让学生体会根据实际情况用进一法和去尾法取商的近似值的必要性。三年级上册学习了有余数的除法，学生对于根据实际情况取值并不陌生，所不同的是，这里出现的结果是小数，需要准备的瓶子和包装的礼品盒必须是整数，因此都要取这些计算结果的近似值，不能机械地使用进一法、去尾法和四舍五入法，要根据具体情况确定是“舍”还是“入”。

【教学目标】

1. 通过具体的问题情境，理解用进一法和去尾法处理结果的现实意义。

2. 在解决问题时，能根据实际需要取近似值。

3. 感受生活问题与数学知识的密切联系，形成应用生活经验去解决问题的意识。

【教学重点】

会选择恰当的方法处理计算结果。

【教学难点】

正确处理计算结果。

【教学流程】

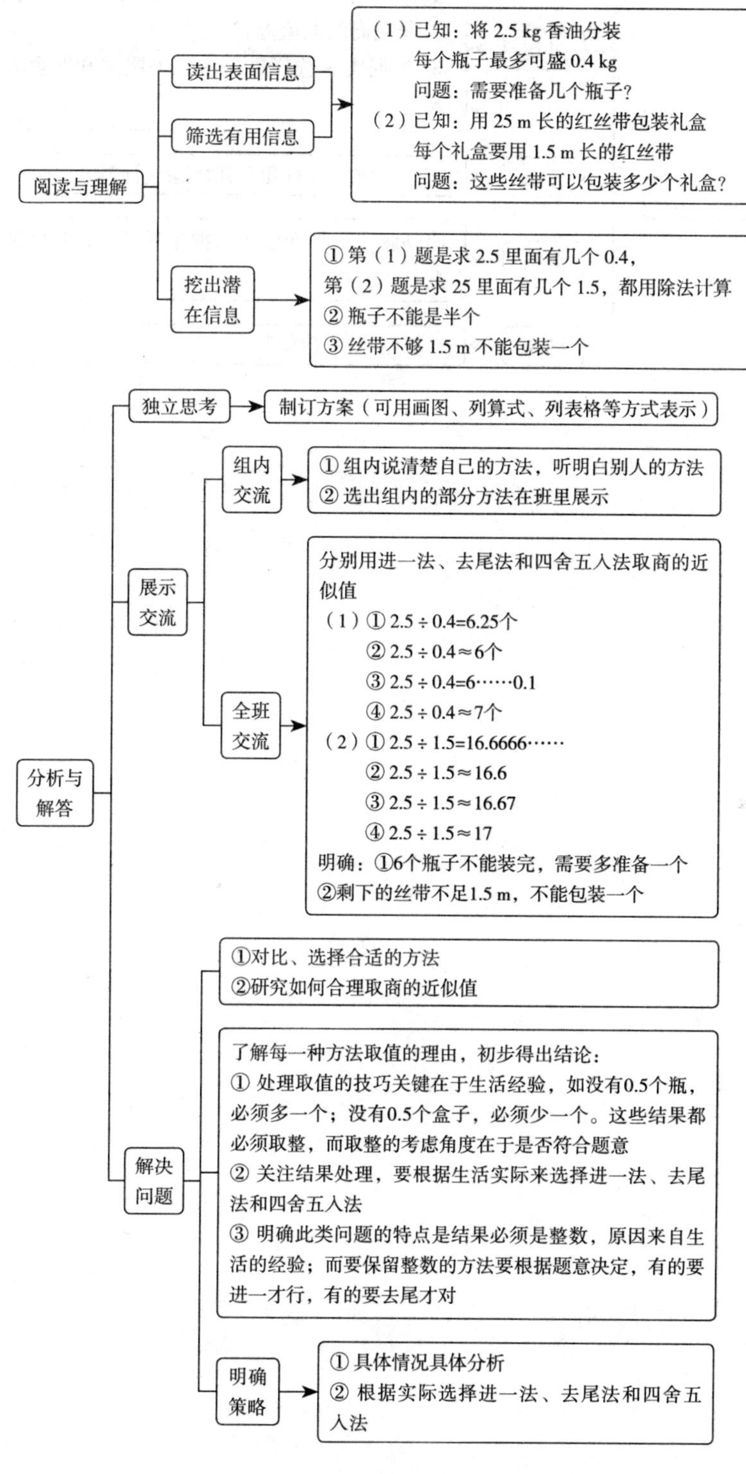
阅读与理解
读出表面信息
筛选有用信息
（1）已知：将 2.5 kg 香油分装
每个瓶子最多可盛 0.4 kg
问题：需要准备几个瓶子？
（2）已知：用 25 m 长的红丝带包装礼盒
每个礼盒要用 1.5 m 长的红丝带
问题：这些丝带可以包装多少个礼盒？
挖出潜在信息
① 第（1）题是求 2.5 里面有几个 0.4，
第（2）题是求 25 里面有几个 1.5，都用除法计算
② 瓶子不能是半个
③ 丝带不够 1.5 m 不能包装一个
分析与解答
独立思考
制订方案（可用画图、列算式、列表格等方式表示）
展示交流
组内交流
① 组内说清楚自己的方法，听明白别人的方法
② 选出组内的部分方法在班里展示
全班交流
分别用进一法、去尾法和四舍五入法取商的近似值
（1）① 2.5 ÷ 0.4=6.25个
② 2.5 ÷ 0.4≈6个
③ 2.5 ÷ 0.4=6……0.1
④ 2.5 ÷ 0.4≈7个
（2）① 2.5 ÷ 1.5=16.6666……
② 2.5 ÷ 1.5≈16.6
③ 2.5 ÷ 1.5≈16.67
④ 2.5 ÷ 1.5≈17
明确：①6个瓶子不能装完，需要多准备一个
②剩下的丝带不足1.5 m，不能包装一个
解决问题
①对比、选择合适的方法
②研究如何合理取商的近似值
了解每一种方法取值的理由，初步得出结论：
① 处理取值的技巧关键在于生活经验，如没有0.5个瓶，必须多一个；没有0.5个盒子，必须少一个。这些结果都必须取整，而取整的考虑角度在于是否符合题意
② 关注结果处理，要根据生活实际来选择进一法、去尾法和四舍五入法
③ 明确此类问题的特点是结果必须是整数，原因来自生活的经验；而要保留整数的方法要根据题意决定，有的要进一才行，有的要去尾才对
明确策略
① 具体情况具体分析
② 根据实际选择进一法、去尾法和四舍五入法

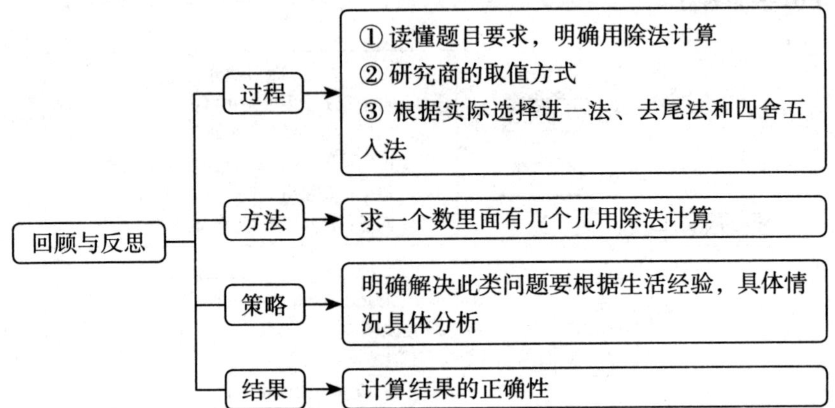
回顾与反思
过程
① 读懂题目要求，明确用除法计算
② 研究商的取值方式
③ 根据实际选择进一法、去尾法和四舍五入法
方法
求一个数里面有几个几用除法计算
策略
明确解决此类问题要根据生活经验，具体情况具体分析
结果
计算结果的正确性

《两人何时相遇》

广州市番禺区市桥实验小学　蔡结珍

【教学内容】

人民教育出版社义务教育教科书《数学》五年级上册第5单元“简易方程”的第80页例5。

【教材简析】

人教版小学数学五年级上册第80页例5是以两个物体相向运动为背景的实际问题，所得方程与例3基本相同，是两积之和形式的方程在新情境中的应用。由于相遇问题各种变式均能归结为两积之和的数量关系，因此本课教材给学生提供了以“小云和小林相向运动”为背景的情境，求两人相遇时间，是两积之和形式的方程在新情境中的应用。

【教学目标】

1. 结合具体情境分析简单实际问题中的数量关系，会根据速度、时间、路程之间的数量关系解答相向运动中求相遇时间的实际问题。

2. 经历解决问题的过程，提高用方程解决简单实际问题的能力，培养用方程解决问题的意识。

【教学重点】

会根据速度、时间、路程之间的数量关系解答相向运动中求相遇时间的实际问题。

【教学难点】

掌握列方程解决两积之和数量关系的问题。

【教学流程】

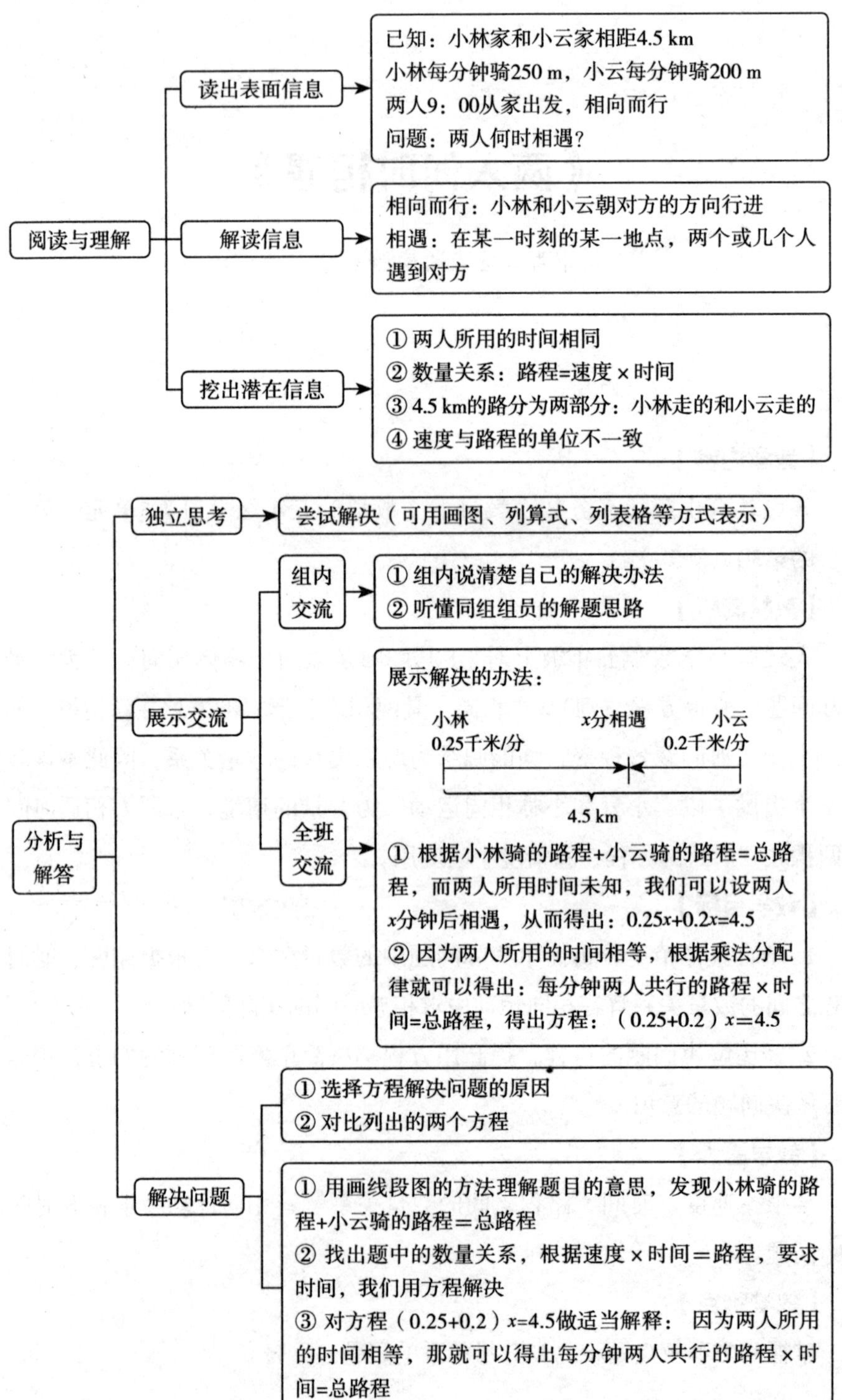
阅读与理解
读出表面信息
已知：小林家和小云家相距4.5 km
小林每分钟骑250 m，小云每分钟骑200 m
两人9：00从家出发，相向而行
问题：两人何时相遇？
解读信息
相向而行：小林和小云朝对方的方向行进
相遇：在某一时刻的某一地点，两个或几个人遇到对方
挖出潜在信息
① 两人所用的时间相同
② 数量关系：路程=速度×时间
③ 4.5 km的路分为两部分：小林走的和小云走的
④ 速度与路程的单位不一致
分析与解答
独立思考
尝试解决（可用画图、列算式、列表格等方式表示）
展示交流
组内交流
① 组内说清楚自己的解决办法
② 听懂同组组员的解题思路
全班交流
展示解决的办法：
小林
0.25千米/分
x分相遇
小云
0.2千米/分
4.5 km
① 根据小林骑的路程+小云骑的路程=总路程，而两人所用时间未知，我们可以设两人x分钟后相遇，从而得出：0.25x+0.2x=4.5
② 因为两人所用的时间相等，根据乘法分配律就可以得出：每分钟两人共行的路程×时间=总路程，得出方程：（0.25+0.2）x=4.5
解决问题
① 选择方程解决问题的原因
② 对比列出的两个方程
① 用画线段图的方法理解题目的意思，发现小林骑的路程+小云骑的路程=总路程
② 找出题中的数量关系，根据速度×时间=路程，要求时间，我们用方程解决
③ 对方程（0.25+0.2）x=4.5做适当解释：因为两人所用的时间相等，那就可以得出每分钟两人共行的路程×时间=总路程

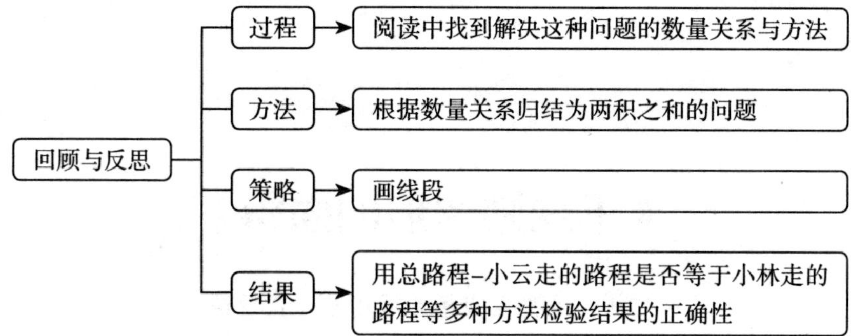
回顾与反思
过程
阅读中找到解决这种问题的数量关系与方法
方法
根据数量关系归结为两积之和的问题
策略
画线段
结果
用总路程-小云走的路程是否等于小林走的路程等多种方法检验结果的正确性

《不规则图形的面积》

广州市番禺区市桥北城小学　黄丽群

【教学内容】

人民教育出版社义务教育教科书《数学》五年级上册第6单元“多边形的面积”的第101页例5。

【教材简析】

本节教学内容是不规则图形面积的估算。这个内容是在学生掌握了各种简单的平面图形面积和分割法、添补法等知识的基础上进行教学的。例5创设情境，让学生估算树叶的面积，激发学生的想象力和学习兴趣。学生利用数方格的方法和把不规则图形看成一个近似规则的图形的方法估算树叶的面积。教材以对话的形式分析估算的过程，简单明了，让学生更容易理解。

【教学目标】

1. 能正确估算不规则图形面积的大小，能用数方格的方法或把不规则图形看成一个近似的规则图形的方法，估算出一些不规则图形的面积。

2. 能借助方格估算不规则图形的面积，在估算面积的过程中，体验解决问题策略的多样性，培养初步的估算意识和估算习惯，体验估算的重要性和必要性。

3. 体会数学与现实生活的密切联系，感受数学的应用价值。

【教学重点】

利用方格图估计不规则图形的面积。

【教学难点】

把不规则的图形转化成规则的图形进行面积估算。

【教学流程】

- 阅读与理解
  - 读出表面信息
  - 筛选有用信息
    - → 已知：每个小方格的面积是1 cm²
问题：估计叶子的面积
  - 挖出潜在信息
    - → ① 树叶是一个不规则图形
    - ② 借助方格的大小估计树叶的面积
    - ③ 不能算出它的面积，但能确定面积的范围
    - ④ 根据以往的经验，不满一格的可以按半格算
    - ⑤ 可以转化成近似的规则图形来计算

- 分析与解答
  - 独立思考 → ① 怎样数？
② 看成哪种规则图形？
  - 展示交流
    - 组内交流 → ① 组内说清楚自己的方法，听明白别人的方法
② 选出组内最优的方法在班里展示
    - 全班交流 → 展示组内各种方法：
方法一：把手中的树叶放在方格纸上，数一数树叶范围，也就是树叶的面积占了多少个方格，占多少个方格就是多少平方厘米
方法二：把树叶描在方格纸上数，先数出满一格的有18个，不满一格的有18个，不满一格按半格算，估计出面积是18+9=27 cm²
方法三：把树叶描在方格纸上数，先数出满一格的有18个，不满半格忽略不计
方法四：把树叶转化成近似的平行四边形，底是5格，高是6格，面积约是30 cm²
  - 总结提升
    - 归纳方法：
① 数：数方格估算不规则图形面积
② 转化：根据图形特点将不规则图形转化成近似的规则图形进行估算
    - 渗透的数学思想：
① 体会估算策略的多样性
② 进一步体会估算的实际应用和培养学生的估算意识
    - 了解每一种估算方法，建立数学模型 → ① 估计不规则图形的面积，估计的结果要接近准确值
② 要注意转化成能获取计算数据的规则图形

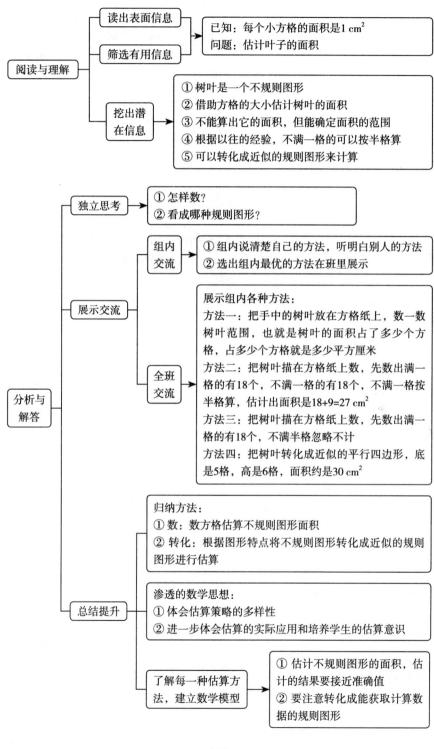

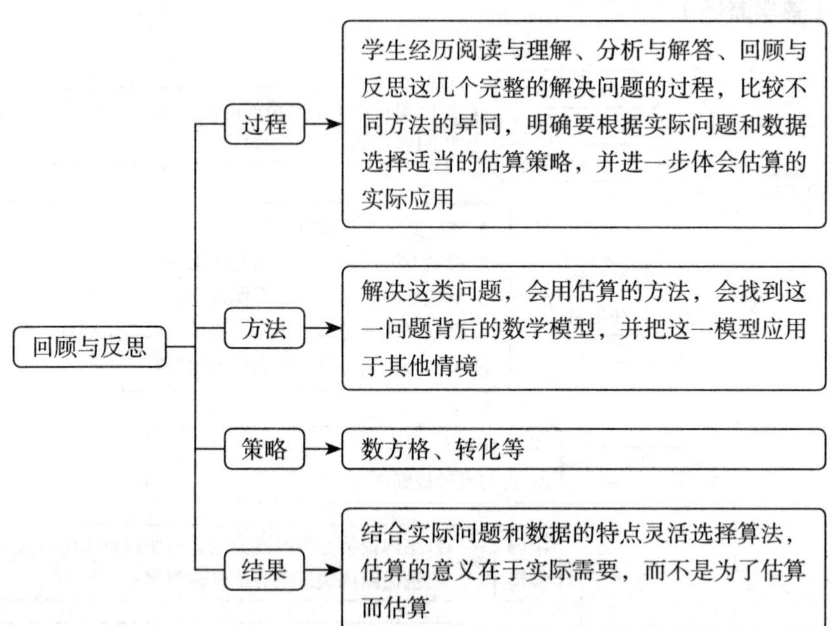
回顾与反思
过程
学生经历阅读与理解、分析与解答、回顾与反思这几个完整的解决问题的过程，比较不同方法的异同，明确要根据实际问题和数据选择适当的估算策略，并进一步体会估算的实际应用
方法
解决这类问题，会用估算的方法，会找到这一问题背后的数学模型，并把这一模型应用于其他情境
策略
数方格、转化等
结果
结合实际问题和数据的特点灵活选择算法，估算的意义在于实际需要，而不是为了估算而估算

五年级 下册

解决问题教学设计的支架

5

《探索两数之和的奇偶性》

广州市番禺区市桥小平小学　黄佳燕

【教学内容】

人民教育出版社义务教育教科书《数学》五年级下册第2单元“因数与倍数”的第15页例2。

【教材简析】

教材以探索两数之和的奇偶性为例，根据奇数、偶数相加的三种情况，提出了三个问题，阅读与理解环节探究了算式表征（奇数+偶数=？奇数+奇数=？偶数+偶数=？）。分析与解答环节提示了三种获取结论的方法，即举例、说理、图示。学生在经历解决问题的过程中，不断丰富解决问题的策略，如通过举例、说理获取结论，利用算式表征问题、理解题意，等等。

【教学目标】

1. 通过探究，知道两数之和的奇偶性。

2. 借助几何直观，认识两数之和奇偶性的必然性。

3. 在探究过程中积累观察、猜想、归纳等思维活动的经验，丰富解题的策略。

【教学重点】

在探索两数之和奇偶性的过程中渗透解决问题的策略。

【教学难点】

认识两数之和奇偶性的必然性。

【教学流程】

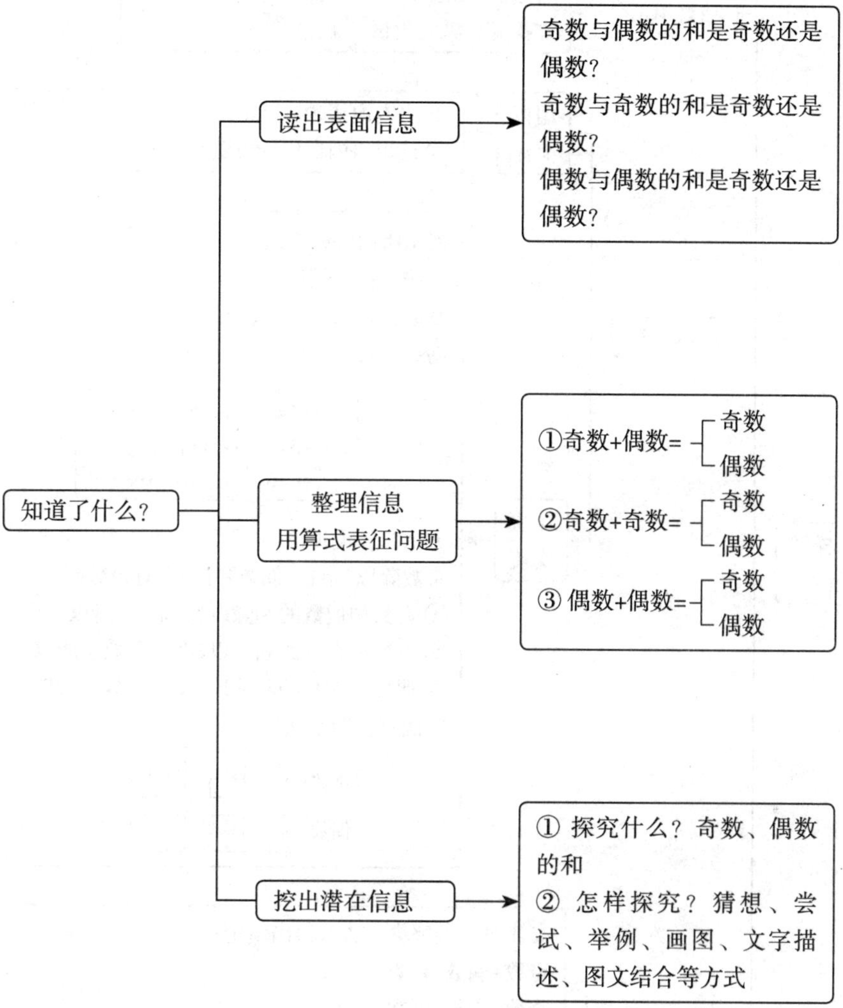

- 知道了什么？
  - 读出表面信息 → 奇数与偶数的和是奇数还是偶数？奇数与奇数的和是奇数还是偶数？偶数与偶数的和是奇数还是偶数？
  - 整理信息 用算式表征问题 →
    - ①奇数+偶数=奇数 / 偶数
    - ②奇数+奇数=奇数 / 偶数
    - ③偶数+偶数=奇数 / 偶数
  - 挖出潜在信息 →
    - ① 探究什么？奇数、偶数的和
    - ② 怎样探究？猜想、尝试、举例、画图、文字描述、图文结合等方式

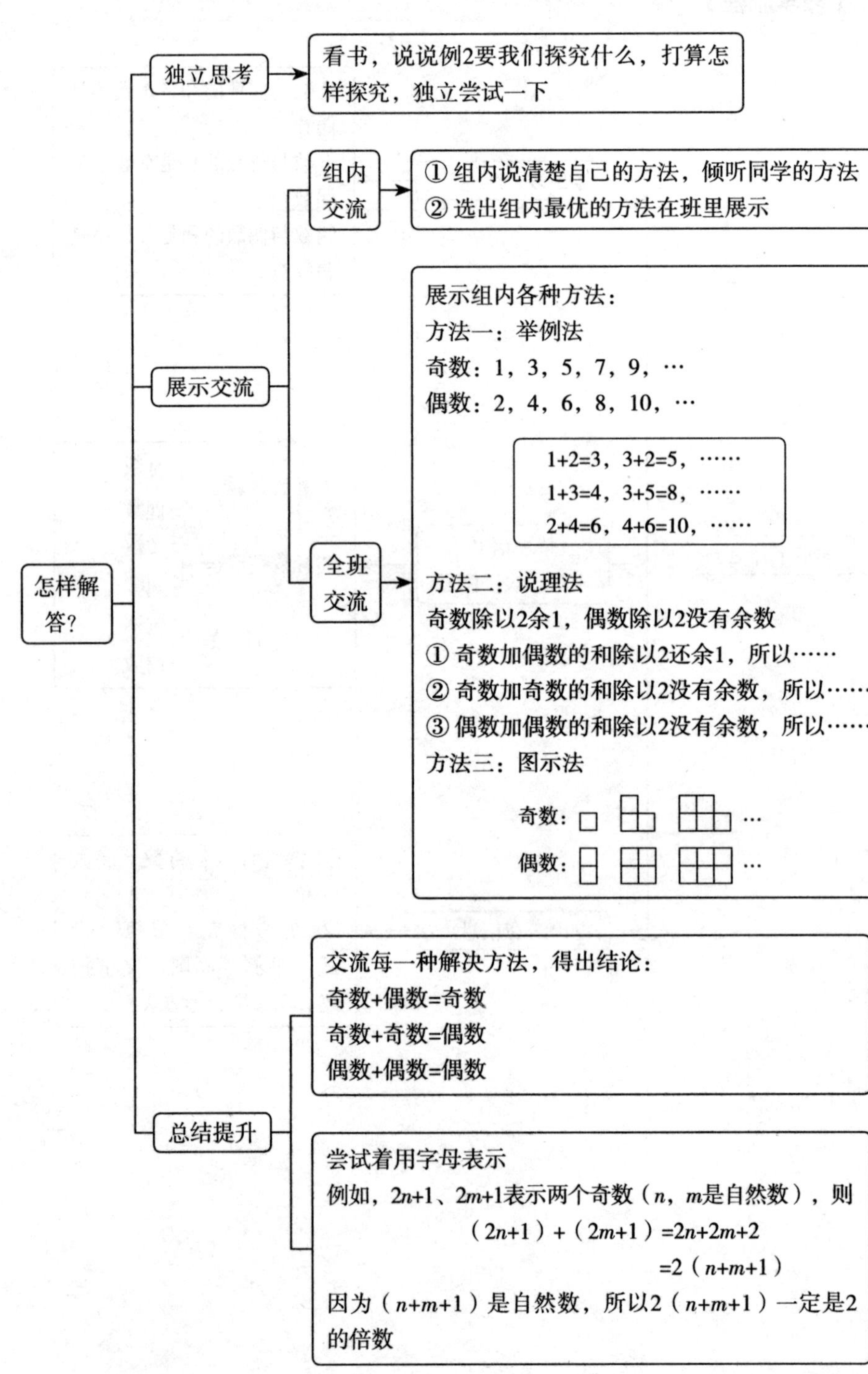
怎样解答？
独立思考
看书，说说例2要我们探究什么，打算怎样探究，独立尝试一下
展示交流
组内交流
① 组内说清楚自己的方法，倾听同学的方法
② 选出组内最优的方法在班里展示
全班交流
展示组内各种方法：
方法一：举例法
奇数：1，3，5，7，9，…
偶数：2，4，6，8，10，…
1+2=3，3+2=5，……
1+3=4，3+5=8，……
2+4=6，4+6=10，……
方法二：说理法
奇数除以2余1，偶数除以2没有余数
① 奇数加偶数的和除以2还余1，所以……
② 奇数加奇数的和除以2没有余数，所以……
③ 偶数加偶数的和除以2没有余数，所以……
方法三：图示法
奇数：…
偶数：…
总结提升
交流每一种解决方法，得出结论：
奇数+偶数=奇数
奇数+奇数=偶数
偶数+偶数=偶数
尝试着用字母表示
例如，2n+1、2m+1表示两个奇数（n，m是自然数），则
（2n+1）+（2m+1）=2n+2m+2
=2（n+m+1）
因为（n+m+1）是自然数，所以2（n+m+1）一定是2的倍数

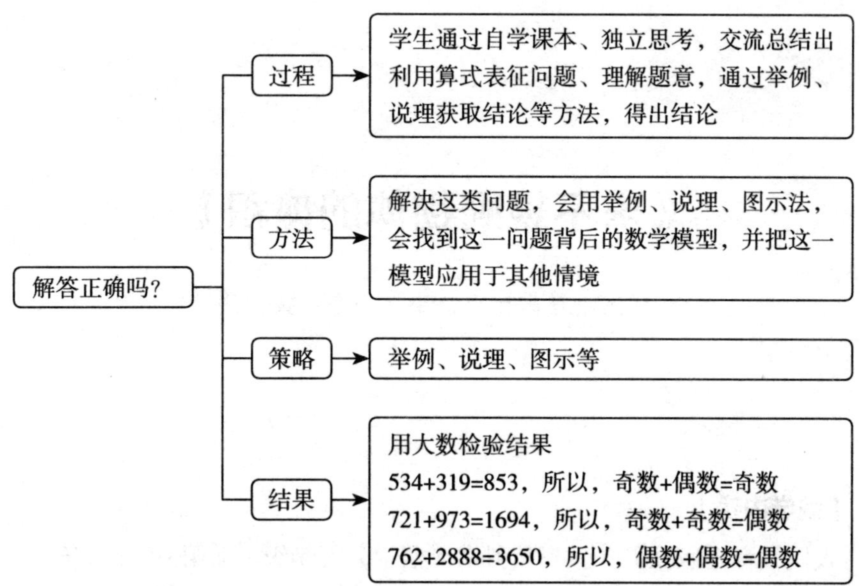
解答正确吗？
过程
学生通过自学课本、独立思考，交流总结出利用算式表征问题、理解题意，通过举例、说理获取结论等方法，得出结论
方法
解决这类问题，会用举例、说理、图示法，会找到这一问题背后的数学模型，并把这一模型应用于其他情境
策略
举例、说理、图示等
结果
用大数检验结果
534+319=853，所以，奇数+偶数=奇数
721+973=1694，所以，奇数+奇数=偶数
762+2888=3650，所以，偶数+偶数=偶数

《求不规则物体的体积》

广州市番禺区市桥小平小学　黄佳燕

【教学内容】

人民教育出版社义务教育教科书《数学》五年级下册第3单元“长方体和正方体”的第39页例6。

【教材简析】

教材以求出橡皮泥、梨这两种物体的体积为例，突破传统意义上解决问题等同于应用题的认识，将解决问题作为把先前所获得的知识用于新的、不熟悉的情境的过程，增加了把不规则图形转化为规则图形求出体积的转化思想。求不规则物体体积用到的基本策略有两个：将不规则物体转化为规则物体和用排水法测量不规则物体的体积。排水法的基本数量关系是“水的体积+物体的体积=总体积”，则“物体体积=总体积-水的体积”。两种方法本质上都运用了转化思想。回顾与反思，一方面是对解决问题过程的反思，即我们是怎么解决这个问题的；另一方面思考这些解决问题的策略与方法是否适用所有情况，进一步明确解决这类问题的方法。

【教学目标】

1. 通过试验，探索生活中一些不规则物体体积的测量及计算方法，加深对已学知识的理解和深化。

2. 经历探究求不规则物体体积方法的过程，体验等积变形的转化过程，感悟转化思想，获得综合运用所学知识求不规则物体体积的活动经验和具体方法。

3. 通过活动培养观察思考的能力，并培养小组合作精神和解决问题的能力。

【教学重点】

探索不规则物体体积的测量方法。

【教学难点】

探索不规则物体体积的测量方法。

【教学流程】

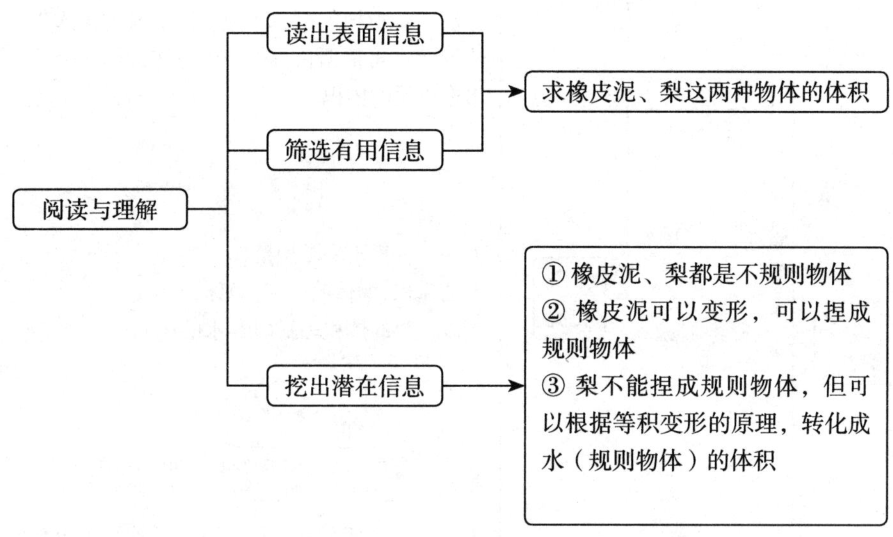

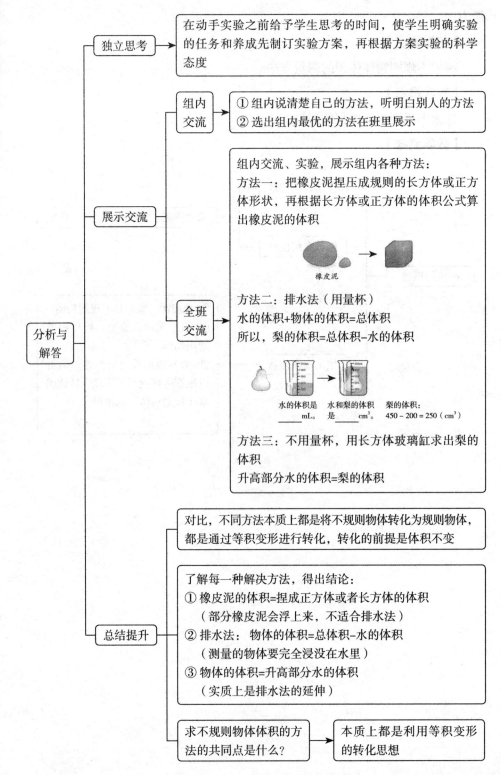

分析与解答

- **独立思考** → 在动手实验之前给予学生思考的时间，使学生明确实验的任务和养成先制订实验方案，再根据方案实验的科学态度
- **展示交流**
  - **组内交流** →
    ① 组内说清楚自己的方法，听明白别人的方法
    ② 选出组内最优的方法在班里展示
  - **全班交流** →
    组内交流、实验，展示组内各种方法：
    方法一：把橡皮泥捏压成规则的长方体或正方体形状，再根据长方体或正方体的体积公式算出橡皮泥的体积

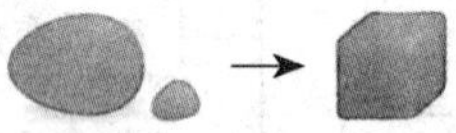

    橡皮泥

    方法二：排水法（用量杯）
    水的体积+物体的体积=总体积
    所以，梨的体积=总体积−水的体积

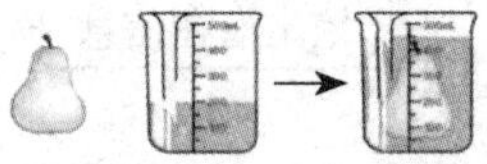

    水的体积是_____mL。 水和梨的体积是_____cm^3。 梨的体积：$450-200=250$（cm^3）

    方法三：不用量杯，用长方体玻璃缸求出梨的体积
    升高部分水的体积=梨的体积
- **总结提升**
  - 对比，不同方法本质上都是将不规则物体转化为规则物体，都是通过等积变形进行转化，转化的前提是体积不变
  - 了解每一种解决方法，得出结论：
    ① 橡皮泥的体积=捏成正方体或者长方体的体积
    （部分橡皮泥会浮上来，不适合排水法）
    ② 排水法： 物体的体积=总体积−水的体积
    （测量的物体要完全浸没在水里）
    ③ 物体的体积=升高部分水的体积
    （实质上是排水法的延伸）
  - 求不规则物体体积的方法的共同点是什么？ → 本质上都是利用等积变形的转化思想

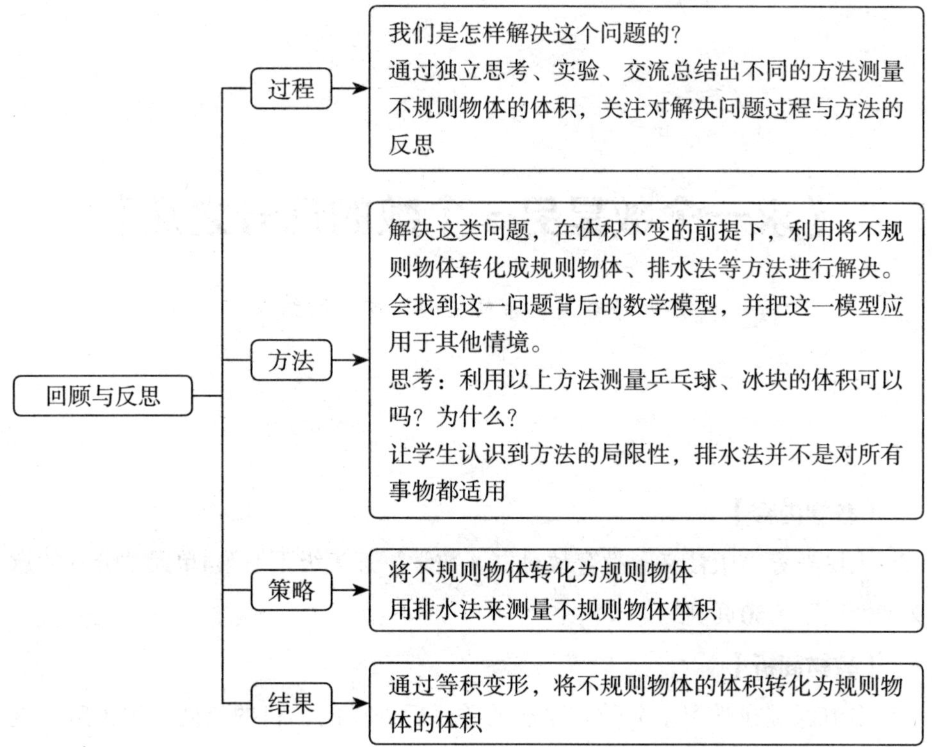
回顾与反思
过程
我们是怎样解决这个问题的？
通过独立思考、实验、交流总结出不同的方法测量不规则物体的体积，关注对解决问题过程与方法的反思
方法
解决这类问题，在体积不变的前提下，利用将不规则物体转化成规则物体、排水法等方法进行解决。
会找到这一问题背后的数学模型，并把这一模型应用于其他情境。
思考：利用以上方法测量乒乓球、冰块的体积可以吗？为什么？
让学生认识到方法的局限性，排水法并不是对所有事物都适用
策略
将不规则物体转化为规则物体
用排水法来测量不规则物体体积
结果
通过等积变形，将不规则物体的体积转化为规则物体的体积

《求一个数是另一个数的几分之几》

广州市番禺区市桥实验小学　蔡结珍

【教学内容】

人民教育出版社义务教育教科书《数学》五年级下册第4单元“分数的意义和性质”第50页例3。

【教材简析】

本节课是在学习了分数与除法的关系后安排的，目的是使学生了解到这类问题可以用除法解决。教材以“鹅的只数是鸭的几分之几”为例来教学，通过学生对话的方式给出解答思路：先由分数的意义说明，求鹅的只数是鸭的几分之几，也就是求7只是10只的几分之几，把10只看作一个整体，1只占它的$\frac{1}{10}$，7只就是$\frac{7}{10}$。然后根据分数与除法的关系分析，$\frac{7}{10}$相当于$7 \div 10$，所以求鹅的只数是鸭的几分之几，可以用除法计算。

【教学目标】

1. 探索并初步掌握“求一个数是另一个数的几分之几”的基本方法，加深对分数意义的理解。

2. 经历解决问题的过程，沟通知识之间的联系，提高分析问题和解决问题的能力。

3. 感受数学学习的前后是具有连续性的，体会转化的思想价值，增强应用意识。

【教学重点】

理解“求一个数是另一个数的几分之几”的方法。

【教学难点】

确定单位“1”的量。

【教学流程】

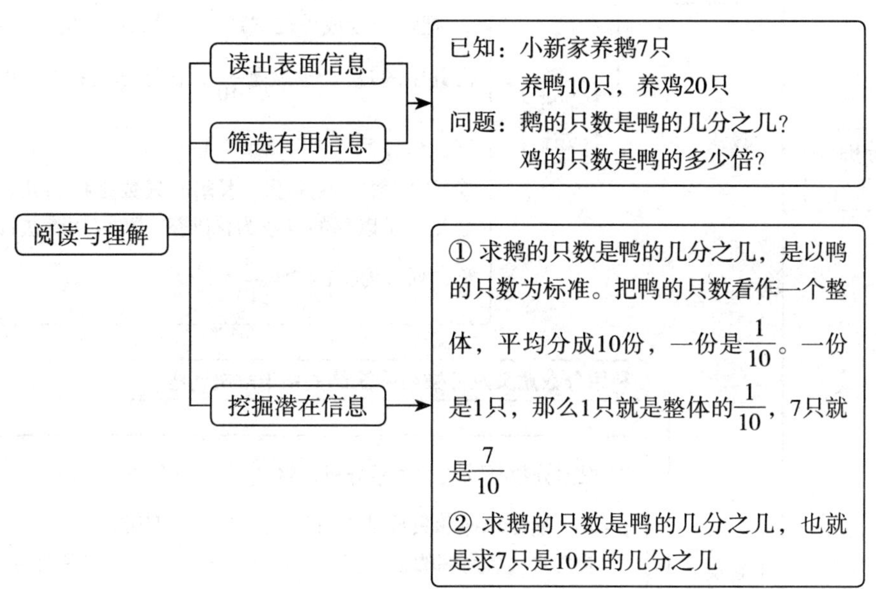

阅读与理解
读出表面信息
筛选有用信息
挖掘潜在信息
已知：小新家养鹅7只
养鸭10只，养鸡20只
问题：鹅的只数是鸭的几分之几？
鸡的只数是鸭的多少倍？
① 求鹅的只数是鸭的几分之几，是以鸭的只数为标准。把鸭的只数看作一个整体，平均分成10份，一份是$\frac{1}{10}$。一份是1只，那么1只就是整体的$\frac{1}{10}$，7只就是$\frac{7}{10}$
② 求鹅的只数是鸭的几分之几，也就是求7只是10只的几分之几

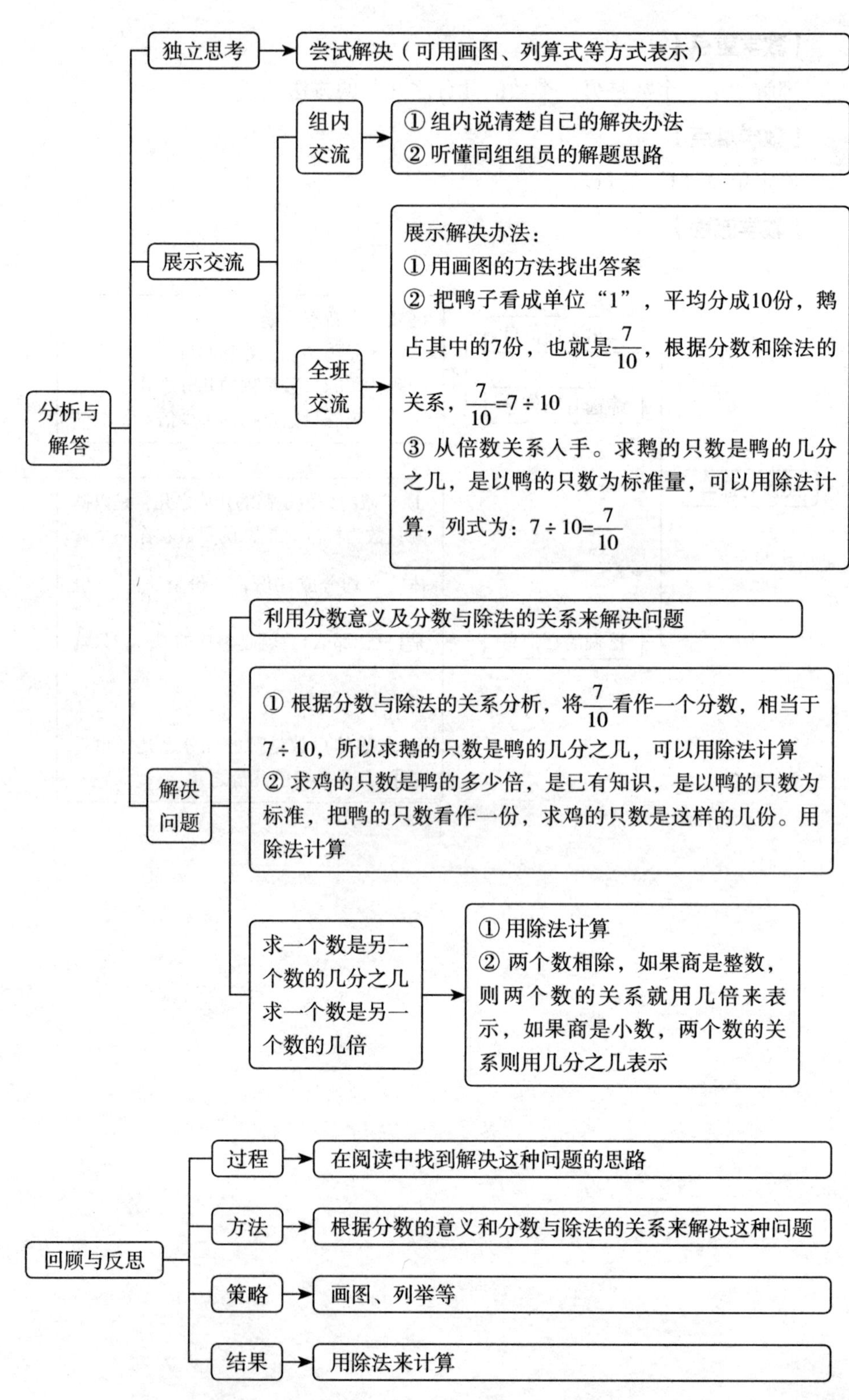
分析与解答
独立思考
尝试解决（可用画图、列算式等方式表示）
展示交流
组内交流
① 组内说清楚自己的解决办法
② 听懂同组组员的解题思路
全班交流
展示解决办法：
① 用画图的方法找出答案
② 把鸭子看成单位“1”，平均分成10份，鹅占其中的7份，也就是$\frac{7}{10}$，根据分数和除法的关系，$\frac{7}{10}=7\div10$
③ 从倍数关系入手。求鹅的只数是鸭的几分之几，是以鸭的只数为标准量，可以用除法计算，列式为：$7\div10=\frac{7}{10}$
解决问题
利用分数意义及分数与除法的关系来解决问题
① 根据分数与除法的关系分析，将$\frac{7}{10}$看作一个分数，相当于$7\div10$，所以求鹅的只数是鸭的几分之几，可以用除法计算
② 求鸡的只数是鸭的多少倍，是已有知识，是以鸭的只数为标准，把鸭的只数看作一份，求鸡的只数是这样的几份。用除法计算
求一个数是另一个数的几分之几
求一个数是另一个数的几倍
① 用除法计算
② 两个数相除，如果商是整数，则两个数的关系就用几倍来表示，如果商是小数，两个数的关系则用几分之几表示
回顾与反思
过程
在阅读中找到解决这种问题的思路
方法
根据分数的意义和分数与除法的关系来解决这种问题
策略
画图、列举等
结果
用除法来计算

《公因数、最大公因数在生活中的实际应用》

广州市番禺区市桥实验小学　蔡结珍

【教学内容】

人民教育出版社义务教育教科书《数学》五年级数学下册第4单元“分数的意义和性质”第62页例3。

【教材简析】

本课教学分为以下几个步骤：①呈现铺地砖的问题情境；②引导学生理解题意，通过交流，使学生认识到要使所用的正方形地砖都是整块的，地砖的边长必须既是16的因数，又是12的因数，从而引导学生感知公因数在解决问题中的广泛应用；③通过讨论，引导学生发现地砖的最大边长是4分米；④引导学生在长方形纸上用画一画的方式来验证自己的想法。

【教学目标】

1. 进一步理解两个数的公因数和最大公因数的意义，学会用公因数、最大公因数的知识解决简单的实际问题。

2. 通过观察、推理、归纳、验证等数学活动，培养有条理、有根据地进行思考的能力。

3. 体会生活中处处有数学，激发学习数学的兴趣。

【教学重点】

理解用公因数和最大公因数的知识来解决相关的实际问题。

【教学难点】

理解用公因数和最大公因数的知识来解决相关的实际问题。

【教学流程】

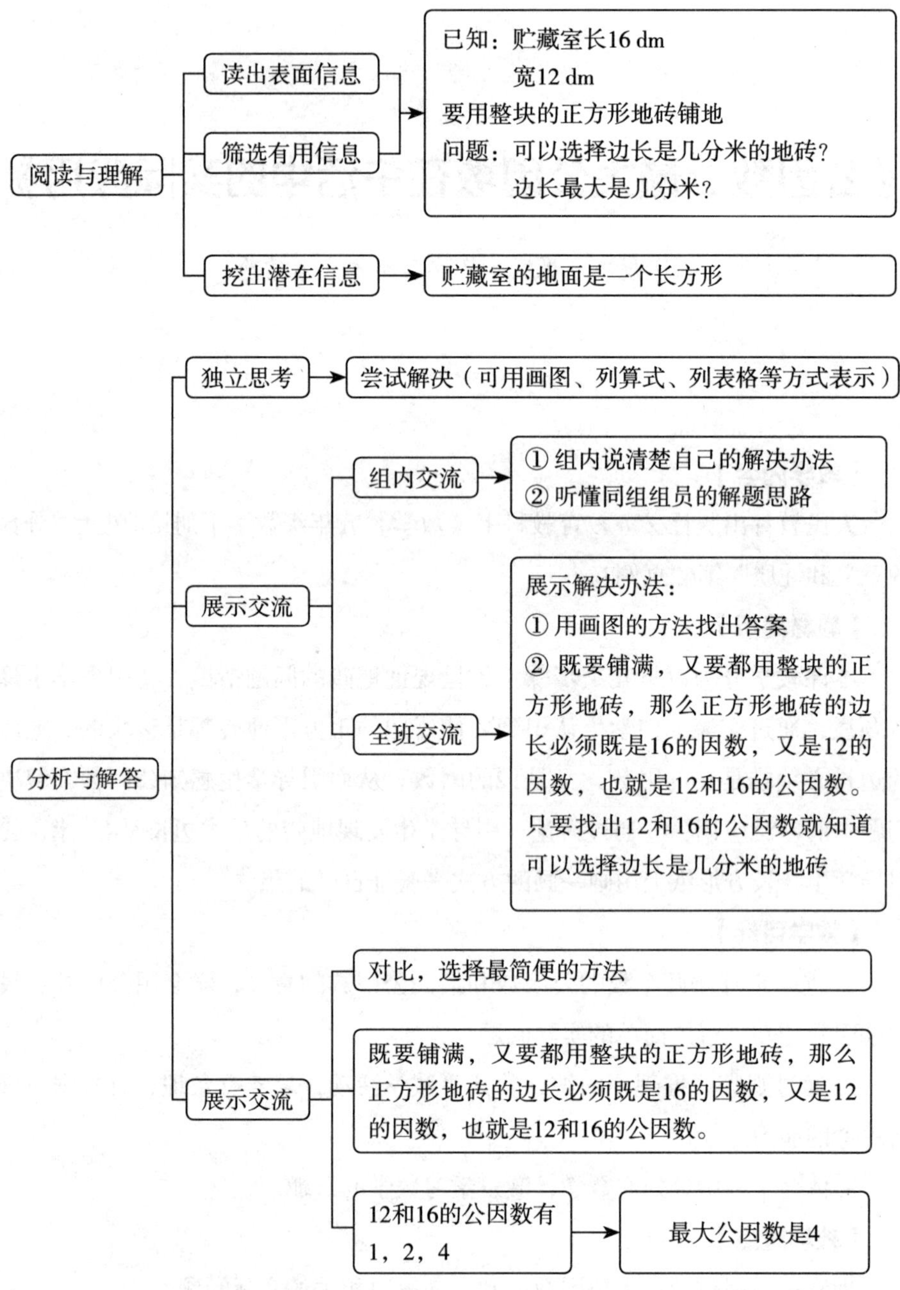
阅读与理解
读出表面信息
筛选有用信息
已知：贮藏室长16 dm
宽12 dm
要用整块的正方形地砖铺地
问题：可以选择边长是几分米的地砖？
边长最大是几分米？
挖出潜在信息
贮藏室的地面是一个长方形
分析与解答
独立思考
尝试解决（可用画图、列算式、列表格等方式表示）
展示交流
组内交流
① 组内说清楚自己的解决办法
② 听懂同组组员的解题思路
全班交流
展示解决办法：
① 用画图的方法找出答案
② 既要铺满，又要都用整块的正方形地砖，那么正方形地砖的边长必须既是16的因数，又是12的因数，也就是12和16的公因数。只要找出12和16的公因数就知道可以选择边长是几分米的地砖
展示交流
对比，选择最简便的方法
既要铺满，又要都用整块的正方形地砖，那么正方形地砖的边长必须既是16的因数，又是12的因数，也就是12和16的公因数。
12和16的公因数有1，2，4
最大公因数是4

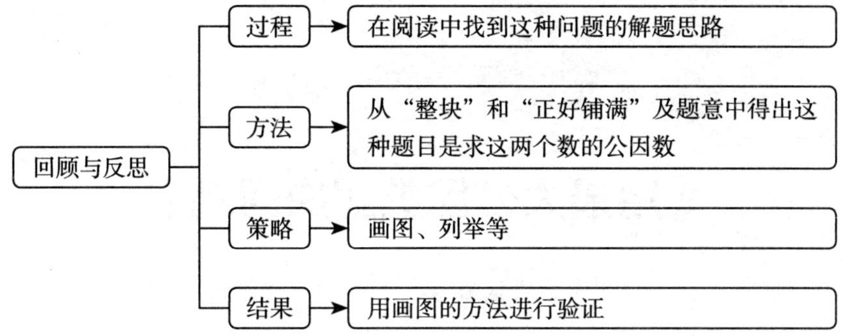
回顾与反思
过程
在阅读中找到这种问题的解题思路
方法
从“整块”和“正好铺满”及题意中得出这种题目是求这两个数的公因数
策略
画图、列举等
结果
用画图的方法进行验证

《用最大公因数解决问题》

广州市番禺区石碁小龙小学　曾佩仪

【教学内容】

人民教育出版社义务教育教科书《数学》五年级下册第4单元“分数的意义和性质”第62页例3。

【教材简析】

例3通过教学用最大公因数解决实际问题，使学生进一步理解和掌握公因数和最大公因数的概念以及找两个数的公因数和最大公因数的方法，进而理解两个数的公因数和最大公因数的现实意义，体会两个数的公因数和最大公因数在现实生活中的应用，感受数学与生活的密切联系，发展数学应用意识和解决实际问题的能力，体验学习数学的价值。

【教学目标】

1. 学会用公因数、最大公因数的知识解决简单的实际问题，体会它们的现实意义，加深对概念的理解。

2. 借助几何直观，理解和分析用最大公因数解决问题的特点，总结解决此类问题的方法和策略。

3. 在解决实际问题中，培养分析问题、解决问题的能力，体验数学与生活的密切联系。

【教学重点】

用求最大公因数的方法解决实际问题。

【教学难点】

体会把生活问题转化为数学问题进行解答。

【教学流程】

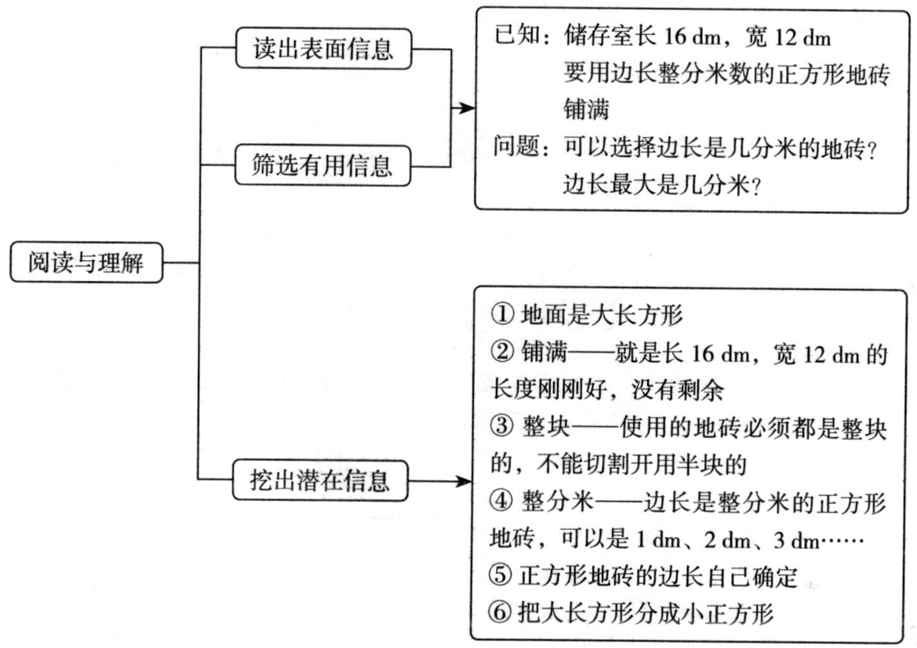

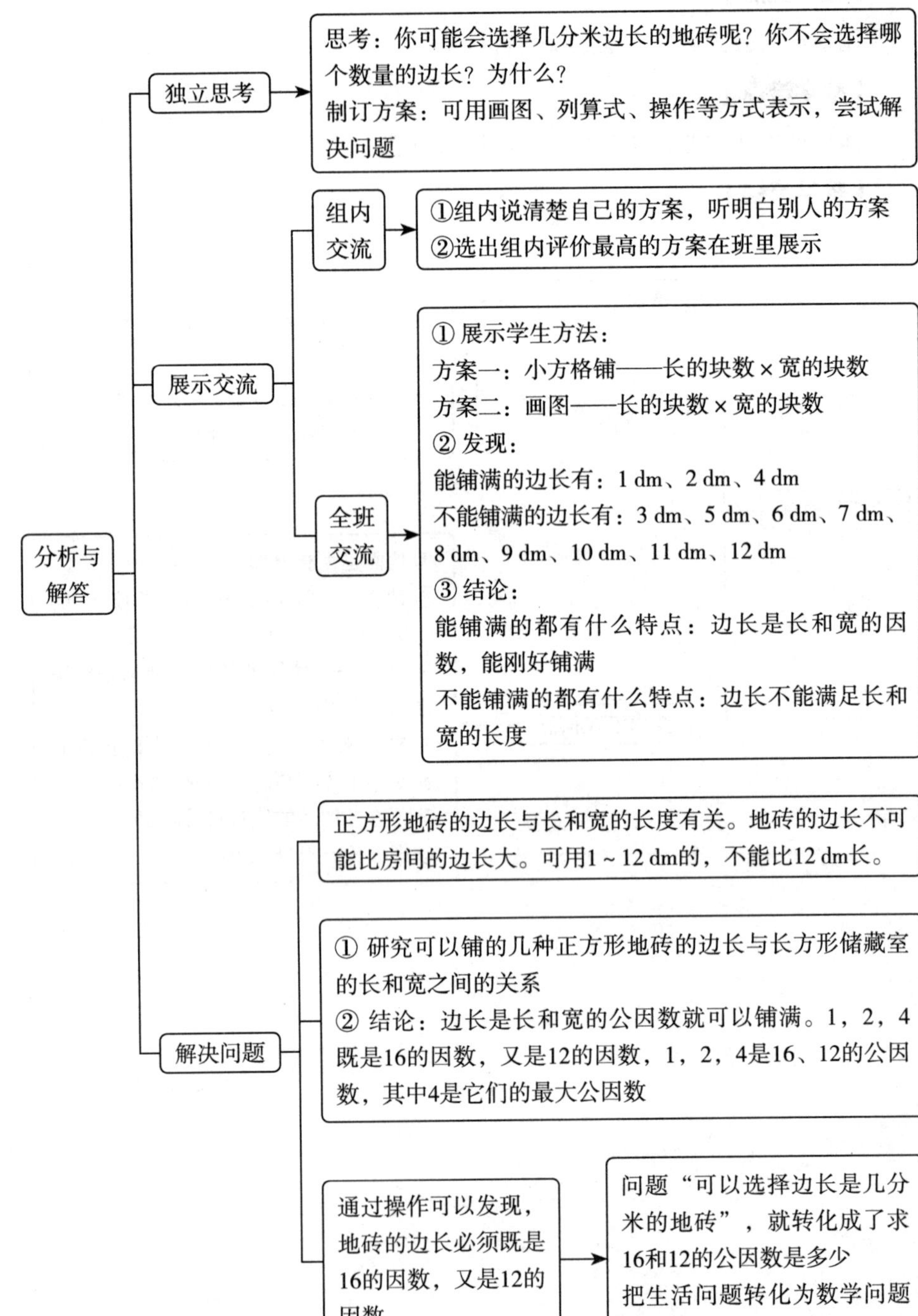
分析与解答
独立思考
思考：你可能会选择几分米边长的地砖呢？你不会选择哪个数量的边长？为什么？
制订方案：可用画图、列算式、操作等方式表示，尝试解决问题
展示交流
组内交流
①组内说清楚自己的方案，听明白别人的方案
②选出组内评价最高的方案在班里展示
全班交流
① 展示学生方法：
方案一：小方格铺——长的块数 × 宽的块数
方案二：画图——长的块数 × 宽的块数
② 发现：
能铺满的边长有：1 dm、2 dm、4 dm
不能铺满的边长有：3 dm、5 dm、6 dm、7 dm、8 dm、9 dm、10 dm、11 dm、12 dm
③ 结论：
能铺满的都有什么特点：边长是长和宽的因数，能刚好铺满
不能铺满的都有什么特点：边长不能满足长和宽的长度
解决问题
正方形地砖的边长与长和宽的长度有关。地砖的边长不可能比房间的边长大。可用1 ~ 12 dm的，不能比12 dm长。
① 研究可以铺的几种正方形地砖的边长与长方形储藏室的长和宽之间的关系
② 结论：边长是长和宽的公因数就可以铺满。1，2，4既是16的因数，又是12的因数，1，2，4是16、12的公因数，其中4是它们的最大公因数
通过操作可以发现，地砖的边长必须既是16的因数，又是12的因数
问题“可以选择边长是几分米的地砖”，就转化成了求16和12的公因数是多少
把生活问题转化为数学问题是解决这类问题的关键

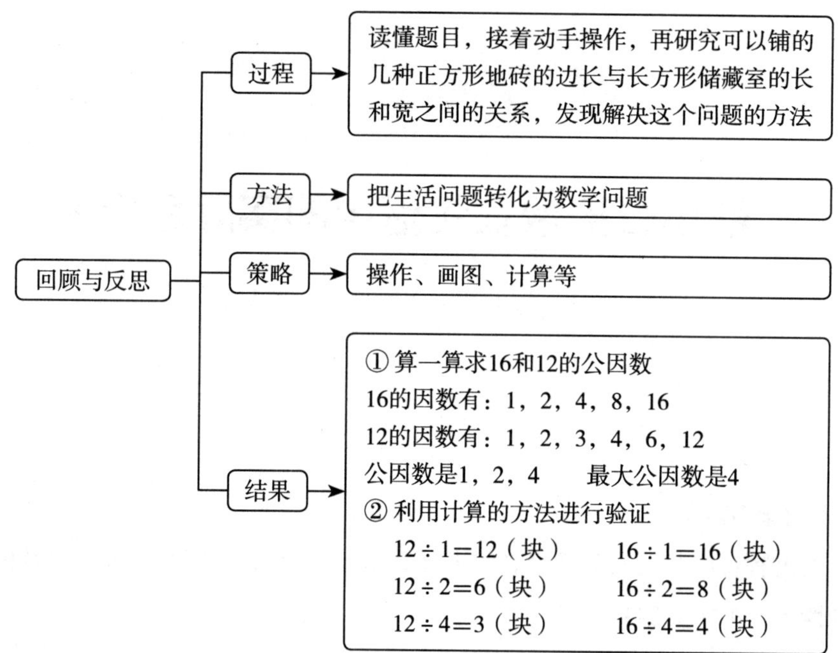
回顾与反思
过程
读懂题目，接着动手操作，再研究可以铺的几种正方形地砖的边长与长方形储藏室的长和宽之间的关系，发现解决这个问题的方法
方法
把生活问题转化为数学问题
策略
操作、画图、计算等
结果
① 算一算求16和12的公因数
16的因数有：1，2，4，8，16
12的因数有：1，2，3，4，6，12
公因数是1，2，4　最大公因数是4
② 利用计算的方法进行验证
12 ÷ 1=12（块）　16 ÷ 1=16（块）
12 ÷ 2=6（块）　16 ÷ 2=8（块）
12 ÷ 4=3（块）　16 ÷ 4=4（块）

《最小公倍数在生活中的实际应用》

广州市番禺区市桥北城小学　黄丽群

【教学内容】

人民教育出版社义务教育教科书《数学》五年级下册第4单元“分数的意义和性质”第70页例3。

【教材简析】

本课教学内容是要让学生学会用数学的眼光来思考并分析身边的问题。教材中的铺砖这一实际生活情境将公倍数知识蕴藏其中，让学生在解决实际问题的过程中能够感悟知识与生活的紧密联系。学生在课堂当中动手操作，有更多的思考和交流空间，让抽象的数学知识更形象。

【教学目标】

1. 学会用公因数、最小公倍数的知识解决简单的实际问题，体会它们的现实意义，加深对概念的理解。

2. 借助几何直观，理解和分析用最小公倍数解决问题的特点，总结解决此类问题的方法和策略。

3. 在解决实际问题的过程中，培养分析问题、解决问题的能力，体验数学与生活的密切联系。

【教学重点】

学会用公倍数和最小公倍数的知识解决简单的实际问题。

【教学难点】

把生活问题转化为数学问题进行解答。

【教学流程】

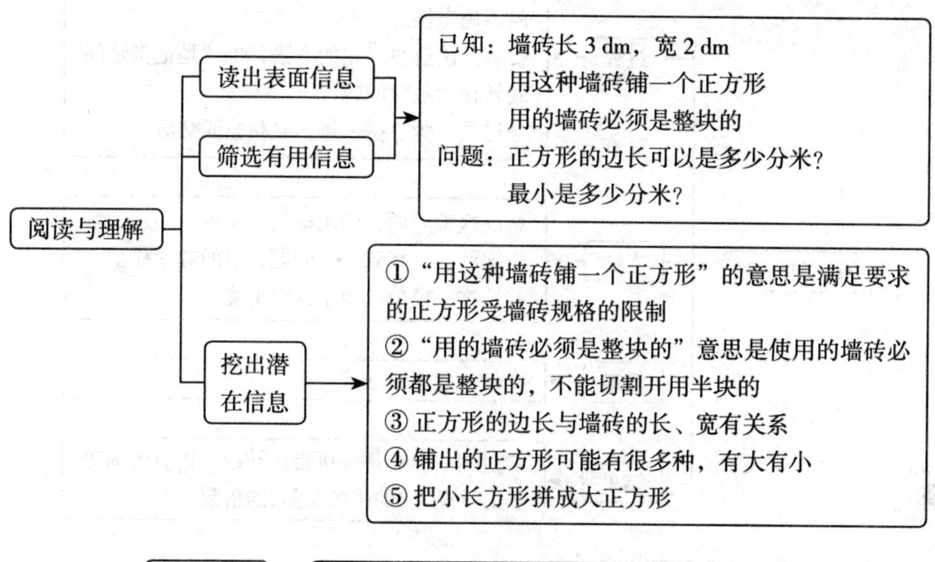

阅读与理解
读出表面信息
筛选有用信息
已知：墙砖长 3 dm，宽 2 dm
用这种墙砖铺一个正方形
用的墙砖必须是整块的
问题：正方形的边长可以是多少分米？
最小是多少分米？
挖出潜在信息
①“用这种墙砖铺一个正方形”的意思是满足要求的正方形受墙砖规格的限制
②“用的墙砖必须是整块的”意思是使用的墙砖必须都是整块的，不能切割开用半块的
③正方形的边长与墙砖的长、宽有关系
④铺出的正方形可能有很多种，有大有小
⑤把小长方形拼成大正方形

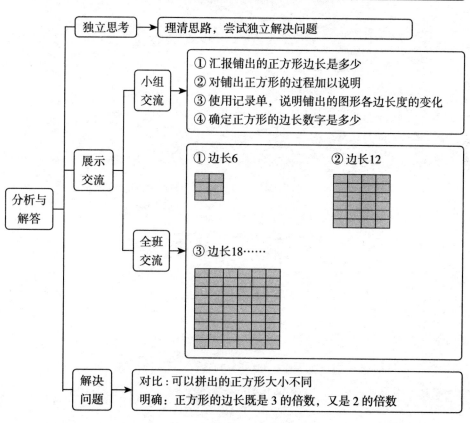

分析与解答

独立思考 → 理清思路，尝试独立解决问题

展示交流

小组交流 →
①汇报铺出的正方形边长是多少
②对铺出正方形的过程加以说明
③使用记录单，说明铺出的图形各边长度的变化
④确定正方形的边长数字是多少

全班交流 →
①边长6
②边长12
③边长18……

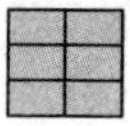

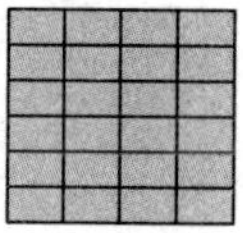

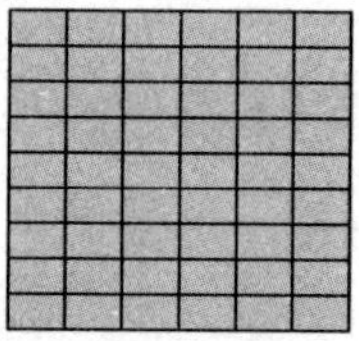

解决问题 →
对比：可以拼出的正方形大小不同
明确：正方形的边长既是 3 的倍数，又是 2 的倍数

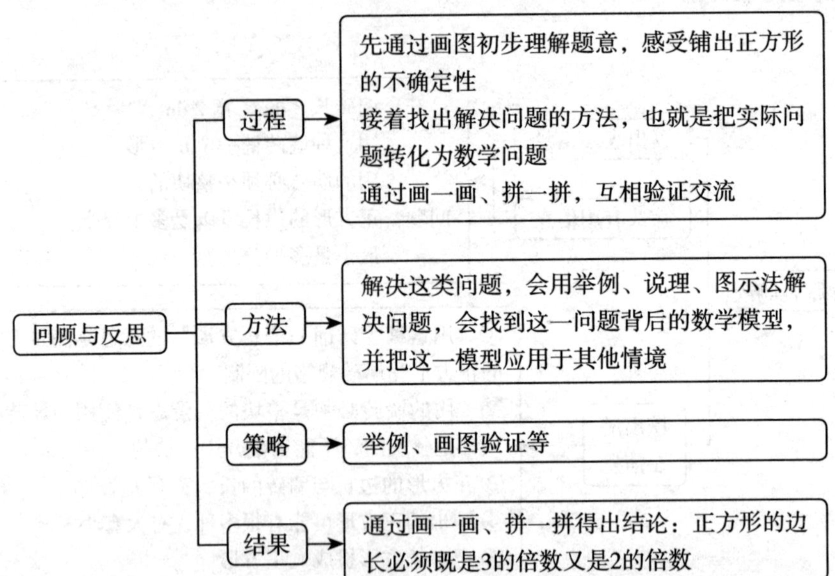
回顾与反思
过程
先通过画图初步理解题意，感受铺出正方形的不确定性
接着找出解决问题的方法，也就是把实际问题转化为数学问题
通过画一画、拼一拼，互相验证交流
方法
解决这类问题，会用举例、说理、图示法解决问题，会找到这一问题背后的数学模型，并把这一模型应用于其他情境
策略
举例、画图验证等
结果
通过画一画、拼一拼得出结论：正方形的边长必须既是3的倍数又是2的倍数

《图形的欣赏与设计》

广州市番禺区市桥北城小学　黄丽群

【教学内容】

人教版义教课程标准教科书《数学》五年级下册第5单元“图形的运动（三）”第87页例4。

【教材简析】

例4以解决问题的形式编排了用七巧板拼出一个小鱼图案的活动，让学生探索多个图形拼组的运动变化。

【教学目标】

1. 认识每块七巧板的形状和大小，能用七巧板拼不同的图案。

2. 通过在方格纸上平移、旋转的方式用七巧板拼组鱼图，加深对已经学过的平移、旋转等知识的理解，发展空间观念。

3. 通过活动培养观察思考的能力，并培养小组合作精神和解决问题的能力。

【教学重点】

认识每块七巧板的形状和大小。

【教学难点】

能用七巧板拼不同的图案。

【教学流程】

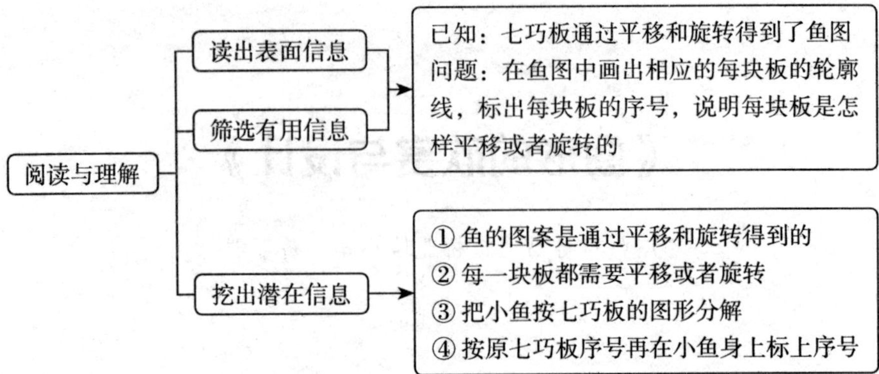
阅读与理解
读出表面信息
筛选有用信息
已知：七巧板通过平移和旋转得到了鱼图
问题：在鱼图中画出相应的每块板的轮廓线，标出每块板的序号，说明每块板是怎样平移或者旋转的
挖出潜在信息
① 鱼的图案是通过平移和旋转得到的
② 每一块板都需要平移或者旋转
③ 把小鱼按七巧板的图形分解
④ 按原七巧板序号再在小鱼身上标上序号

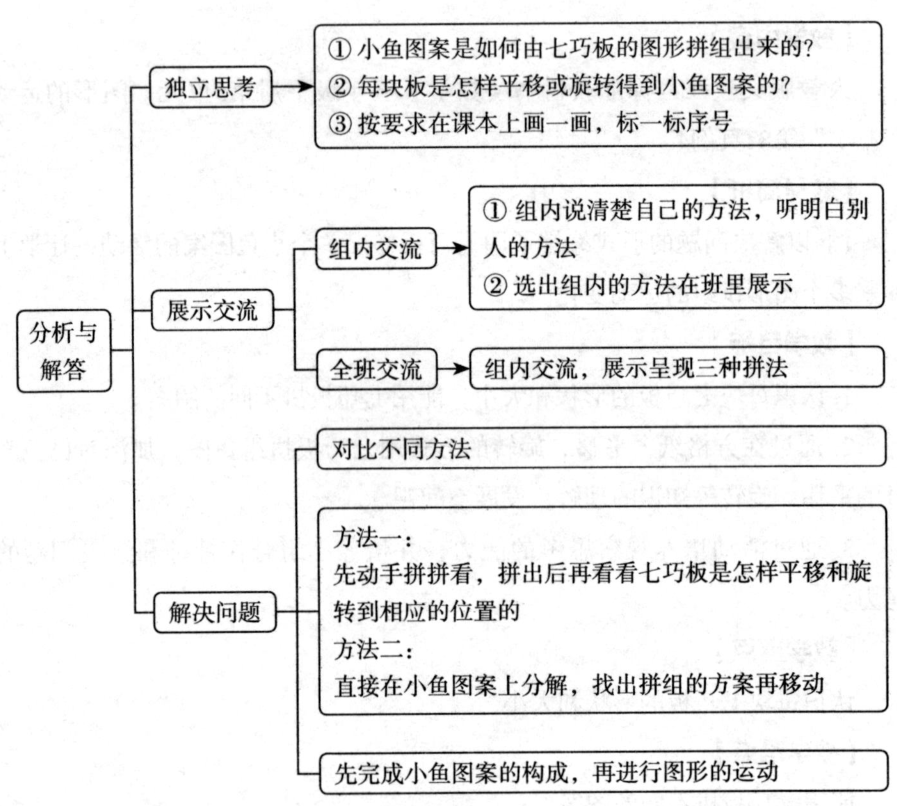
分析与解答
独立思考
① 小鱼图案是如何由七巧板的图形拼组出来的?
② 每块板是怎样平移或旋转得到小鱼图案的?
③ 按要求在课本上画一画，标一标序号
展示交流
组内交流
① 组内说清楚自己的方法，听明白别人的方法
② 选出组内的方法在班里展示
全班交流
组内交流，展示呈现三种拼法
解决问题
对比不同方法
方法一：
先动手拼拼看，拼出后再看看七巧板是怎样平移和旋转到相应的位置的
方法二：
直接在小鱼图案上分解，找出拼组的方案再移动
先完成小鱼图案的构成，再进行图形的运动

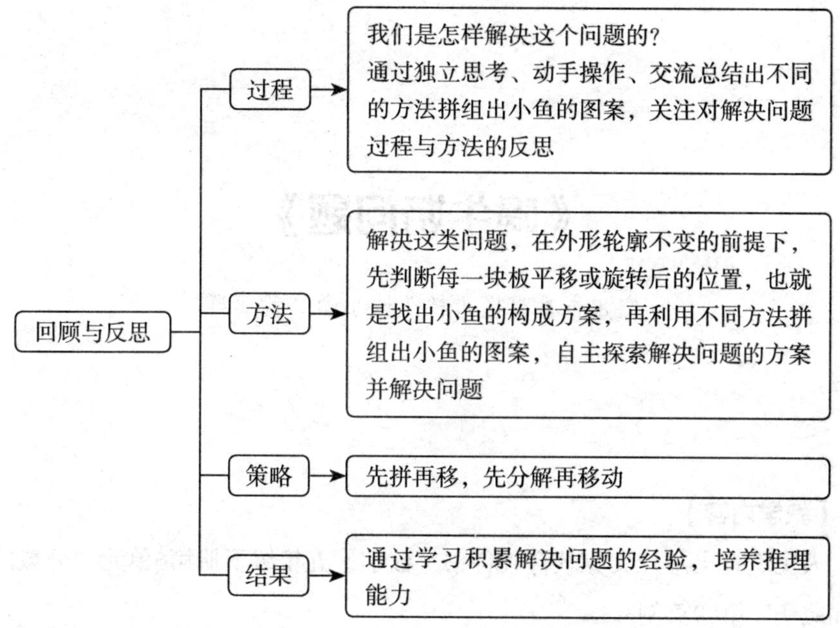
回顾与反思
过程
我们是怎样解决这个问题的？
通过独立思考、动手操作、交流总结出不同的方法拼组出小鱼的图案，关注对解决问题过程与方法的反思
方法
解决这类问题，在外形轮廓不变的前提下，先判断每一块板平移或旋转后的位置，也就是找出小鱼的构成方案，再利用不同方法拼组出小鱼的图案，自主探索解决问题的方案并解决问题
策略
先拼再移，先分解再移动
结果
通过学习积累解决问题的经验，培养推理能力

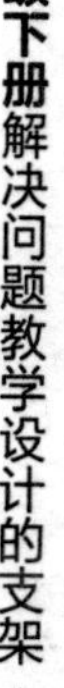

《喝牛奶问题》

广州市番禺区市桥北城小学　黄丽群

【教学内容】

人民教育出版社义务教育教科书《数学》五年级下册第6单元“分数的加法和减法”第99页例3。

【教材简析】

本节课的内容是教材新增加的解决问题——喝牛奶问题，属于数与代数方面的知识。这一问题涉及分数，比较抽象，常作为数学爱好者的智力研究题目。本教材安排这一问题，主要是渗透用几何直观解决问题的策略。学生之前已经学习了分数的意义和性质以及分数加法、减法，但是没有学过分数的乘除法，所以学生对于“$\frac{1}{2}$杯的一半是多少？”是难以理解的。

【教学目标】

1. 经历解决问题的全过程，探索解决问题的途径、策略和方法，体会图示在理解问题、分析解决问题中的作用，学习用几何直观分析解决问题。

2. 感受数学知识与日常生活的联系，体会解决问题过程中的快乐。

【教学重点】

借助几何直观探索解决问题的途径、策略和方法。

【教学难点】

理解$\frac{1}{2}$杯的一半是多少。

【教学流程】

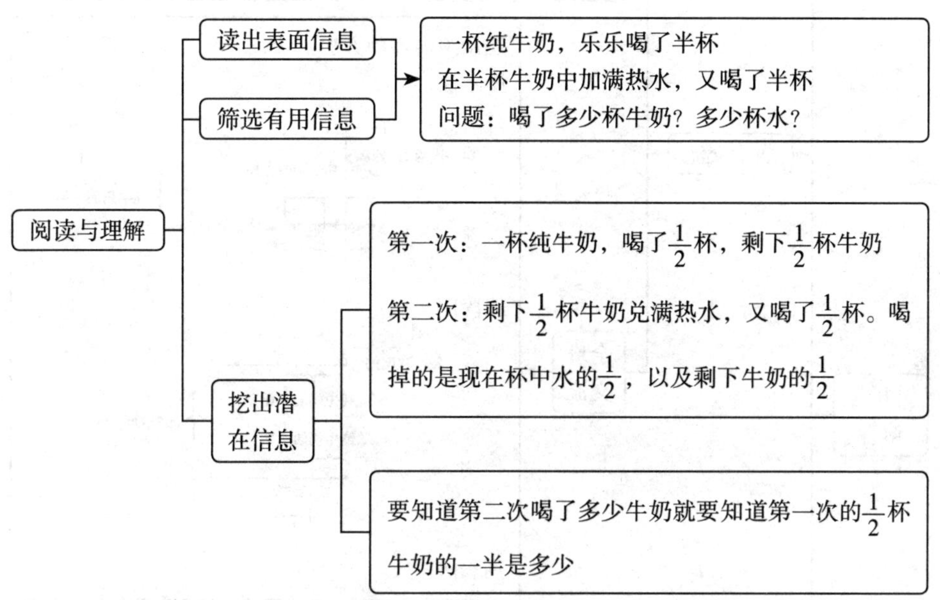

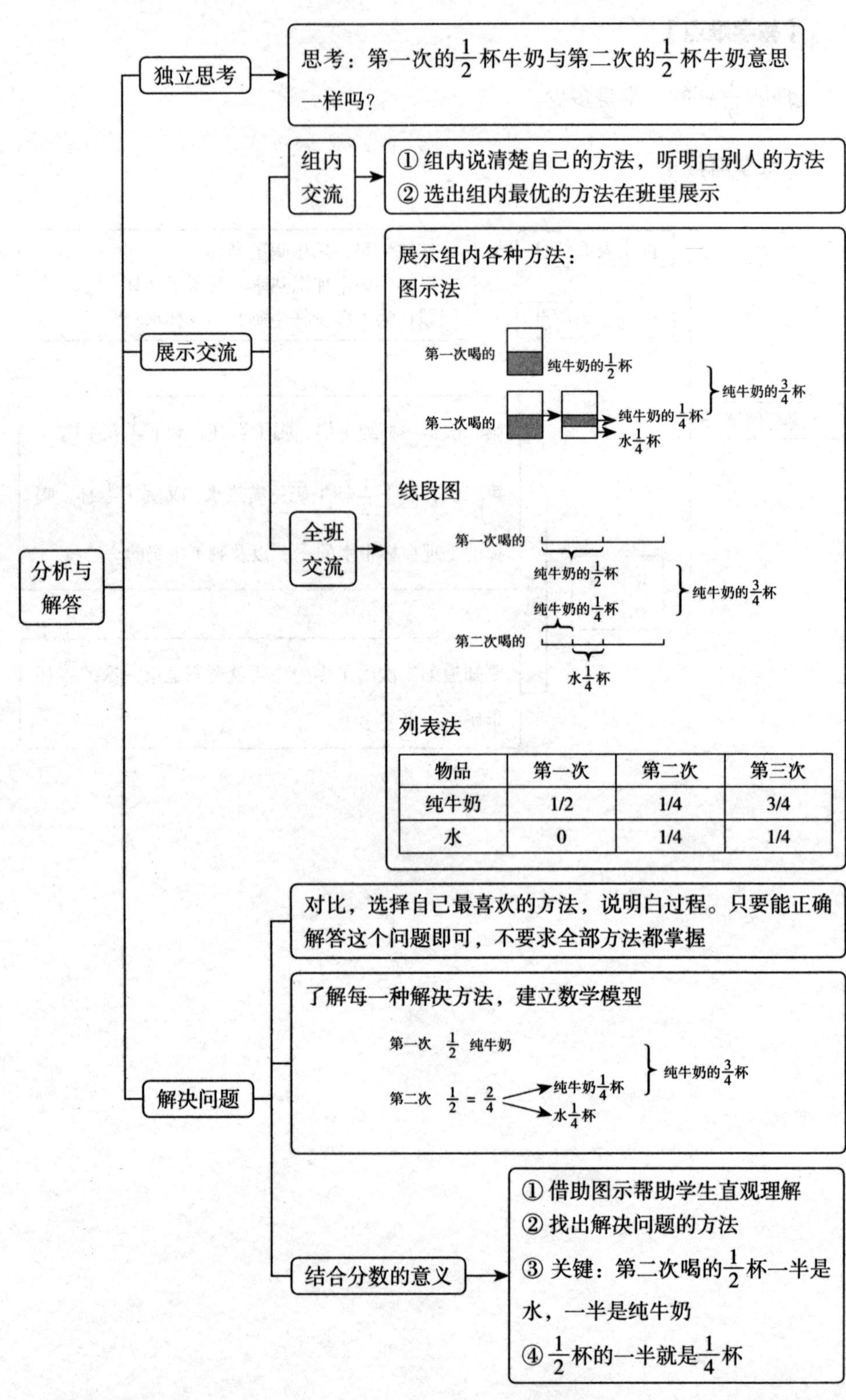
分析与解答
独立思考
思考：第一次的$\frac{1}{2}$杯牛奶与第二次的$\frac{1}{2}$杯牛奶意思一样吗？
展示交流
组内交流
① 组内说清楚自己的方法，听明白别人的方法
② 选出组内最优的方法在班里展示
全班交流
展示组内各种方法：
图示法
第一次喝的
纯牛奶的$\frac{1}{2}$杯
第二次喝的
纯牛奶的$\frac{1}{4}$杯
水$\frac{1}{4}$杯
纯牛奶的$\frac{3}{4}$杯
线段图
第一次喝的
纯牛奶的$\frac{1}{2}$杯
纯牛奶的$\frac{1}{4}$杯
纯牛奶的$\frac{3}{4}$杯
第二次喝的
水$\frac{1}{4}$杯
列表法
解决问题
对比，选择自己最喜欢的方法，说明白过程。只要能正确解答这个问题即可，不要求全部方法都掌握
了解每一种解决方法，建立数学模型
第一次 $\frac{1}{2}$ 纯牛奶
第二次 $\frac{1}{2}=\frac{2}{4}$
纯牛奶$\frac{1}{4}$杯
水$\frac{1}{4}$杯
纯牛奶的$\frac{3}{4}$杯
结合分数的意义
① 借助图示帮助学生直观理解
② 找出解决问题的方法
③ 关键：第二次喝的$\frac{1}{2}$杯一半是水，一半是纯牛奶
④ $\frac{1}{2}$杯的一半就是$\frac{1}{4}$杯

物品	第一次	第二次	第三次
纯牛奶	1/2	1/4	3/4
水	0	1/4	1/4

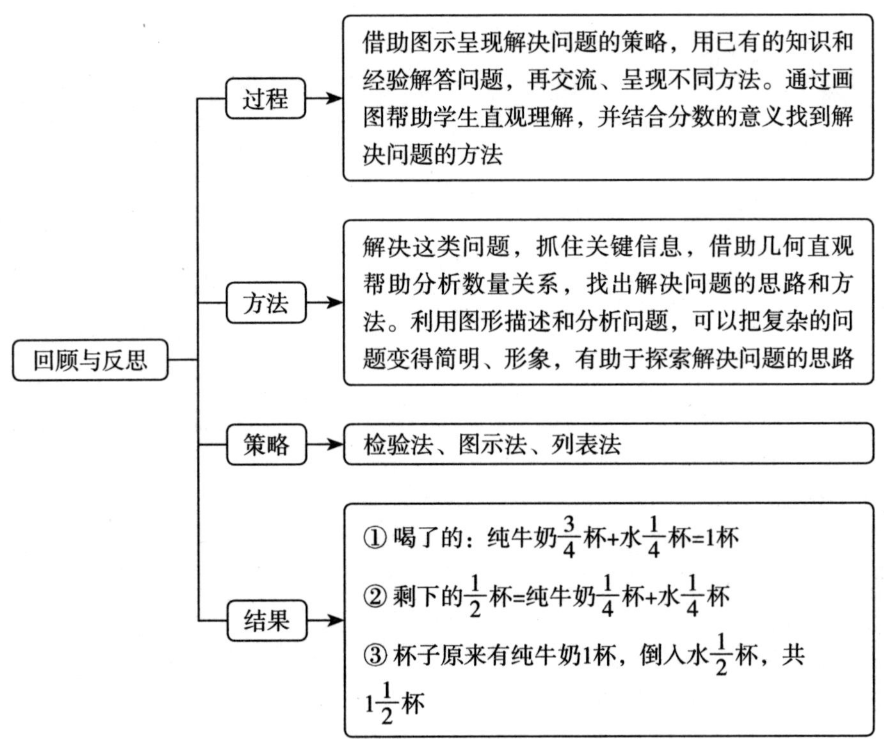
回顾与反思
过程
借助图示呈现解决问题的策略，用已有的知识和经验解答问题，再交流、呈现不同方法。通过画图帮助学生直观理解，并结合分数的意义找到解决问题的方法
方法
解决这类问题，抓住关键信息，借助几何直观帮助分析数量关系，找出解决问题的思路和方法。利用图形描述和分析问题，可以把复杂的问题变得简明、形象，有助于探索解决问题的思路
策略
检验法、图示法、列表法
结果
① 喝了的：纯牛奶$\frac{3}{4}$杯+水$\frac{1}{4}$杯=1杯
② 剩下的$\frac{1}{2}$杯=纯牛奶$\frac{1}{4}$杯+水$\frac{1}{4}$杯
③ 杯子原来有纯牛奶1杯，倒入水$\frac{1}{2}$杯，共$1\frac{1}{2}$杯

6

六年级 上册

解决问题教学设计的支架

《连续求一个数的几分之几是多少》

广州市番禺区石碁镇中心小学　钟镇锋

【教材内容】

人民教育出版社义务教育教科书《数学》六年级上册第1单元“分数乘法”第13页例8。

【教材简析】

学生在前一节学会了求一个数的几分之几是多少，两步计算的分数乘法应用题与一步计算的分数乘法应用题的相同点都是求一个数的几分之几是多少。

例8研究三个量之间的关系，其中单位“1”是在动态变化的。实际上这是对一个数乘分数的意义的应用，是让学生在会求一个数的几分之几是多少的基础上，解决连续求一个数的几分之几是多少的实际问题。

【教学目标】

1. 理解和掌握连续求一个数的几分之几是多少问题的数量关系，掌握分数连乘法的计算方法并能正确计算。

2. 经历解决实际问题的过程，培养分析、推理、归纳、概括的能力。

3. 进一步体验数学与日常生活的密切联系，在共同探讨中培养合作意识。

【教学重点】

理解和掌握连续求一个数的几分之几是多少问题的数量关系

【教学难点】

理解两次比较中表示单位“1”的量是不同的。

【教学流程】

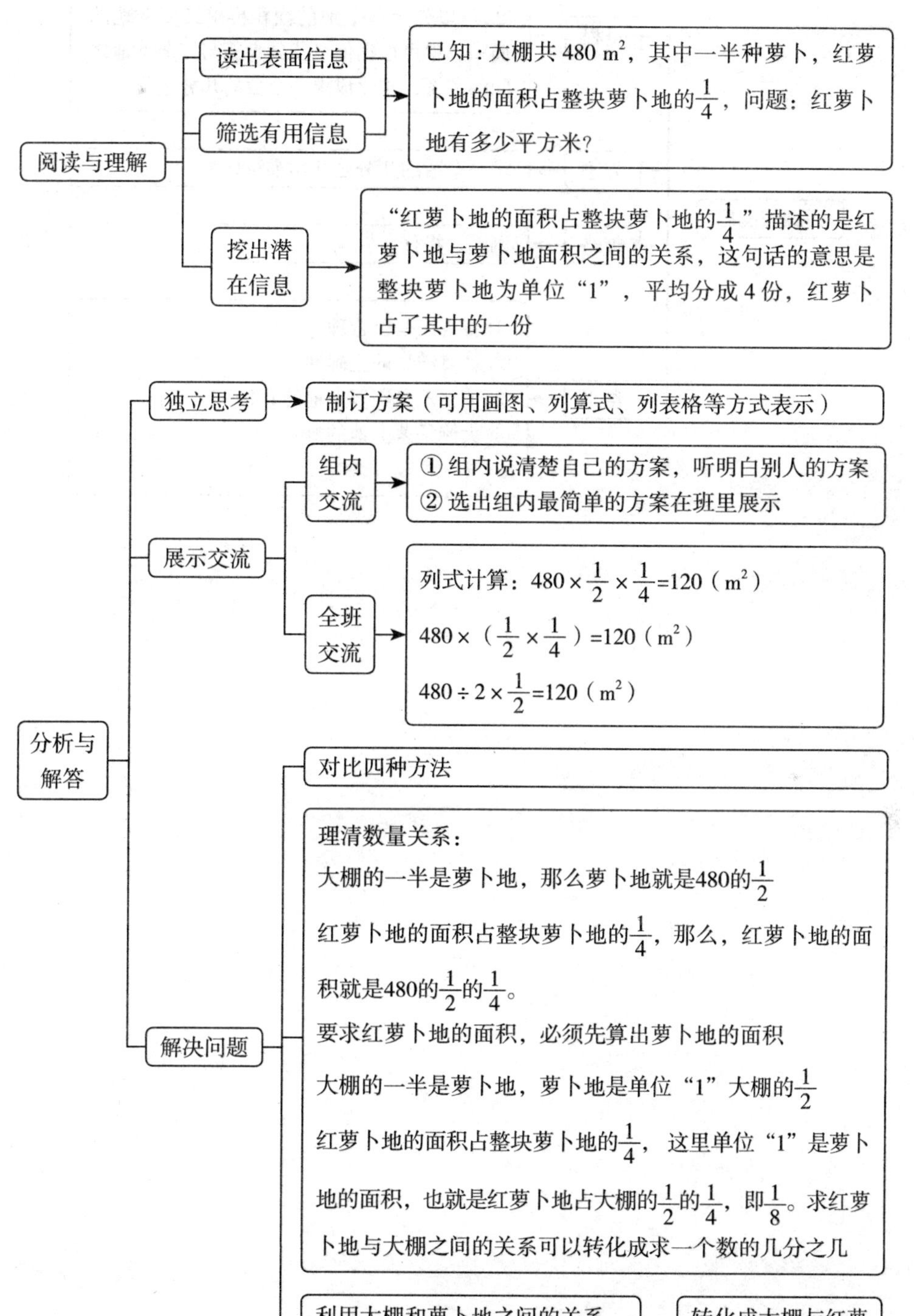

阅读与理解
读出表面信息
筛选有用信息
已知：大棚共 480 m²，其中一半种萝卜，红萝卜地的面积占整块萝卜地的$\frac{1}{4}$，问题：红萝卜地有多少平方米？
挖出潜在信息
“红萝卜地的面积占整块萝卜地的$\frac{1}{4}$”描述的是红萝卜地与萝卜地面积之间的关系，这句话的意思是整块萝卜地为单位“1”，平均分成 4 份，红萝卜占了其中的一份
分析与解答
独立思考
制订方案（可用画图、列算式、列表格等方式表示）
展示交流
组内交流
① 组内说清楚自己的方案，听明白别人的方案
② 选出组内最简单的方案在班里展示
全班交流
列式计算：$480\times\frac{1}{2}\times\frac{1}{4}=120$（$m^2$）
$480\times(\frac{1}{2}\times\frac{1}{4})=120$（$m^2$）
$480\div2\times\frac{1}{2}=120$（$m^2$）
解决问题
对比四种方法
理清数量关系：
大棚的一半是萝卜地，那么萝卜地就是480的$\frac{1}{2}$
红萝卜地的面积占整块萝卜地的$\frac{1}{4}$，那么，红萝卜地的面积就是480的$\frac{1}{2}$的$\frac{1}{4}$。
要求红萝卜地的面积，必须先算出萝卜地的面积
大棚的一半是萝卜地，萝卜地是单位“1”大棚的$\frac{1}{2}$
红萝卜地的面积占整块萝卜地的$\frac{1}{4}$，这里单位“1”是萝卜地的面积，也就是红萝卜地占大棚的$\frac{1}{2}$的$\frac{1}{4}$，即$\frac{1}{8}$。求红萝卜地与大棚之间的关系可以转化成求一个数的几分之几
利用大棚和萝卜地之间的关系、红萝卜地与萝卜地之间的关系
转化成大棚与红萝卜地之间的关系

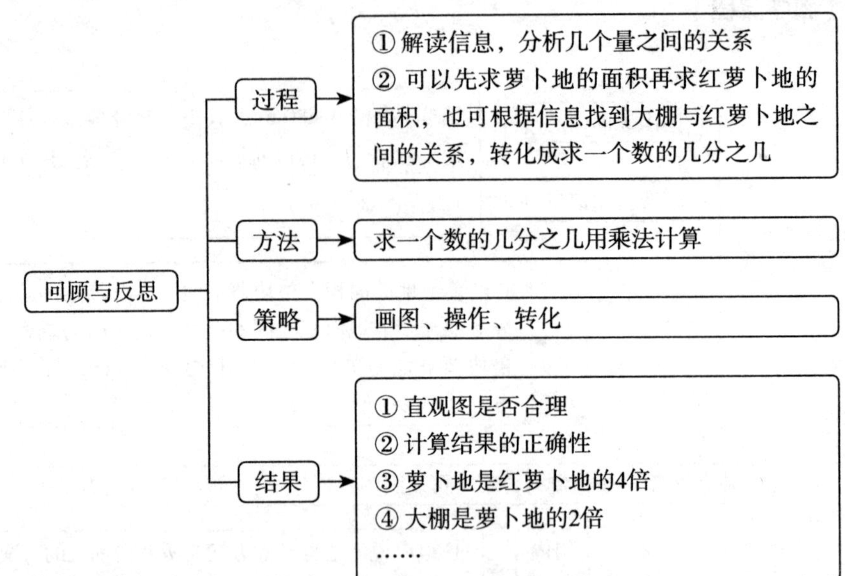
回顾与反思
过程
① 解读信息，分析几个量之间的关系
② 可以先求萝卜地的面积再求红萝卜地的面积，也可根据信息找到大棚与红萝卜地之间的关系，转化成求一个数的几分之几
方法
求一个数的几分之几用乘法计算
策略
画图、操作、转化
结果
① 直观图是否合理
② 计算结果的正确性
③ 萝卜地是红萝卜地的4倍
④ 大棚是萝卜地的2倍
……

《求比一个数多（或少）几分之几的数是多少》

广州市番禺区石碁镇中心小学　钟镇锋

【教材内容】

人民教育出版社义务教育教科书《数学》六年级上册第1单元“分数乘法”第14页例9。

【教材简析】

例9是让学生在会解决连续求一个数的几分之几是多少的实际问题的基础上，学习解决求比一个数多（或少）几分之几的数是多少的问题。虽然还是研究两个量之间的关系，但是没有直接给出两个量之间的关系，而是通过线段图直观地表示出来，以此帮助学生理解题意。教材按“阅读与理解”“分析与解答”和“回顾与反思”的顺序呈现解决问题的一般步骤。

【教学目标】

1. 理解“求比一个数多（或少）几分之几的数是多少”的解题思路和方法，掌握解决此类问题的一般性策略。

2. 经历解决问题的过程，学会借助线段图来分析数量关系。

3. 培养分析问题的能力和综合运用所学知识解决问题的能力。

【教学重点】

理解掌握“求比一个数多（或少）几分之几的数是多少”的解题思路和方法。

【教学难点】

理解关键数量关系。

【教学流程】

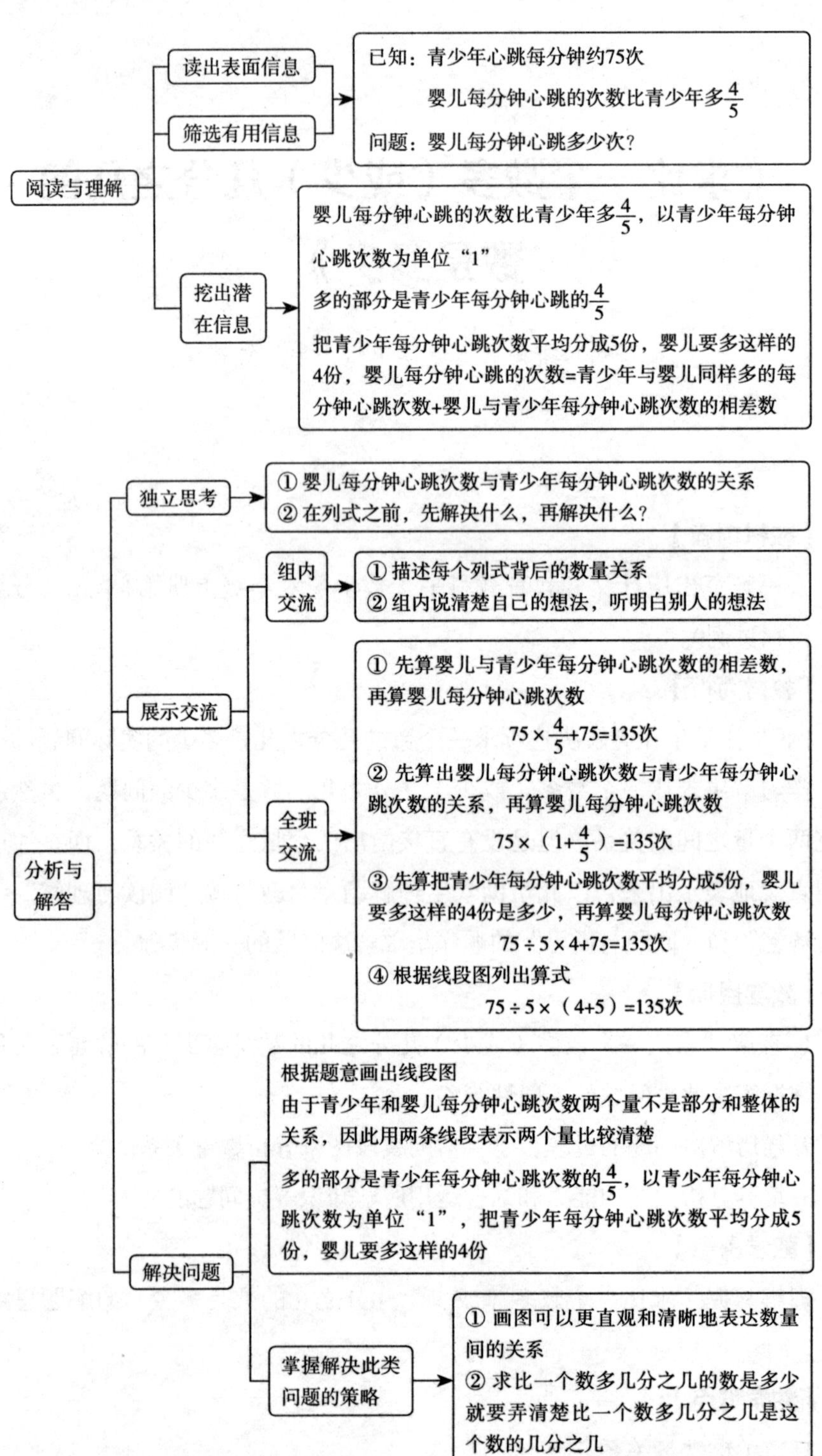

阅读与理解
读出表面信息
筛选有用信息
已知：青少年心跳每分钟约75次
婴儿每分钟心跳的次数比青少年多$\frac{4}{5}$
问题：婴儿每分钟心跳多少次？
挖出潜在信息
婴儿每分钟心跳的次数比青少年多$\frac{4}{5}$，以青少年每分钟心跳次数为单位“1”
多的部分是青少年每分钟心跳的$\frac{4}{5}$
把青少年每分钟心跳次数平均分成5份，婴儿要多这样的4份，婴儿每分钟心跳的次数=青少年与婴儿同样多的每分钟心跳次数+婴儿与青少年每分钟心跳次数的相差数
分析与解答
独立思考
① 婴儿每分钟心跳次数与青少年每分钟心跳次数的关系
② 在列式之前，先解决什么，再解决什么？
展示交流
组内交流
① 描述每个列式背后的数量关系
② 组内说清楚自己的想法，听明白别人的想法
全班交流
① 先算婴儿与青少年每分钟心跳次数的相差数，再算婴儿每分钟心跳次数
$75\times\frac{4}{5}+75=135$次
② 先算出婴儿每分钟心跳次数与青少年每分钟心跳次数的关系，再算婴儿每分钟心跳次数
$75\times(1+\frac{4}{5})=135$次
③ 先算把青少年每分钟心跳次数平均分成5份，婴儿要多这样的4份是多少，再算婴儿每分钟心跳次数
$75\div5\times4+75=135$次
④ 根据线段图列出算式
$75\div5\times(4+5)=135$次
解决问题
根据题意画出线段图
由于青少年和婴儿每分钟心跳次数两个量不是部分和整体的关系，因此用两条线段表示两个量比较清楚
多的部分是青少年每分钟心跳次数的$\frac{4}{5}$，以青少年每分钟心跳次数为单位“1”，把青少年每分钟心跳次数平均分成5份，婴儿要多这样的4份
掌握解决此类问题的策略
① 画图可以更直观和清晰地表达数量间的关系
② 求比一个数多几分之几的数是多少就要弄清楚比一个数多几分之几是这个数的几分之几

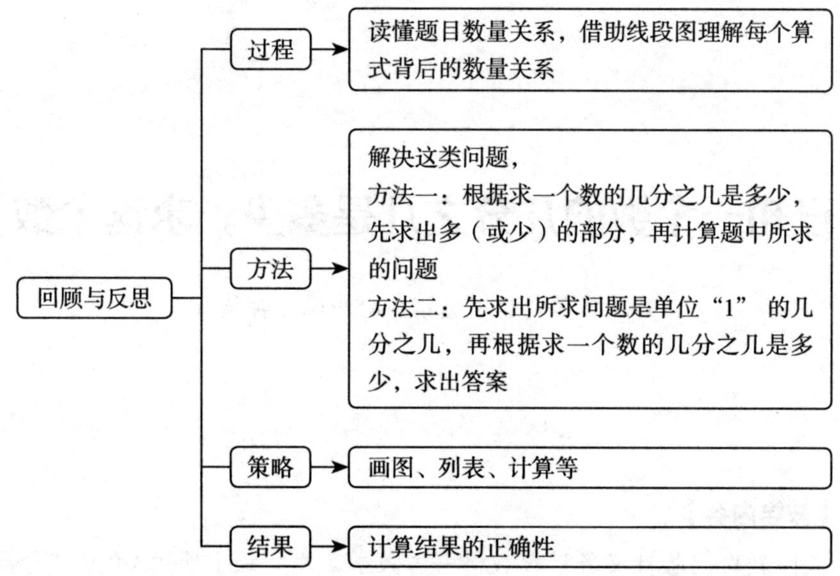
回顾与反思
过程
读懂题目数量关系，借助线段图理解每个算式背后的数量关系
方法
解决这类问题，
方法一：根据求一个数的几分之几是多少，先求出多（或少）的部分，再计算题中所求的问题
方法二：先求出所求问题是单位“1” 的几分之几，再根据求一个数的几分之几是多少，求出答案
策略
画图、列表、计算等
结果
计算结果的正确性

《已知一个数的几分之几是多少，求这个数》

广州市番禺区石碁镇中心小学　钟镇锋

【教学内容】

人民教育出版社义务教育教科书《数学》六年级上册第3单元“分数除法”第37页例4。

【教材简析】

例4是在学生已经掌握了分数除法计算方法的基础上学习的，解决简单的“已知一个数的几分之几是多少，求这个数”的实际问题。这类问题是分数乘法中“求一个数的几分之几是多少”的逆向问题。分数除法解决问题和分数乘法解决问题都存在着这样的数量关系：单位“1”的量×几分之几=对应数量，不同的仅是条件和问题。用方程来解的话，思路与以前学习的“求一个数的几分之几是多少”完全一致，可直接根据数量之间的相等关系和分数的意义列出方程。

【教学目标】

1. 掌握“已知一个数的几分之几是多少，求这个数”这类实际问题的解答方法，能熟练地用列方程的方法解答。

2. 经历借助线段图分析、理解数量关系的过程，正确写出等量关系式。

3. 感悟列方程解决实际问题的优越性，提高列方程解决问题的积极性。

【教学重点】

掌握“已知一个数的几分之几是多少，求这个数”列方程的解答方法。

【教学难点】

感知乘法、除法问题的内在联系。

【教学流程】

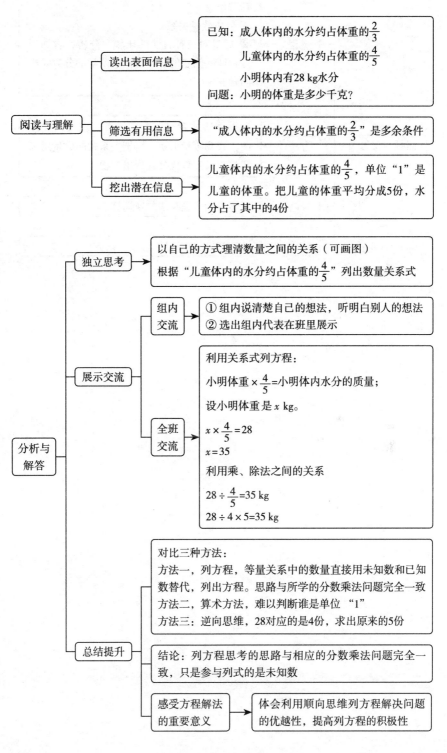

- 阅读与理解
  - 读出表面信息 → 已知：成人体内的水分约占体重的$\frac{2}{3}$；儿童体内的水分约占体重的$\frac{4}{5}$；小明体内有28 kg水分。问题：小明的体重是多少千克？
  - 筛选有用信息 → “成人体内的水分约占体重的$\frac{2}{3}$”是多余条件
  - 挖出潜在信息 → 儿童体内的水分约占体重的$\frac{4}{5}$，单位“1”是儿童的体重。把儿童的体重平均分成5份，水分占了其中的4份

- 分析与解答
  - 独立思考 → 以自己的方式理清数量之间的关系（可画图）；根据“儿童体内的水分约占体重的$\frac{4}{5}$”列出数量关系式
  - 展示交流
    - 组内交流 → ① 组内说清楚自己的想法，听明白别人的想法；② 选出组内代表在班里展示
    - 全班交流 → 利用关系式列方程：

      小明体重 × $\frac{4}{5}$ = 小明体内水分的质量；

      设小明体重是 x kg。

      $x \times \frac{4}{5} = 28$

      $x = 35$

      利用乘、除法之间的关系

      $28 \div \frac{4}{5} = 35$ kg

      $28 \div 4 \times 5 = 35$ kg
  - 总结提升
    - 对比三种方法：

      方法一，列方程，等量关系中的数量直接用未知数和已知数替代，列出方程。思路与所学的分数乘法问题完全一致

      方法二，算术方法，难以判断谁是单位“1”

      方法三：逆向思维，28对应的是4份，求出原来的5份
    - 结论：列方程思考的思路与相应的分数乘法问题完全一致，只是参与列式的是未知数
    - 感受方程解法的重要意义 → 体会利用顺向思维列方程解决问题的优越性，提高列方程的积极性

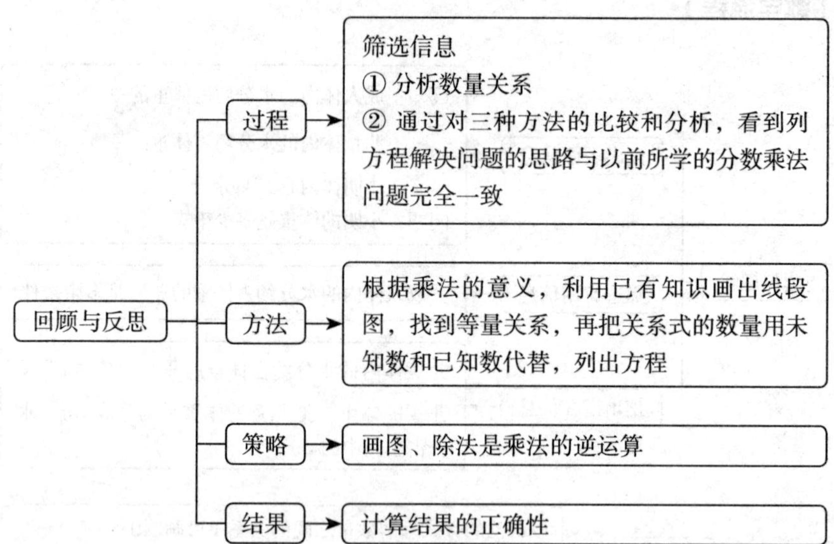
回顾与反思
过程
筛选信息
① 分析数量关系
② 通过对三种方法的比较和分析，看到列方程解决问题的思路与以前所学的分数乘法问题完全一致
方法
根据乘法的意义，利用已有知识画出线段图，找到等量关系，再把关系式的数量用未知数和已知数代替，列出方程
策略
画图、除法是乘法的逆运算
结果
计算结果的正确性

《逆向求比一个数多（或少）几分之几的数是多少》

广州市番禺区石碁镇中心小学　钟镇锋

【教学内容】

人民教育出版社义务教育教科书《数学》六年级上册第3单元“分数除法”第38页例5及练习。

【教材简析】

例5以例4为基础，把条件稍做改变，形成稍复杂的问题。用算术方法思考，比较抽象，思维难度较大；用方程解决，则思维顺向。教材借助线段图，帮助学生理清数量关系，写出等量关系式，再把关系式中的数量分别用已知数和未知数代替，使学生看到解决这一问题的思路与分数乘法问题完全一致。

【教学目标】

1. 掌握用方程解决“已知比一个数多（少）几分之几的数是多少，求这个数”的实际问题。

2. 学会运用线段图分析数量关系，提高分析问题、解决问题的能力。

【教学重点】

解决“已知比一个数多（少）几分之几的数是多少，求这个数”的实际问题。

【教学难点】

能准确分析题中的数量关系。

【教学流程】

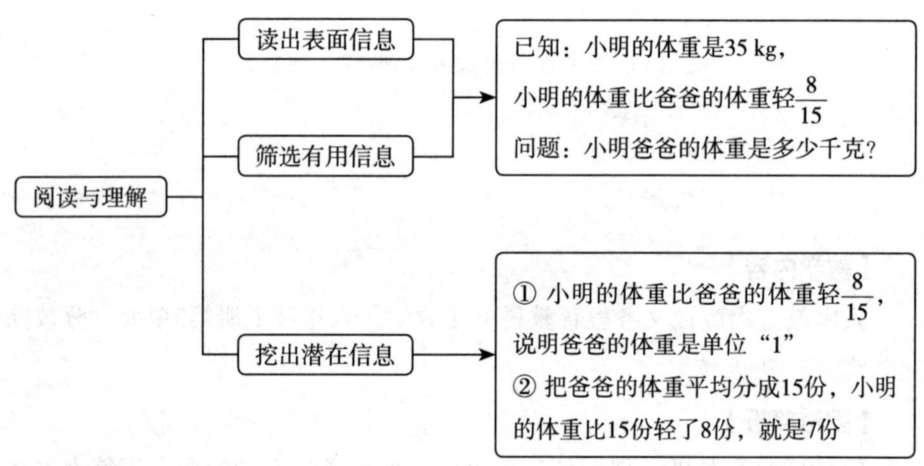

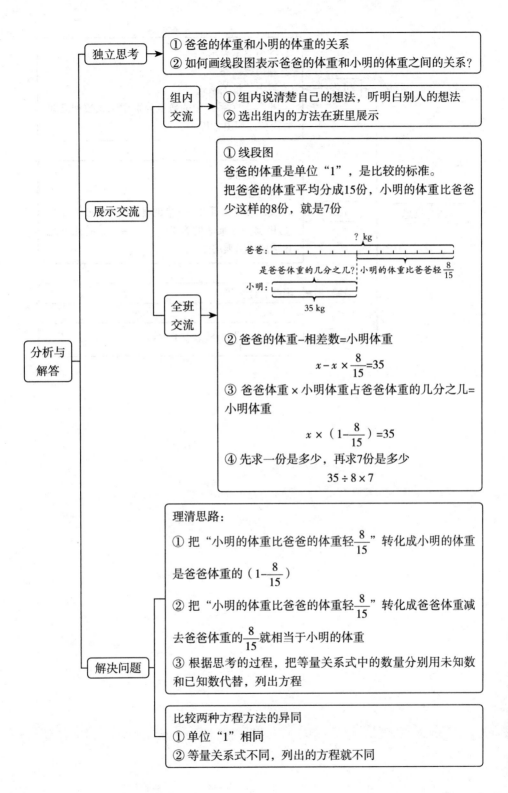

分析与解答

- 独立思考
  - ① 爸爸的体重和小明的体重的关系
  - ② 如何画线段图表示爸爸的体重和小明的体重之间的关系？
- 展示交流
  - 组内交流
    - ① 组内说清楚自己的想法，听明白别人的想法
    - ② 选出组内的方法在班里展示
  - 全班交流
    - ① 线段图

      爸爸的体重是单位“1”，是比较的标准。

      把爸爸的体重平均分成15份，小明的体重比爸爸少这样的8份，就是7份

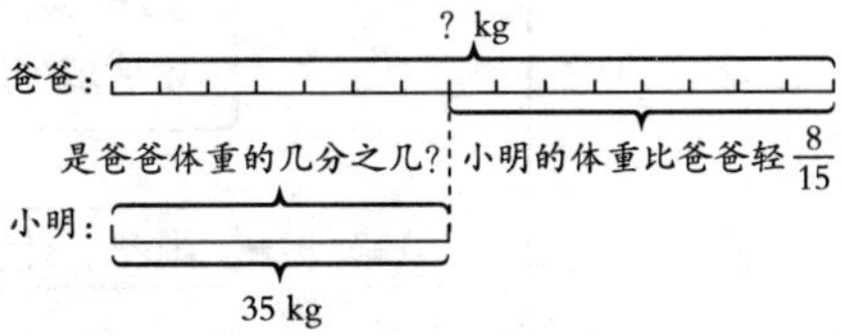

      爸爸：? kg

      是爸爸体重的几分之几？ 小明的体重比爸爸轻$\frac{8}{15}$

      小明：35 kg
    - ② 爸爸的体重−相差数=小明体重

      $$x-x\times\frac{8}{15}=35$$
    - ③ 爸爸体重×小明体重占爸爸体重的几分之几=小明体重

      $$x\times(1-\frac{8}{15})=35$$
    - ④ 先求一份是多少，再求7份是多少

      $$35\div8\times7$$
- 解决问题
  - 理清思路：

    ① 把“小明的体重比爸爸的体重轻$\frac{8}{15}$”转化成小明的体重是爸爸体重的（$1-\frac{8}{15}$）

    ② 把“小明的体重比爸爸的体重轻$\frac{8}{15}$”转化成爸爸体重减去爸爸体重的$\frac{8}{15}$就相当于小明的体重

    ③ 根据思考的过程，把等量关系式中的数量分别用未知数和已知数代替，列出方程
  - 比较两种方程方法的异同

    ① 单位“1”相同

    ② 等量关系式不同，列出的方程就不同

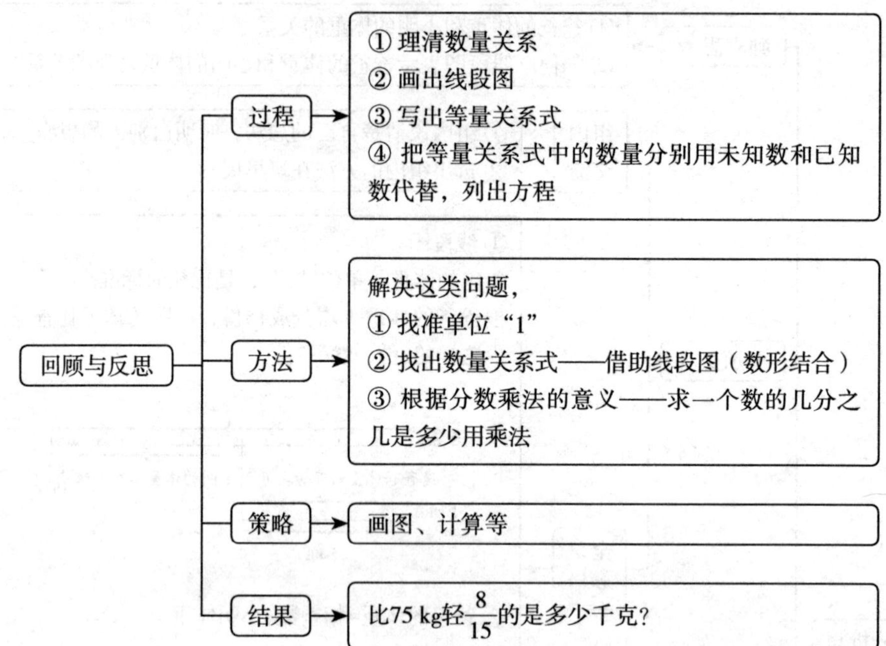
回顾与反思
过程
① 理清数量关系
② 画出线段图
③ 写出等量关系式
④ 把等量关系式中的数量分别用未知数和已知数代替，列出方程
方法
解决这类问题，
① 找准单位“1”
② 找出数量关系式——借助线段图（数形结合）
③ 根据分数乘法的意义——求一个数的几分之几是多少用乘法
策略
画图、计算等
结果
比75 kg轻$\frac{8}{15}$的是多少千克？

《用方程解决问题》

广州市番禺区洛溪新城小学　何燕媚

【教学内容】

人民教育出版社义务教育教科书《数学》六年级上册第3单元“分数除法”第41～42页例6。

【教材简析】

本课内容是在学生已经掌握了分数除法的计算方法的基础上进行学习的，运用分数除法知识解决稍复杂的实际问题。由于题目中的数量关系涉及“一个数的几分之几”，所以要理清数量关系，然后通过列方程等方法解决问题。这既是对过去列方程解决问题的扩展，也为后面解决百分数的实际问题做准备。

【教学目标】

1. 掌握“和倍问题”“和差问题”等实际问题的解题思路和方法。

2. 经历解决问题的过程，提高阅读能力和分析能力。

3. 体会数学与生活的密切联系，体会并掌握方程的数学思想。

【教学重点】

掌握列方程解决稍复杂的分数除法实际问题的方法。

【教学难点】

会根据数量关系列出方程。

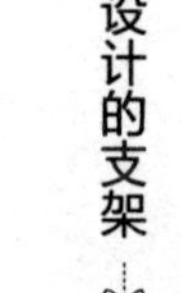

【教学流程】

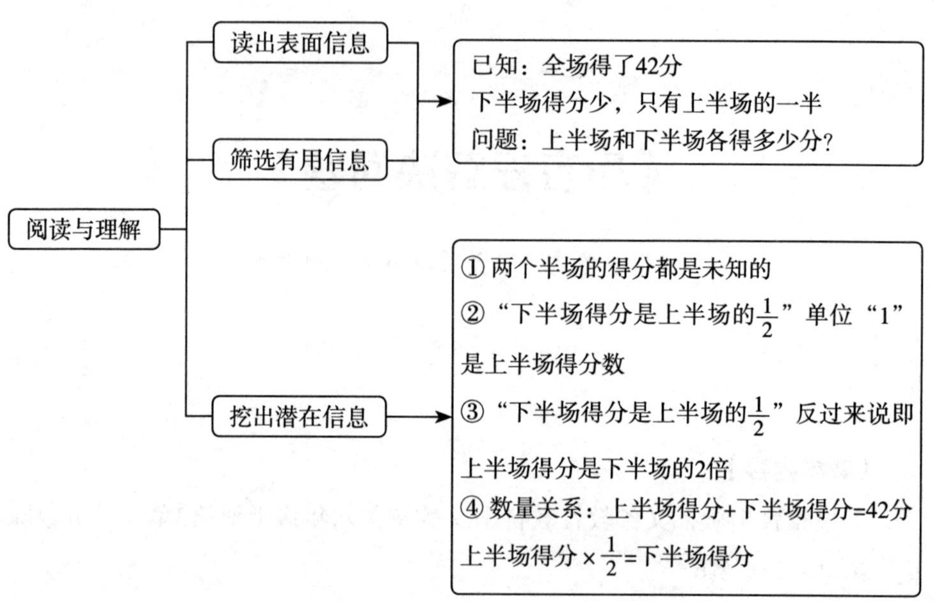
阅读与理解
读出表面信息
筛选有用信息
已知：全场得了42分
下半场得分少，只有上半场的一半
问题：上半场和下半场各得多少分？
挖出潜在信息
① 两个半场的得分都是未知的
② “下半场得分是上半场的$\frac{1}{2}$”单位“1”是上半场得分数
③ “下半场得分是上半场的$\frac{1}{2}$”反过来说即上半场得分是下半场的2倍
④ 数量关系：上半场得分+下半场得分=42分
上半场得分×$\frac{1}{2}$=下半场得分

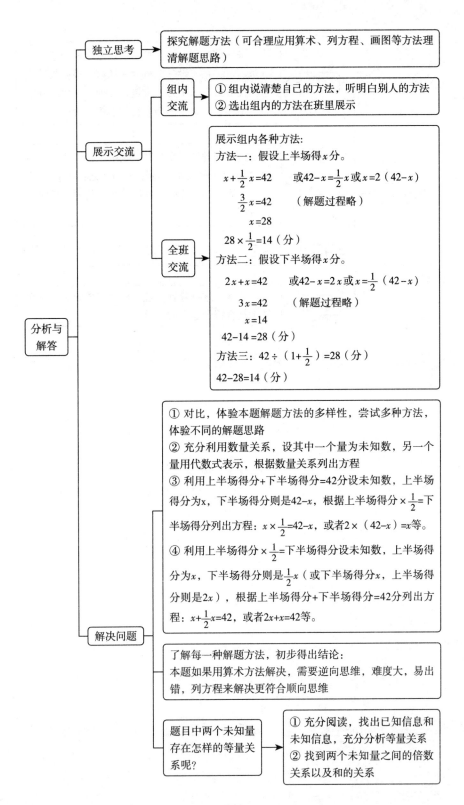

- 分析与解答
  - 独立思考 → 探究解题方法（可合理应用算术、列方程、画图等方法理清解题思路）
  - 展示交流
    - 组内交流 → ① 组内说清楚自己的方法，听明白别人的方法 ② 选出组内的方法在班里展示
    - 全班交流 → 展示组内各种方法：

      方法一：假设上半场得x分。

      $x+\frac{1}{2}x=42$　　或$42-x=\frac{1}{2}x$或$x=2(42-x)$

      $\frac{3}{2}x=42$　　（解题过程略）

      $x=28$

      $28\times\frac{1}{2}=14$（分）

      方法二：假设下半场得x分。

      $2x+x=42$　　或$42-x=2x$或$x=\frac{1}{2}(42-x)$

      $3x=42$　　（解题过程略）

      $x=14$

      $42-14=28$（分）

      方法三：$42\div(1+\frac{1}{2})=28$（分）

      $42-28=14$（分）
  - 解决问题
    - ① 对比，体验本题解题方法的多样性，尝试多种方法，体验不同的解题思路
      ② 充分利用数量关系，设其中一个量为未知数，另一个量用代数式表示，根据数量关系列出方程
      ③ 利用上半场得分+下半场得分=42分设未知数，上半场得分为x，下半场得分则是$42-x$，根据上半场得分$\times\frac{1}{2}$=下半场得分列出方程：$x\times\frac{1}{2}=42-x$，或者$2\times(42-x)=x$等。
      ④ 利用上半场得分$\times\frac{1}{2}$=下半场得分设未知数，上半场得分为x，下半场得分则是$\frac{1}{2}x$（或下半场得分x，上半场得分则是$2x$），根据上半场得分+下半场得分=42分列出方程：$x+\frac{1}{2}x=42$，或者$2x+x=42$等。
    - 了解每一种解题方法，初步得出结论：
      本题如果用算术方法解决，需要逆向思维，难度大，易出错，列方程来解决更符合顺向思维
    - 题目中两个未知量存在怎样的等量关系呢？ → ① 充分阅读，找出已知信息和未知信息，充分分析等量关系 ② 找到两个未知量之间的倍数关系以及和的关系

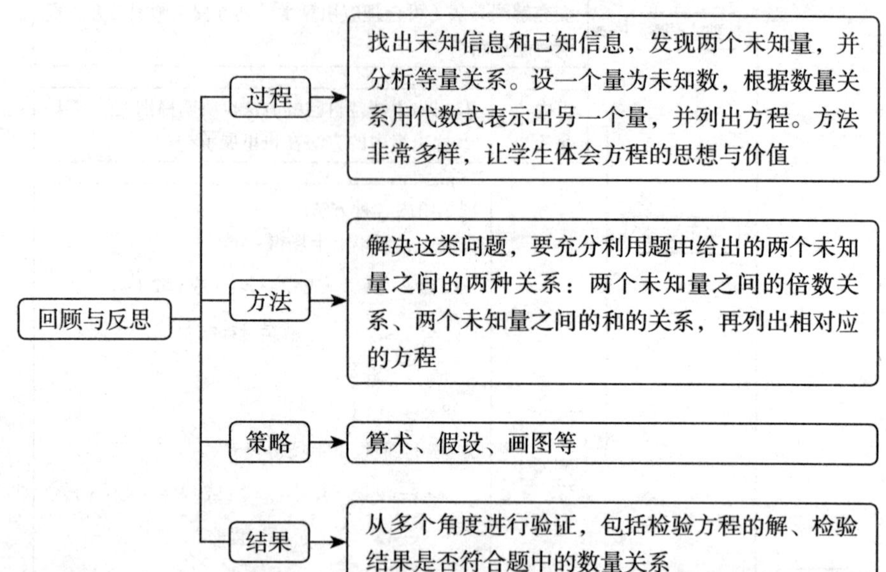
回顾与反思
过程
找出未知信息和已知信息，发现两个未知量，并分析等量关系。设一个量为未知数，根据数量关系用代数式表示出另一个量，并列出方程。方法非常多样，让学生体会方程的思想与价值
方法
解决这类问题，要充分利用题中给出的两个未知量之间的两种关系：两个未知量之间的倍数关系、两个未知量之间的和的关系，再列出相对应的方程
策略
算术、假设、画图等
结果
从多个角度进行验证，包括检验方程的解、检验结果是否符合题中的数量关系

《工程问题》

广州市番禺区洛溪新城小学　何燕媚

【教学内容】

人民教育出版社义务教育教科书《数学》六年级上册第3单元“分数除法”的第42～43页例7。

【教材简析】

本例采用的素材是工程问题，但并不是让学生解决形形色色的工程问题，而是要借此让学生经历自主探究、解决问题的过程，掌握用假设、验证等方法解决问题的基本策略，让学生体会模型思想。

【教学目标】

1. 理解工程问题的特点、数量关系；掌握解题方法，并能正确解答。

2. 培养观察、类推能力和初步的探究知识、合作解决问题的能力。

3. 结合生活实际，感受到数学的使用价值。

【教学重点】

工程问题数量关系特征及解题方法。

【教学难点】

工作总量用单位“1”表示及工作效率所表示的含义。

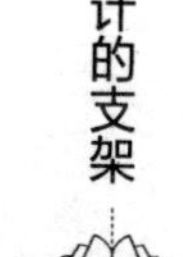

【教学流程】

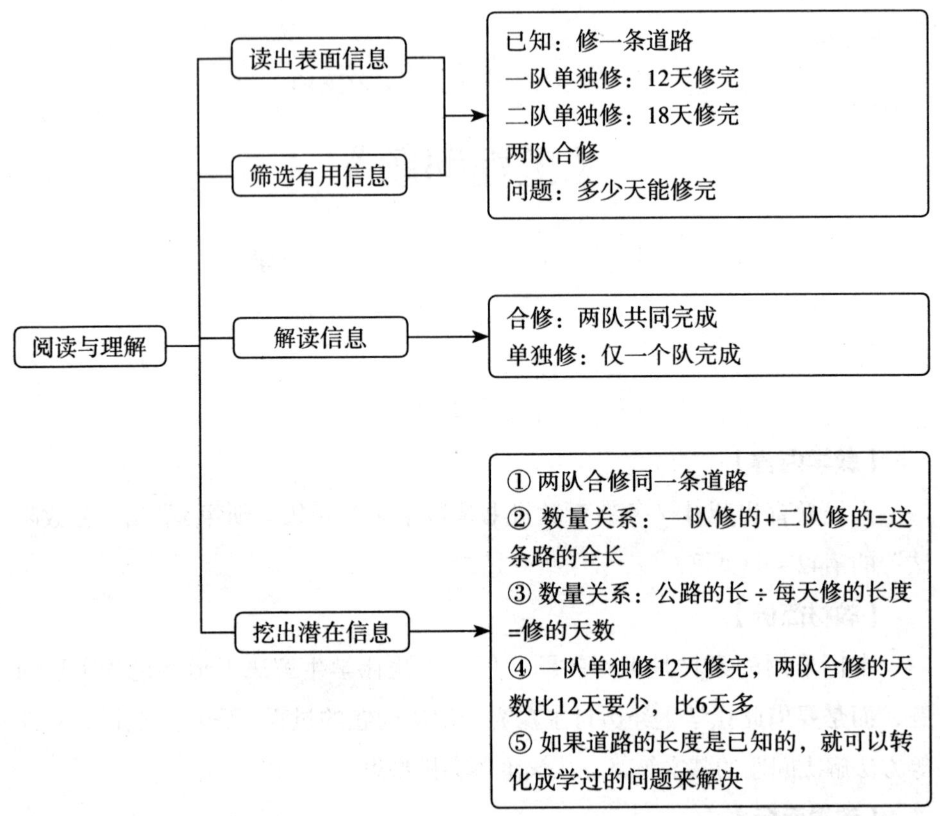
阅读与理解
读出表面信息
筛选有用信息
已知：修一条道路
一队单独修：12天修完
二队单独修：18天修完
两队合修
问题：多少天能修完
解读信息
合修：两队共同完成
单独修：仅一个队完成
挖出潜在信息
① 两队合修同一条道路
② 数量关系：一队修的+二队修的=这条路的全长
③ 数量关系：公路的长 ÷ 每天修的长度=修的天数
④ 一队单独修12天修完，两队合修的天数比12天要少，比6天多
⑤ 如果道路的长度是已知的，就可以转化成学过的问题来解决

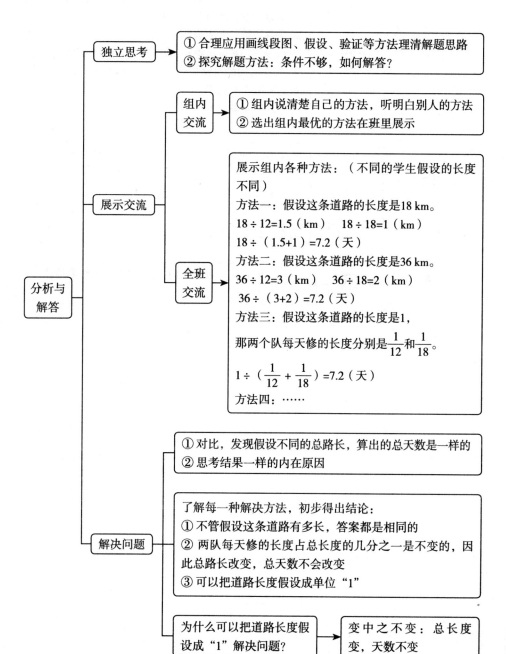

分析与解答

- 独立思考 → ① 合理应用画线段图、假设、验证等方法理清解题思路 ② 探究解题方法：条件不够，如何解答？
- 展示交流
  - 组内交流 → ① 组内说清楚自己的方法，听明白别人的方法 ② 选出组内最优的方法在班里展示
  - 全班交流 → 展示组内各种方法：（不同的学生假设的长度不同）
    方法一：假设这条道路的长度是18 km。
    18 ÷ 12=1.5（km） 18 ÷ 18=1（km）
    18 ÷（1.5+1）=7.2（天）
    方法二：假设这条道路的长度是36 km。
    36 ÷ 12=3（km） 36 ÷ 18=2（km）
    36 ÷（3+2）=7.2（天）
    方法三：假设这条道路的长度是1，
    那两个队每天修的长度分别是$\frac{1}{12}$和$\frac{1}{18}$。
    $1 \div \left(\frac{1}{12}+\frac{1}{18}\right)=7.2$（天）
    方法四：……
- 解决问题
  - ① 对比，发现假设不同的总路长，算出的总天数是一样的 ② 思考结果一样的内在原因
  - 了解每一种解决方法，初步得出结论：
    ① 不管假设这条道路有多长，答案都是相同的
    ② 两队每天修的长度占总长度的几分之一是不变的，因此总路长改变，总天数不会改变
    ③ 可以把道路长度假设成单位“1”
  - 为什么可以把道路长度假设成“1”解决问题？ → 变中之不变：总长度变，天数不变

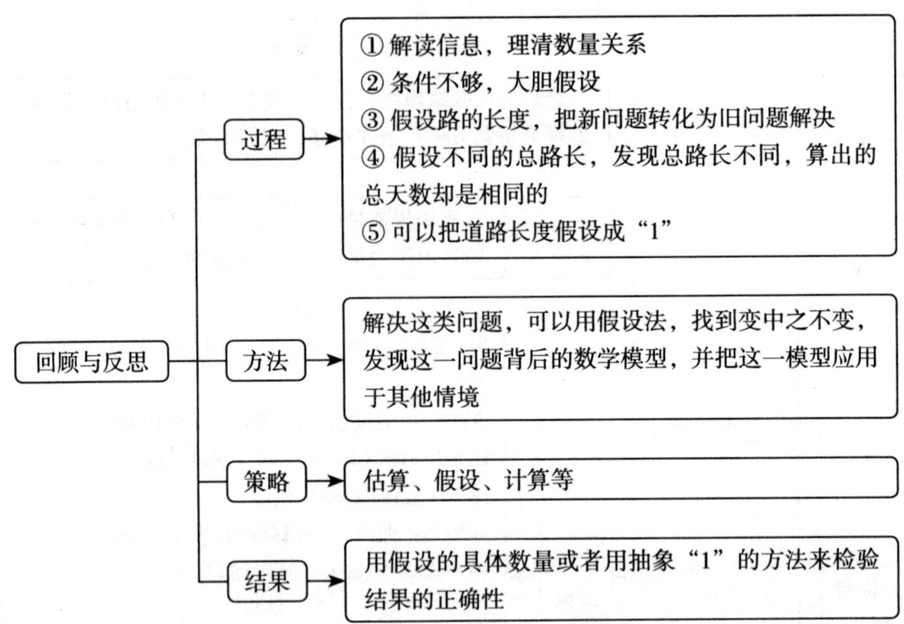
回顾与反思
过程
① 解读信息，理清数量关系
② 条件不够，大胆假设
③ 假设路的长度，把新问题转化为旧问题解决
④ 假设不同的总路长，发现总路长不同，算出的总天数却是相同的
⑤ 可以把道路长度假设成“1”
方法
解决这类问题，可以用假设法，找到变中之不变，发现这一问题背后的数学模型，并把这一模型应用于其他情境
策略
估算、假设、计算等
结果
用假设的具体数量或者用抽象“1”的方法来检验结果的正确性

《按比分配》

广州市番禺区洛溪新城小学　何燕媚

【教学内容】

人民教育出版社义务教育教科书《数学》六年级上册第4单元“比”第54页例2。

【教材简析】

例2采用的素材是按比分配，即把一个量按照一定的比进行分配，是平均分的发展。教材创设了一个日常生活中比较常见的配置清洁剂稀释液的问题情境，便于学生理解，再借助直观图帮助学生明确量与量之间的关系。

【教学目标】

1. 在实际情境中理解稀释瓶上标明的比表示的含义。

2. 运用所学知识解决按比分配的实际问题。

3. 通过学习，感受到数学学习和生活的联系，激发学习数学的兴趣。

【教学重点】

理解按比分配的意义，能运用比的意义解决按比分配的实际问题。

【教学难点】

弄清量与量之间的关系。

【教学流程】

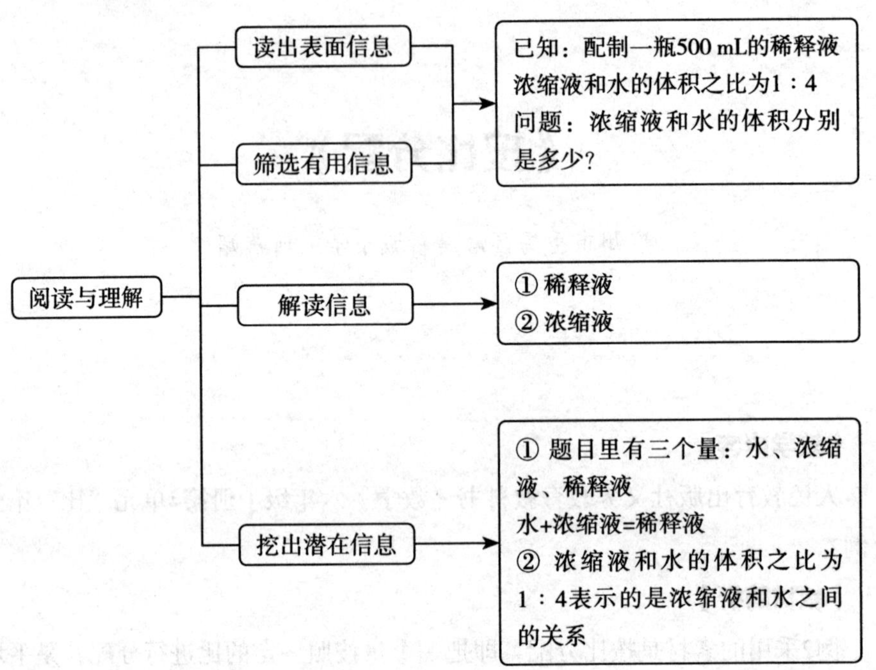
阅读与理解
读出表面信息
筛选有用信息
已知：配制一瓶500 mL的稀释液
浓缩液和水的体积之比为1∶4
问题：浓缩液和水的体积分别是多少?
解读信息
① 稀释液
② 浓缩液
挖出潜在信息
① 题目里有三个量：水、浓缩液、稀释液
水+浓缩液=稀释液
② 浓缩液和水的体积之比为1∶4表示的是浓缩液和水之间的关系

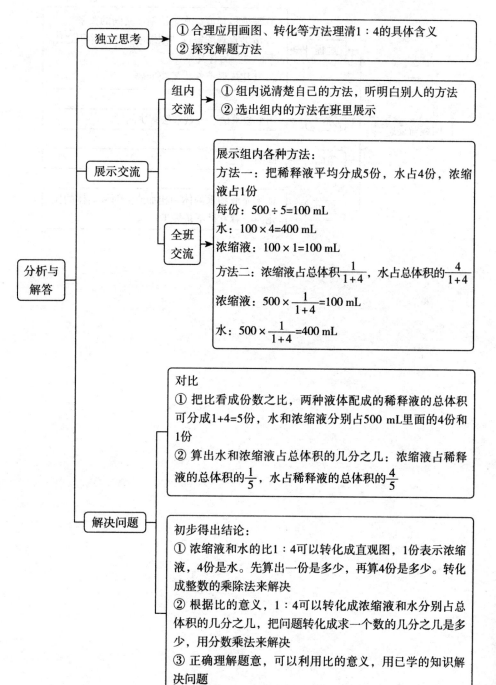

分析与解答

- 独立思考
  - ① 合理应用画图、转化等方法理清1∶4的具体含义
  - ② 探究解题方法
- 展示交流
  - 组内交流
    - ① 组内说清楚自己的方法，听明白别人的方法
    - ② 选出组内的方法在班里展示
  - 全班交流
    - 展示组内各种方法：
    - 方法一：把稀释液平均分成5份，水占4份，浓缩液占1份
    - 每份：$500 \div 5=100$ mL
    - 水：$100 \times 4=400$ mL
    - 浓缩液：$100 \times 1=100$ mL
    - 方法二：浓缩液占总体积$\frac{1}{1+4}$，水占总体积的$\frac{4}{1+4}$
    - 浓缩液：$500 \times \frac{1}{1+4}=100$ mL
    - 水：$500 \times \frac{1}{1+4}=400$ mL
- 解决问题
  - 对比
    - ① 把比看成份数之比，两种液体配成的稀释液的总体积可分成1+4=5份，水和浓缩液分别占500 mL里面的4份和1份
    - ② 算出水和浓缩液占总体积的几分之几：浓缩液占稀释液的总体积的$\frac{1}{5}$，水占稀释液的总体积的$\frac{4}{5}$
  - 初步得出结论：
    - ① 浓缩液和水的比1∶4可以转化成直观图，1份表示浓缩液，4份是水。先算出一份是多少，再算4份是多少。转化成整数的乘除法来解决
    - ② 根据比的意义，1∶4可以转化成浓缩液和水分别占总体积的几分之几，把问题转化成求一个数的几分之几是多少，用分数乘法来解决
    - ③ 正确理解题意，可以利用比的意义，用已学的知识解决问题
    - ④ 解题策略有多种

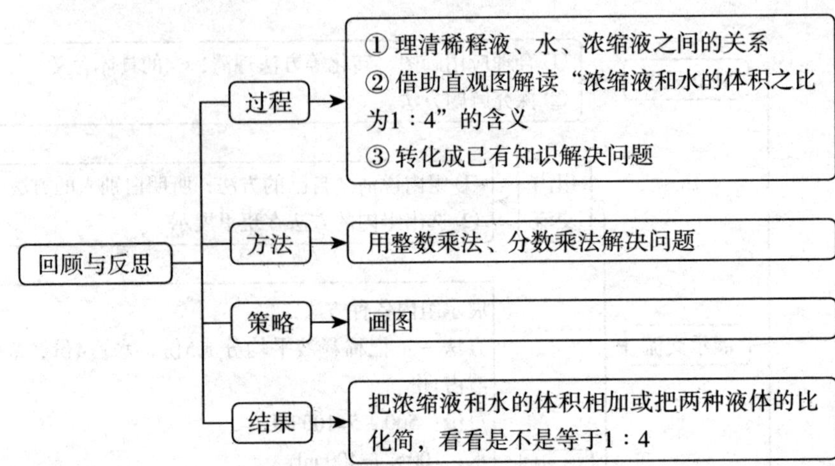
回顾与反思
过程
① 理清稀释液、水、浓缩液之间的关系
② 借助直观图解读“浓缩液和水的体积之比为1∶4”的含义
③ 转化成已有知识解决问题
方法
用整数乘法、分数乘法解决问题
策略
画图
结果
把浓缩液和水的体积相加或把两种液体的比化简，看看是不是等于1∶4

《“外方内圆”“外圆内方”》

广州市番禺区洛溪新城小学　何燕媚

【教学内容】

人教版义教课程标准教科书《数学》六年级上册第5单元“圆”第69～70页例3。

【教材简析】

本课内容是在学生已经掌握了正方形、三角形、圆的面积计算的基础上进行学习的。本课通过解决求圆的内接正方形、外切正方形与圆之间部分的面积等实际问题，让学生经历问题解决的全过程，并在解决具体问题的基础上发现更为一般的数学规律，提高学生发现问题、提出问题、分析问题、解决问题的能力。

【教学目标】

1. 会解决求圆的内接正方形、外切正方形与圆之间部分的面积等实际问题。

2. 经历解决问题的全过程，发现“外方内圆”“外圆内方”的正方形与圆之间部分面积的关系。

3. 通过生活实例感受数学之美，提高学习兴趣。

【教学重点】

会求“外方内圆”“外圆内方”正方形与圆之间部分的面积。

【教学难点】

发现不管圆的大小如何改变，圆和正方形面积比例关系不变这一规律。

【教学过程】

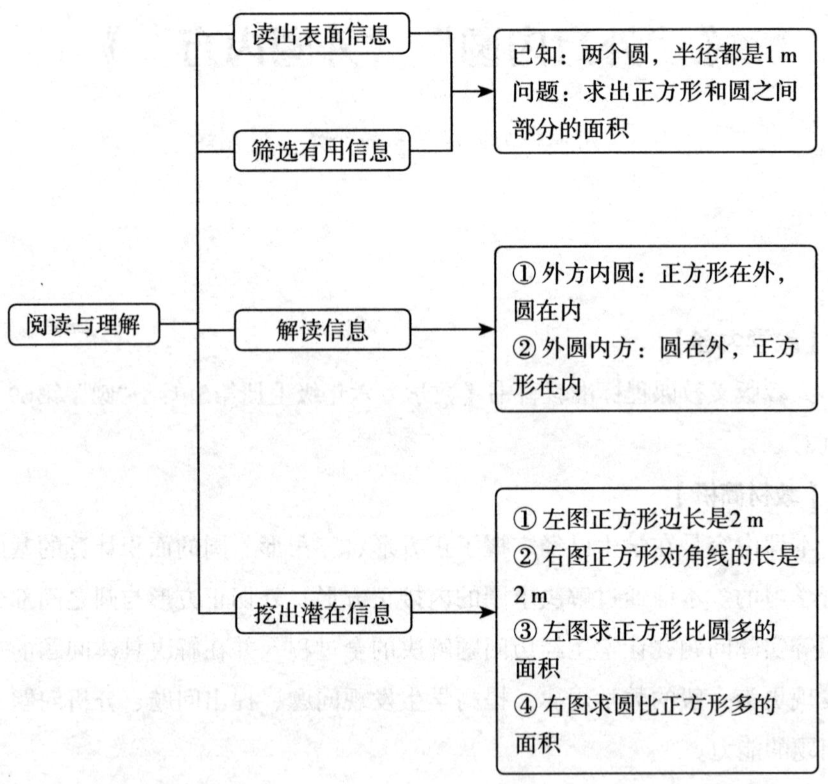

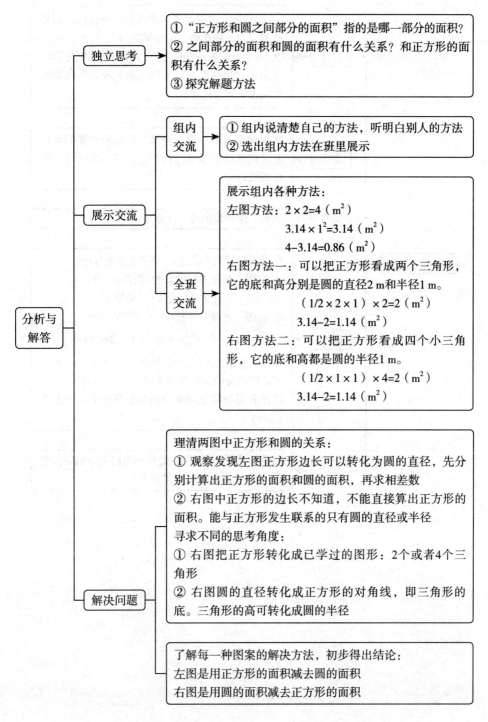

分析与解答

独立思考

① “正方形和圆之间部分的面积”指的是哪一部分的面积？
② 之间部分的面积和圆的面积有什么关系？和正方形的面积有什么关系？
③ 探究解题方法

展示交流

组内交流

① 组内说清楚自己的方法，听明白别人的方法
② 选出组内方法在班里展示

全班交流

展示组内各种方法：

左图方法：$2\times2=4$（m^2）

$3.14\times1^2=3.14$（m^2）

$4-3.14=0.86$（m^2）

右图方法一：可以把正方形看成两个三角形，它的底和高分别是圆的直径2 m和半径1 m。

（$1/2\times2\times1$）$\times2=2$（m^2）

$3.14-2=1.14$（m^2）

右图方法二：可以把正方形看成四个小三角形，它的底和高都是圆的半径1 m。

（$1/2\times1\times1$）$\times4=2$（m^2）

$3.14-2=1.14$（m^2）

解决问题

理清两图中正方形和圆的关系：
① 观察发现左图正方形边长可以转化为圆的直径，先分别计算出正方形的面积和圆的面积，再求相差数
② 右图中正方形的边长不知道，不能直接算出正方形的面积。能与正方形发生联系的只有圆的直径或半径
寻求不同的思考角度：
① 右图把正方形转化成已学过的图形：2个或者4个三角形
② 右图圆的直径转化成正方形的对角线，即三角形的底。三角形的高可转化成圆的半径

了解每一种图案的解决方法，初步得出结论：
左图是用正方形的面积减去圆的面积
右图是用圆的面积减去正方形的面积

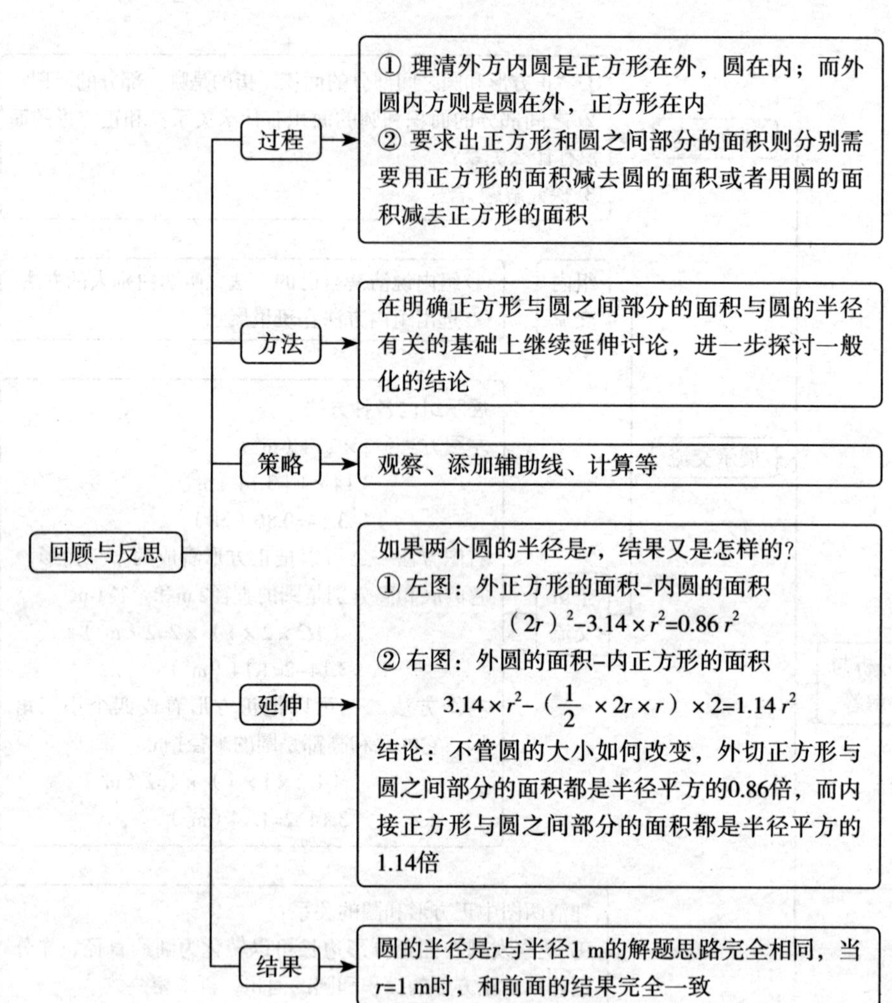
回顾与反思
过程
① 理清外方内圆是正方形在外，圆在内；而外圆内方则是圆在外，正方形在内
② 要求出正方形和圆之间部分的面积则分别需要用正方形的面积减去圆的面积或者用圆的面积减去正方形的面积
方法
在明确正方形与圆之间部分的面积与圆的半径有关的基础上继续延伸讨论，进一步探讨一般化的结论
策略
观察、添加辅助线、计算等
延伸
如果两个圆的半径是r，结果又是怎样的？
① 左图：外正方形的面积−内圆的面积
$(2r)^2-3.14\times r^2=0.86r^2$
② 右图：外圆的面积−内正方形的面积
$3.14\times r^2-(\frac{1}{2}\times 2r\times r)\times 2=1.14r^2$
结论：不管圆的大小如何改变，外切正方形与圆之间部分的面积都是半径平方的0.86倍，而内接正方形与圆之间部分的面积都是半径平方的1.14倍
结果
圆的半径是r与半径1 m的解题思路完全相同，当r=1 m时，和前面的结果完全一致

《一个未知数的变化幅度》

广州市番禺区市桥富豪山庄小学　林哲新

【教学内容】

人民教育出版社义务教育教科书《数学》六年级上册第6单元“百分数（一）”第90~91页例5。

【教材简析】

本课是在学生掌握百分数的意义，能够解决求比一个数多（少）百分之几的数是多少的问题的基础上进行学习的。例5中单位“1”的具体数量是未知的，而且条件中单位“1”不断变化，这样的情况对于学生来说是首次出现，理解起来较为困难，教师应该引导学生对于未知的数量进行假设，并应用线段图等直观手段帮助学生理解。

【教学目标】

1. 能运用假设法解决“已知一个数量的两次增减变化情况，求最后变化幅度”的百分数问题。

2. 经历发现问题、提出问题、分析问题、解决问题的全过程，培养问题意识和探究意识。

【教学重点】

找准单位“1”，理解用假设法解决单位“1”连续变化的百分数问题。

【教学难点】

用假设法解决问题。

【教学流程】

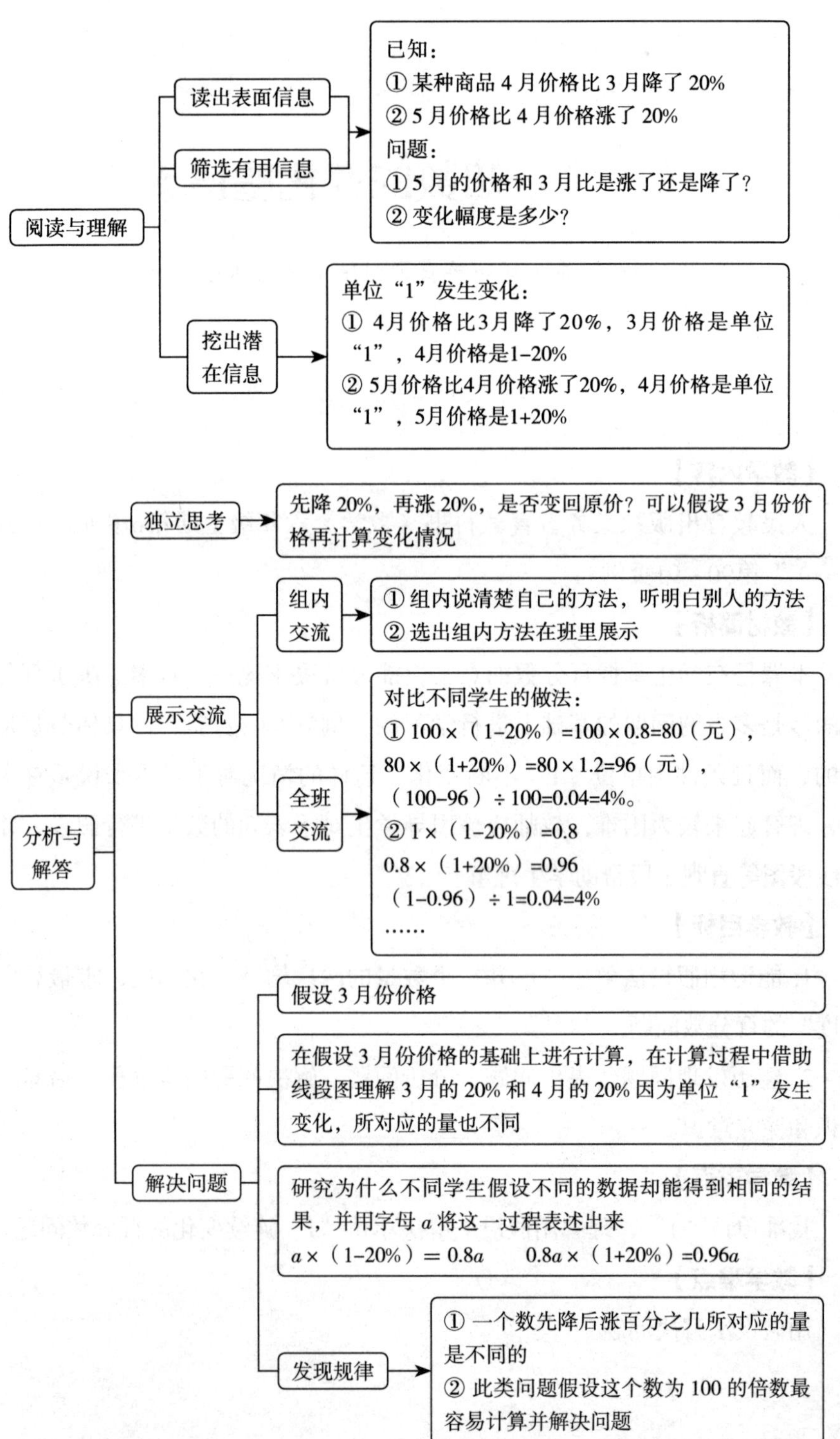
阅读与理解
读出表面信息
筛选有用信息
已知：
① 某种商品 4 月价格比 3 月降了 20%
② 5 月价格比 4 月价格涨了 20%
问题：
① 5 月的价格和 3 月比是涨了还是降了？
② 变化幅度是多少？
挖出潜在信息
单位“1”发生变化：
① 4月价格比3月降了20%，3月价格是单位“1”，4月价格是1-20%
② 5月价格比4月价格涨了20%，4月价格是单位“1”，5月价格是1+20%
分析与解答
独立思考
先降 20%，再涨 20%，是否变回原价？可以假设 3 月份价格再计算变化情况
展示交流
组内交流
① 组内说清楚自己的方法，听明白别人的方法
② 选出组内方法在班里展示
全班交流
对比不同学生的做法：
① 100 ×（1-20%）=100 × 0.8=80（元），
80 ×（1+20%）=80 × 1.2=96（元），
（100-96）÷ 100=0.04=4%。
② 1 ×（1-20%）=0.8
0.8 ×（1+20%）=0.96
（1-0.96）÷ 1=0.04=4%
……
解决问题
假设 3 月份价格
在假设 3 月份价格的基础上进行计算，在计算过程中借助线段图理解 3 月的 20% 和 4 月的 20% 因为单位“1”发生变化，所对应的量也不同
研究为什么不同学生假设不同的数据却能得到相同的结果，并用字母 a 将这一过程表述出来
a ×（1-20%）= 0.8a　　0.8a ×（1+20%）=0.96a
发现规律
① 一个数先降后涨百分之几所对应的量是不同的
② 此类问题假设这个数为 100 的倍数最容易计算并解决问题

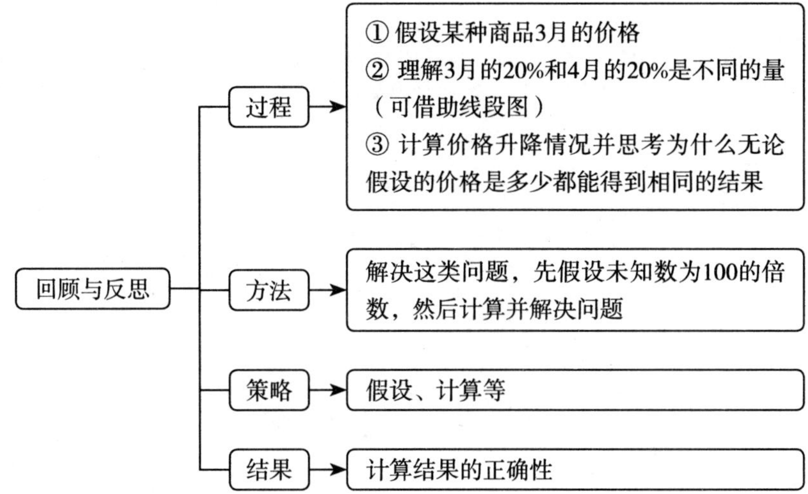
回顾与反思
过程
① 假设某种商品3月的价格
② 理解3月的20%和4月的20%是不同的量（可借助线段图）
③ 计算价格升降情况并思考为什么无论假设的价格是多少都能得到相同的结果
方法
解决这类问题，先假设未知数为100的倍数，然后计算并解决问题
策略
假设、计算等
结果
计算结果的正确性

六年级 下册

解决问题教学设计的支架

《在直线上表示正负数》

广州市番禺区市桥富豪山庄小学　林哲新

【教学内容】

人教版义教课程标准教科书《数学》六年级下册第1单元“负数”第5页例3。

【教材简析】

教材从生活情境入手，通过“向西走多少米”“向东走多少米”这一表示距离和方向的实际问题，引出在数轴上表示正负数，从具体的数量逐渐过渡到直观模型。为了不增加难度，教材没有使用“数轴”这样的抽象名词，而是用已有名词“直线”来表示。学生在前面的学习中已经接触过数轴这一直观模型，在此进一步扩展，为将来学习有理数、直角坐标系等知识打下基础。

【教学目标】

1. 借助数轴直观感受正数、0和负数之间的关系，初步掌握用数轴上的点表示正、负数的方法。

2. 在活动情境中完善数轴的模型，培养数学抽象能力和数形结合的思想。

【教学重点】

能在直线上表示正数、0、负数。

【教学难点】

数轴上的点和正、负数对应。

【教学流程】

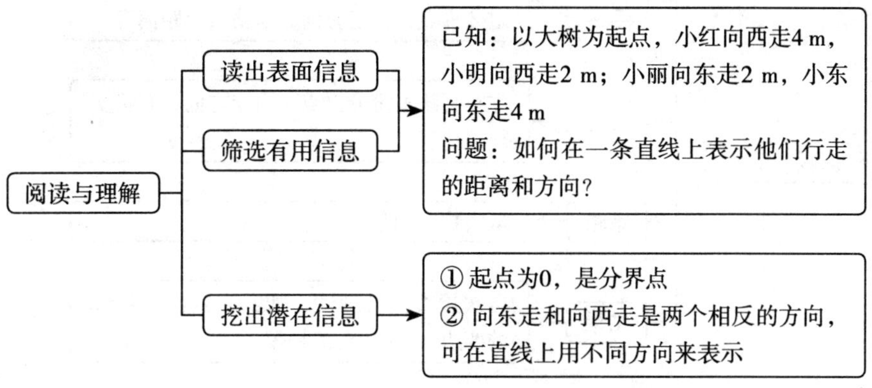

阅读与理解
读出表面信息
筛选有用信息
已知：以大树为起点，小红向西走4 m，小明向西走2 m；小丽向东走2 m，小东向东走4 m
问题：如何在一条直线上表示他们行走的距离和方向？
挖出潜在信息
① 起点为0，是分界点
② 向东走和向西走是两个相反的方向，可在直线上用不同方向来表示

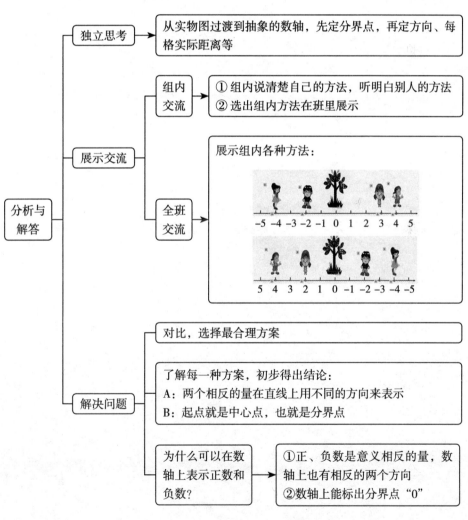

分析与解答

- 独立思考 → 从实物图过渡到抽象的数轴，先定分界点，再定方向、每格实际距离等
- 展示交流
  - 组内交流 → ① 组内说清楚自己的方法，听明白别人的方法 ② 选出组内方法在班里展示
  - 全班交流 → 展示组内各种方法：

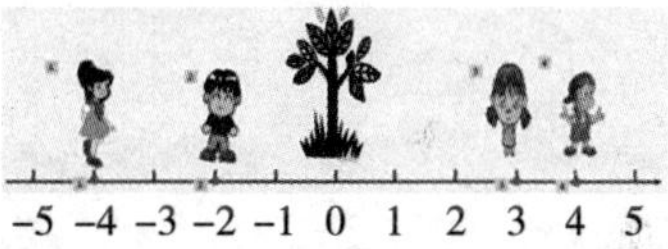

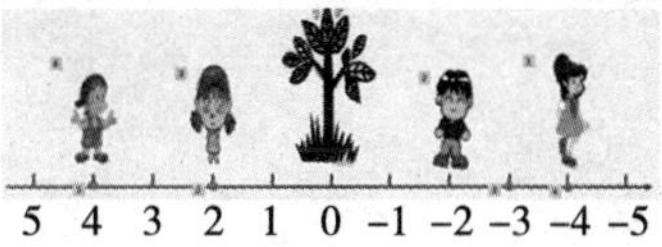

    −5 −4 −3 −2 −1 0 1 2 3 4 5

    5 4 3 2 1 0 −1 −2 −3 −4 −5
- 解决问题
  - 对比，选择最合理方案
  - 了解每一种方案，初步得出结论：
    A：两个相反的量在直线上用不同的方向来表示
    B：起点就是中心点，也就是分界点
  - 为什么可以在数轴上表示正数和负数？ → ①正、负数是意义相反的量，数轴上也有相反的两个方向 ②数轴上能标出分界点“0”

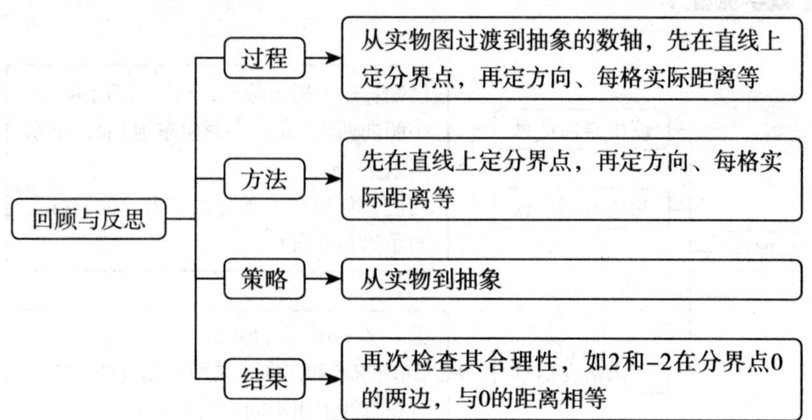
回顾与反思
过程
从实物图过渡到抽象的数轴，先在直线上定分界点，再定方向、每格实际距离等
方法
先在直线上定分界点，再定方向、每格实际距离等
策略
从实物到抽象
结果
再次检查其合理性，如2和-2在分界点0的两边，与0的距离相等

《生活中的促销》

广州市番禺区市桥富豪山庄小学　林哲新

【教学内容】

人民教育出版社义务教育教科书《数学》六年级下册第2单元“百分数（二）”第12页例5。

【教材简析】

本节课是在学生已经理解百分数（一）和有关本单元的折扣、成数、税率和利率等一些与百分数有关的实际问题的基础上综合运用折扣的知识解决生活中的“促销”问题。六年级的学生对于百分数的知识已经掌握的比较多，但对折扣的经验仍停留在初步的感知层面，很少对不同的促销方式和手段进行横向对比分析，难以从数学角度去深入思考折扣背后蕴藏的数学问题。因此，本课充分调动学生的生活经验，让学生以生活中常见的数学问题为切入点，带入数学的思考并进行计算，为学生揭开促销中的奥秘，从而提高学生用数学的能力和用数学的眼光审视生活中的数学问题的能力。

【教学目标】

1. 通过解决购物中的折扣问题，进一步巩固折扣的计算方法，能理解并正确计算不同优惠形式的折扣。

2. 通过两种不同优惠方式的对比，经历综合应用所学知识解决复杂的折扣问题的全过程，培养解决问题的能力。

【教学重点】

理解购物中的多种优惠形式，并正确计算出优惠后的金额。

【教学难点】

理解“每满100减50”与“五折”的区别。

【教学流程】

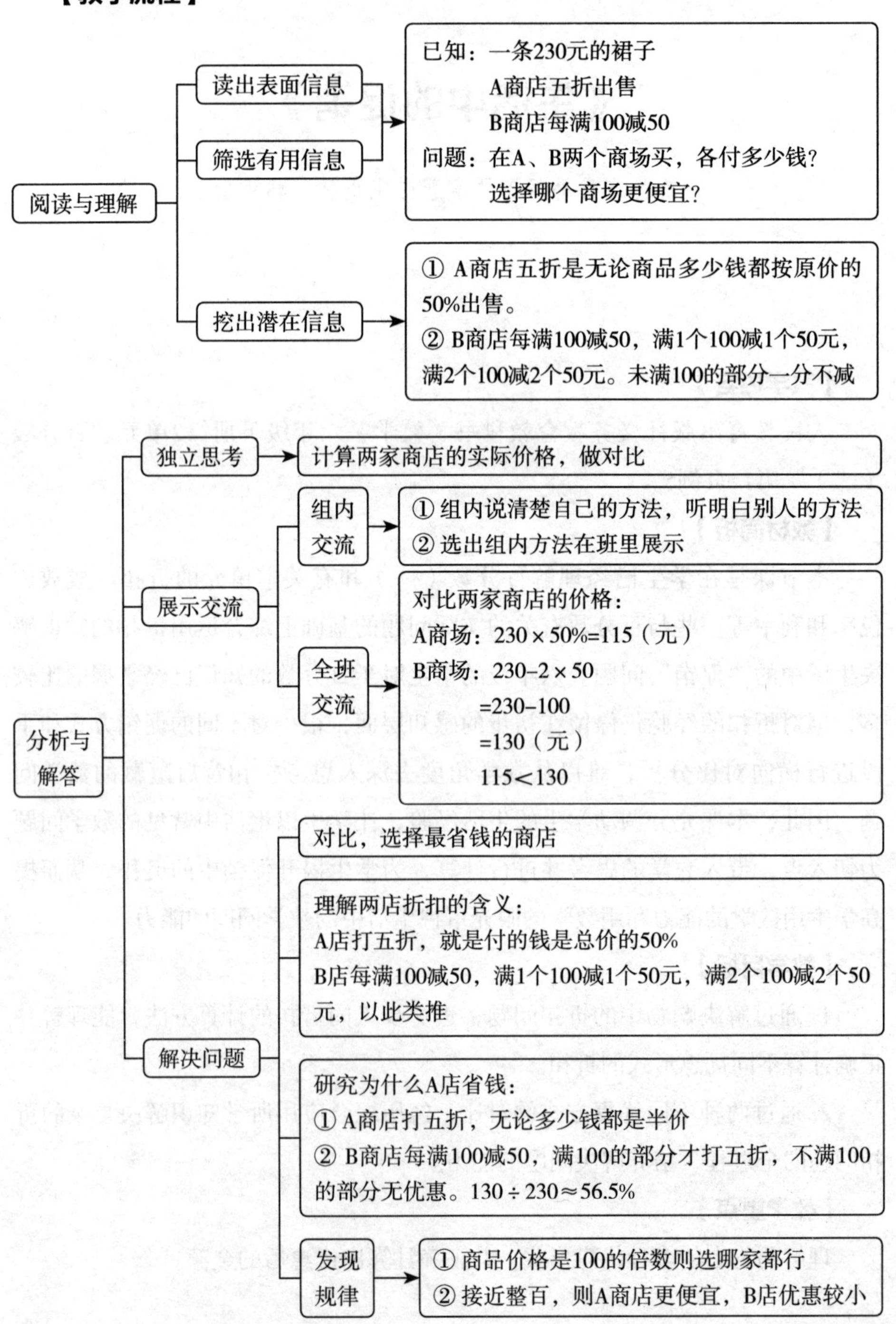

阅读与理解
读出表面信息
筛选有用信息
已知：一条230元的裙子
A商店五折出售
B商店每满100减50
问题：在A、B两个商场买，各付多少钱？
选择哪个商场更便宜？
挖出潜在信息
① A商店五折是无论商品多少钱都按原价的50%出售。
② B商店每满100减50，满1个100减1个50元，满2个100减2个50元。未满100的部分一分不减
分析与解答
独立思考
计算两家商店的实际价格，做对比
展示交流
组内交流
① 组内说清楚自己的方法，听明白别人的方法
② 选出组内方法在班里展示
全班交流
对比两家商店的价格：
A商场：230×50%=115（元）
B商场：230−2×50
=230−100
=130（元）
115<130
解决问题
对比，选择最省钱的商店
理解两店折扣的含义：
A店打五折，就是付的钱是总价的50%
B店每满100减50，满1个100减1个50元，满2个100减2个50元，以此类推
研究为什么A店省钱：
① A商店打五折，无论多少钱都是半价
② B商店每满100减50，满100的部分才打五折，不满100的部分无优惠。130÷230≈56.5%
发现规律
① 商品价格是100的倍数则选哪家都行
② 接近整百，则A商店更便宜，B店优惠较小

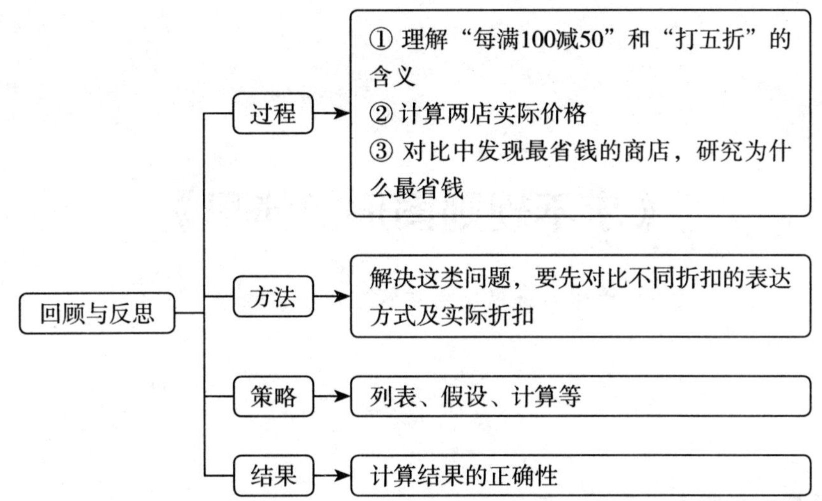
回顾与反思
过程
① 理解“每满100减50”和“打五折”的含义
② 计算两店实际价格
③ 对比中发现最省钱的商店，研究为什么最省钱
方法
解决这类问题，要先对比不同折扣的表达方式及实际折扣
策略
列表、假设、计算等
结果
计算结果的正确性

《求不规则图形的体积》

广州市番禺区市桥陈涌小学　李明

【教学内容】

人民教育出版社义务教育教科书《数学》六年级下册第3单元“圆柱与圆锥”第27页例7。

【教材简析】

本节课是在学生学习了圆柱的体积（容积）之后，运用圆柱内所装的水的体积不变的特征，来求不规则圆柱的容积，从而向学生参透转化的思想，在解决问题的过程中，让学生进一步体会转化的思想方法的意义和应用。

【教学目标】

1. 用已学的圆柱体积知识解决生活中的实际问题，并渗透转化思想。

2. 经历不规则物体体积的转化、测量和计算过程，在动手操作中初步建立转化的数学思想，体验等积变形的转化过程。

3. 通过实践，在合作中建立协作精神，并增强用数学的意识。

【教学重点】

运用转化思想分析和解决问题。

【教学难点】

运用转化思想分析和解决问题。

【教学流程】

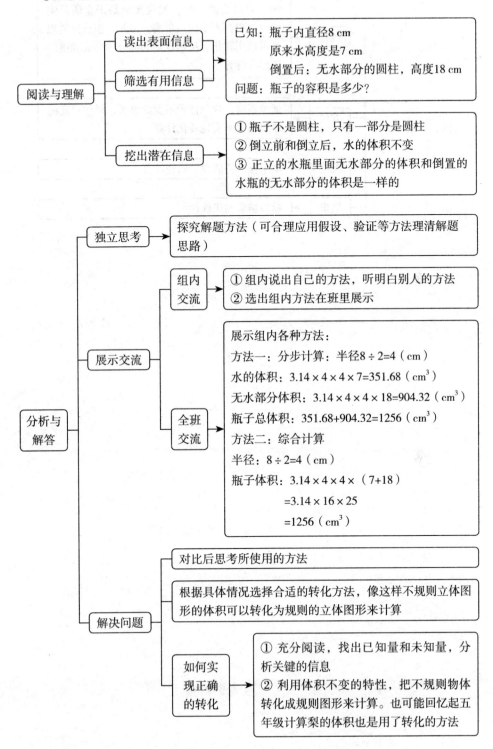

- 阅读与理解
  - 读出表面信息 / 筛选有用信息 → 已知：瓶子内直径8 cm；原来水高度是7 cm；倒置后：无水部分的圆柱，高度18 cm。问题：瓶子的容积是多少？
  - 挖出潜在信息 →
    ① 瓶子不是圆柱，只有一部分是圆柱
    ② 倒立前和倒立后，水的体积不变
    ③ 正立的水瓶里面无水部分的体积和倒置的水瓶的无水部分的体积是一样的

- 分析与解答
  - 独立思考 → 探究解题方法（可合理应用假设、验证等方法理清解题思路）
  - 展示交流
    - 组内交流 →
      ① 组内说出自己的方法，听明白别人的方法
      ② 选出组内方法在班里展示
    - 全班交流 →
      展示组内各种方法：
      方法一：分步计算：半径8 ÷ 2=4（cm）
      水的体积：3.14 × 4 × 4 × 7=351.68（cm^3）
      无水部分体积：3.14 × 4 × 4 × 18=904.32（cm^3）
      瓶子总体积：351.68+904.32=1256（cm^3）
      方法二：综合计算
      半径：8 ÷ 2=4（cm）
      瓶子体积：3.14 × 4 × 4 ×（7+18）
      =3.14 × 16 × 25
      =1256（cm^3）
  - 解决问题
    - 对比后思考所使用的方法
    - 根据具体情况选择合适的转化方法，像这样不规则立体图形的体积可以转化为规则的立体图形来计算
    - 如何实现正确的转化 →
      ① 充分阅读，找出已知量和未知量，分析关键的信息
      ② 利用体积不变的特性，把不规则物体转化成规则图形来计算。也可能回忆起五年级计算梨的体积也是用了转化的方法

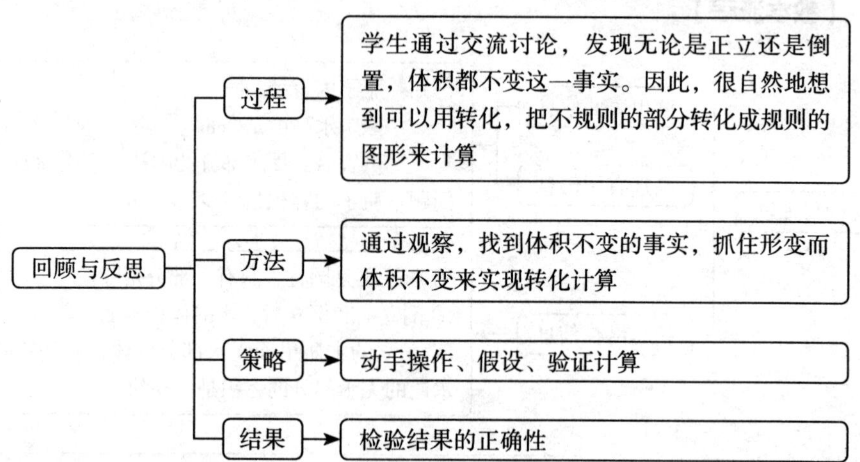
回顾与反思
过程
学生通过交流讨论，发现无论是正立还是倒置，体积都不变这一事实。因此，很自然地想到可以用转化，把不规则的部分转化成规则的图形来计算
方法
通过观察，找到体积不变的事实，抓住形变而体积不变来实现转化计算
策略
动手操作、假设、验证计算
结果
检验结果的正确性

《用正比例解决问题》

广州市番禺区市桥陈涌小学　李明

【教学内容】

人民教育出版社义务教育教科书《数学》六年级下册第4单元“比例”第61页例5。

【教材简析】

本节课的主要内容是用正比例的意义解决问题。学生在之前的学习中实际已经接触过这类问题，可以用归一、归总和列方程的方法来解答。这里主要是学习使用正比例知识来解答，通过解答使学生熟练地判断成正比例的量，加深对正比例概念的理解，也为学生的后续学习打下基础、做好准备，同时也巩固和加深学生对所学的简易方程的认识。

【教学目标】

1. 在具体情境中认识、理解成正比例的量的意义，掌握和运用正比例知识解决问题。

2. 经历解决问题的过程，培养分析问题和解决问题的能力。

3. 主动参与数学活动，感受数学与生活的联系，树立学习数学的信心。

【教学重点】

能正确判断题中涉及的量是否成正比例关系，并能利用正比例的关系列出含有未知数的等式，运用比例知识正确解决问题。

【教学难点】

利用正比例的关系列出含有未知数的等式。

【教学流程】

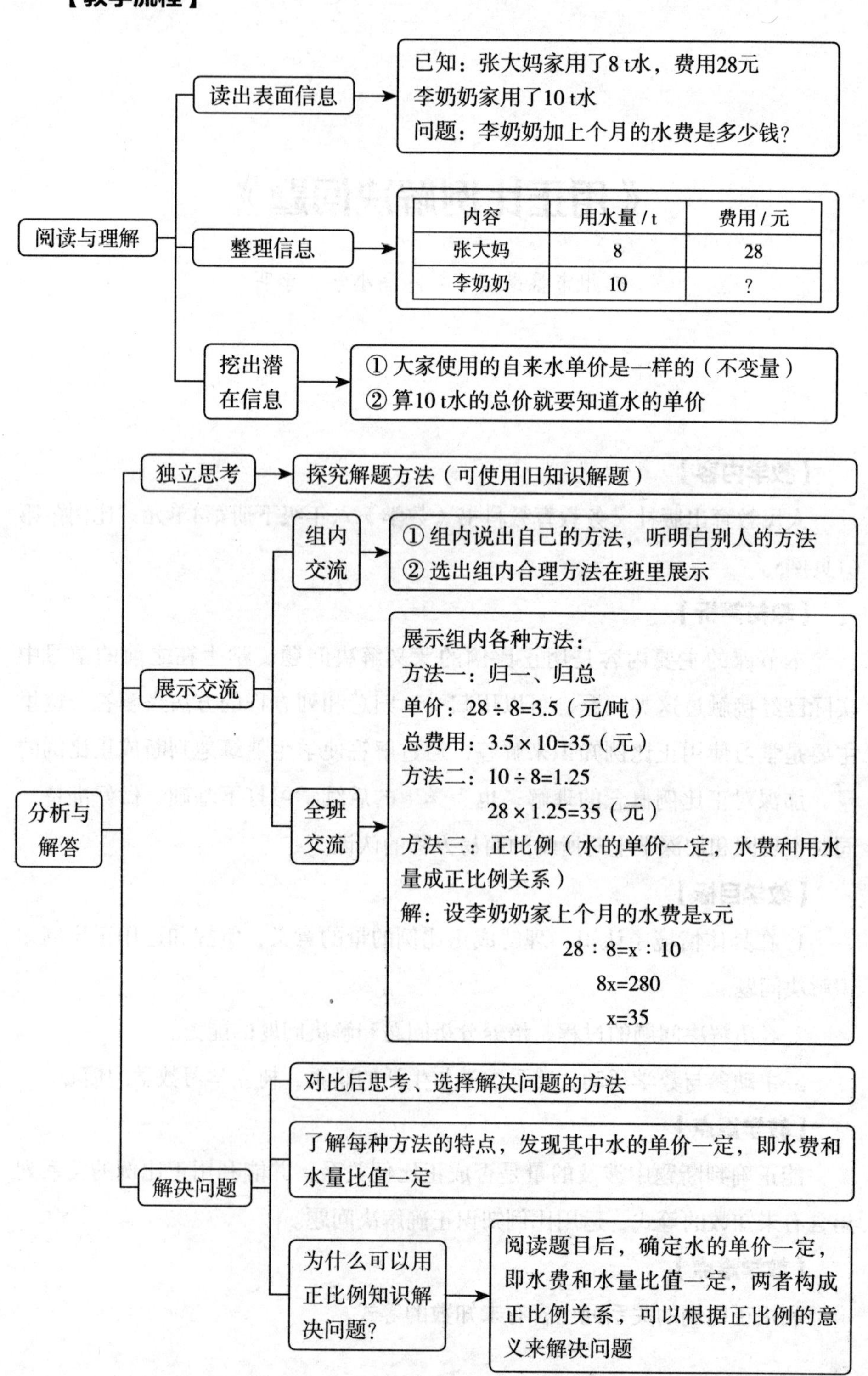
阅读与理解
读出表面信息
已知：张大妈家用了8 t水，费用28元
李奶奶家用了10 t水
问题：李奶奶加上个月的水费是多少钱？
整理信息
内容 | 用水量 / t | 费用 / 元
张大妈 | 8 | 28
李奶奶 | 10 | ?
挖出潜在信息
① 大家使用的自来水单价是一样的（不变量）
② 算10 t水的总价就要知道水的单价
分析与解答
独立思考
探究解题方法（可使用旧知识解题）
展示交流
组内交流
① 组内说出自己的方法，听明白别人的方法
② 选出组内合理方法在班里展示
全班交流
展示组内各种方法：
方法一：归一、归总
单价：28 ÷ 8=3.5（元/吨）
总费用：3.5 × 10=35（元）
方法二：10 ÷ 8=1.25
28 × 1.25=35（元）
方法三：正比例（水的单价一定，水费和用水量成正比例关系）
解：设李奶奶家上个月的水费是x元
28 ∶ 8=x ∶ 10
8x=280
x=35
解决问题
对比后思考、选择解决问题的方法
了解每种方法的特点，发现其中水的单价一定，即水费和水量比值一定
为什么可以用正比例知识解决问题？
阅读题目后，确定水的单价一定，即水费和水量比值一定，两者构成正比例关系，可以根据正比例的意义来解决问题

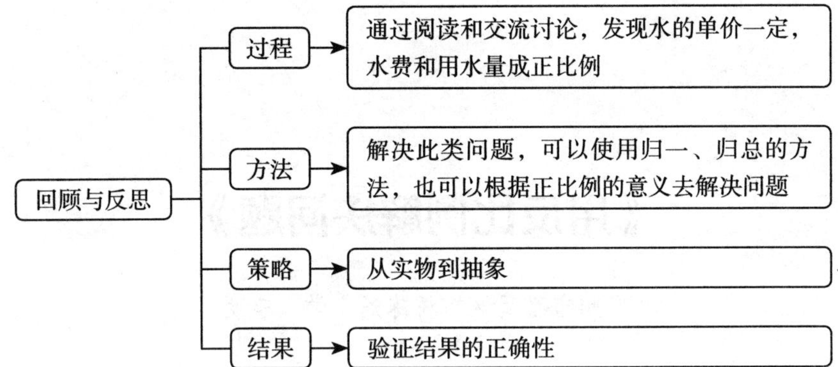
回顾与反思
过程
通过阅读和交流讨论，发现水的单价一定，水费和用水量成正比例
方法
解决此类问题，可以使用归一、归总的方法，也可以根据正比例的意义去解决问题
策略
从实物到抽象
结果
验证结果的正确性

《用反比例解决问题》

广州市番禺区市桥陈涌小学　李明

【教学内容】

人民教育出版社义务教育教科书《数学》六年级下册第4单元“比例”第62页例6。

【教材简析】

这类问题学生在前面实际上已经接触过，只是用归总的方法来解答，这里主要学习用反比例知识来解答。前一个例题是用正比例知识解决问题，学生已基本掌握用正比例知识解决问题的思路与方法。用正、反比例知识解答正、反比例问题的关键是使学生能够正确找出两种相关联的量，判断它们成哪种比例，然后根据正、反比例的意义列出方程。

【教学目标】

1. 能正确判断应用题中涉及的量成什么比例关系，能利用反比例的意义正确解答应用题。

2. 经历用比例方法解决问题的过程，体验解决问题的策略，提高解决问题的能力，渗透数学模型思想。

3. 体验成功解决问题的喜悦。

【教学重点】

能利用反比例的意义正确解决问题。

【教学难点】

能正确利用反比例的关系列出含有未知数的等式。

【教学流程】

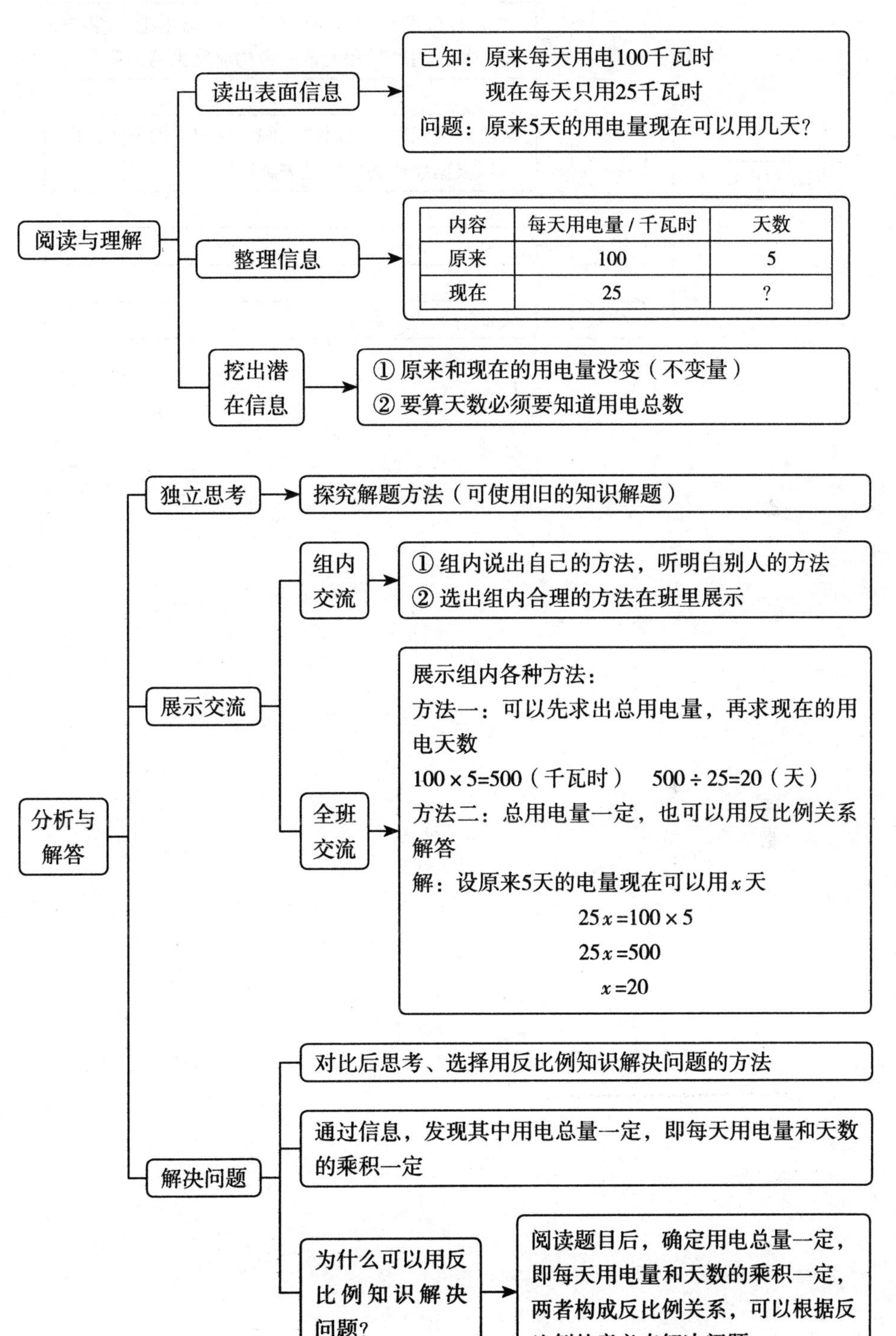
阅读与理解
读出表面信息
已知：原来每天用电100千瓦时
现在每天只用25千瓦时
问题：原来5天的用电量现在可以用几天？
整理信息
内容 | 每天用电量 / 千瓦时 | 天数
原来 | 100 | 5
现在 | 25 | ?
挖出潜在信息
① 原来和现在的用电量没变（不变量）
② 要算天数必须要知道用电总数
分析与解答
独立思考
探究解题方法（可使用旧的知识解题）
展示交流
组内交流
① 组内说出自己的方法，听明白别人的方法
② 选出组内合理的方法在班里展示
全班交流
展示组内各种方法：
方法一：可以先求出总用电量，再求现在的用电天数
100×5=500（千瓦时） 500÷25=20（天）
方法二：总用电量一定，也可以用反比例关系解答
解：设原来5天的电量现在可以用x天
25x=100×5
25x=500
x=20
解决问题
对比后思考、选择用反比例知识解决问题的方法
通过信息，发现其中用电总量一定，即每天用电量和天数的乘积一定
为什么可以用反比例知识解决问题？
阅读题目后，确定用电总量一定，即每天用电量和天数的乘积一定，两者构成反比例关系，可以根据反比例的意义来解决问题

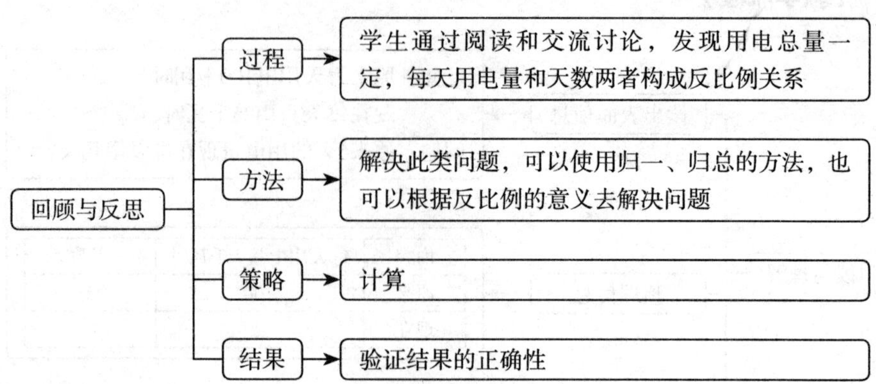
回顾与反思
过程
学生通过阅读和交流讨论，发现用电总量一定，每天用电量和天数两者构成反比例关系
方法
解决此类问题，可以使用归一、归总的方法，也可以根据反比例的意义去解决问题
策略
计算
结果
验证结果的正确性